大学改革の迷走

佐藤郁哉
Sato Ikuya

ちくま新書

1451

大学改革の迷走【目次】

凡例

〈略語一覧〉

機関名・審議会名

大学院部会――中央教育審議会大学分科会大学院部会
大学分科会――中央教育審議会大学分科会
大学審――大学審議会
中教審――中央教育審議会
文科省――文部科学省

答申名

大学審議会
大綱化答申（一九九一）――「大学教育の改善について」
量的整備答申（一九九一）――「大学院の量的整備について」
二一世紀答申（一九九八）――「二一世紀の大学像と今後の改革方策について――競争的環境の中で個性が輝く大学――」

中央教育審議会
学士課程答申（二〇〇八）（本文中では「中教審 2008」とも）――「学士課程教育の構築に向けて」
質的転換答申（二〇一二）（「中教審 2012」とも）――「新たな未来を築くための大学教育の質的転換に向けて～生涯学び続け、主体的に考える力を育成する大学へ～」*
二〇四〇年答申（二〇一八）（「中教審 2018」とも）――「二〇四〇年に向けた高等教育のグランドデザイン」

＊質的転換答申の副題の前後にある波ダーシ（～）は誤植などではなく、原文にある記載法を踏襲したものです。この答申の場合に限らず、文科省関連の文書では副題に波ダーシを使用する例が増えています

その他

ＥＢＰＭ――Evidence-Based Policy Making（科学的根拠にもとづく政策立案）

FD——Faculty Development（教員研修をはじめとする、授業改革のためにおこなわれる組織的な取り組み）
GIGO——Garbage In, Garbage Out（屑入れ屑出し）
KPI——Key Performance Indicator（重要業績指標）
N-EBPM（本書での造語）——Non-Evidence-Based Policy Making（無根拠の政策立案）
NPM——New Public Management（新公共経営）
NPMM（本書での造語）——New Public Micromanagement（効率的な公共セクターの経営という触れ込みで実際は極端な非効率を生み出してきたマイクロマネジメント的な管理法）あるいはNew Public Mismanagement（ビジネス界の経営手法とされるものを導入することによって結果として極端な非効率を生み出してきた公共セクターにおける経営管理）
PBEM——Policy -Based Evidence Making（政策にもとづく根拠データの創作・捏造）
PDCA——Plan, Do, Check, Action（和製マネジメントサイクルの略語としての和製英語）
PdCaサイクル（本書での造語）——計画と評価だけが肥大化した「名ばかりマネジメント・サイクル」
Pdca（本書での造語）——「名ばかりマネジメント・サイクル」の中でも、評価らしい評価がほとんどおこなわれない計画倒れのマネジメント・サイクル
PPPP（本書での造語）——相互に矛盾する計画と方針の乱発。Pdcaとほとんど同義
SGU事業——スーパーグローバル大学創成支援事業

〈表記等〉

・文中では、原文では算用数字になっている箇所を漢数字にしているところがあります。たとえば、右にあげた答申名の中では二一世紀答申と二〇四〇年答申がそれに該当します
・引用文中の強調文字（ゴシック体）は、特に文中で断らない限り引用者（佐藤）によるものです

〈ウェブサイト情報の閲覧時期〉

・この本で引用しているウェブサイトの情報は、特に断らない限り二〇一九年八月一日現在で閲覧可能であったものです

まえがき

『危ない大学　消える大学』
「予算重点化でもランキング低迷　国立大学は甦るか」
「大学が壊れる——疲弊する国立大、捨てられる私大」
『消えゆく「限界大学」——私立大学定員割れの構造』
「国立大学の成れの果て——ノーベル賞がとれなくなる」
『大学大崩壊——リストラされる国立大、見捨てられる私立大』

——この数年のあいだ次々に出版されてきた「大学危機本」と呼ぶことができる書籍や同じようなテーマをとりあげた特集記事のタイトルです。「大学（経営）冬の時代」の到来が新聞や雑誌などで取りあげられるようになったのは一九八〇年代半ばのことでした。それから三五年以上の歳月を経て、日本の大学は冬の時代を通り越して「氷河期」とでも名づけられる局面に突入しようとしているように見えます。

事実、「氷河期」の兆候は、さまざまなところに表れています。また、それは大学の経営だけではなく教育や研究の根幹に関わる部分にも見られます。

たとえば、少子化にともなう受験者や入学者の減少によって深刻な経営危機に直面している大学は、地方や中小規模の私立大学を中心にして一〇〇校(法人)以上にのぼるとも言われています。この私立大学の経営難をめぐる問題は、しばらく横ばいを続けていた一八歳以下の人口が二〇一八年以降に再び減少傾向を示していくことが確実ということもあって、さらに深刻な事態を迎えることが予想されています。

一方で、この一五年ほどのあいだに、「研究大学」などと呼ばれる主要な国立大学や私立大学の多くは各種の世界大学ランキングで順位を落とし続けています。同じ時期に急速に順位をあげてきたのは日本以外のアジア圏の主要大学、特に中国の大学です。また、中国をはじめとするアジアの国の場合には、ランキングで上位に入る大学の総数自体も急激な勢いで増えています。

世界大学ランキングの順位を大きく左右する条件の一つには、それぞれの大学に在籍する研究者が発表する研究論文の本数やその質というものがあります。この点でも、日本は大きく後《おく》れをとっています。他のアジアの国の場合には、学術論文の本数自体が飛躍的に増えているだけでなく、他の研究者からの引用頻度が高い論文の比率が拡大しています。それに対して、日本の場合は両方とも長期低落傾向にあるのです。

教育面でも、日本の大学は深刻な問題を抱えているようです。これに関しては、以前から日本では、高等教育の大衆化を背景として「レジャーランド」化している大学が少なくないと言われてきました。近年はこれに加えて、いわゆる一流校でおこなわれている教育の内容や質についても疑問が投げかけられるようになってきました。この点に関してマスメディアで大きく取りあげられてきた話題の中には、たとえば、学業成績という点でトップクラスの若者たちが、東京大学や京都大学という国内の一流校を見限って、海外の有名大学（英国のオックスフォード大学や米国のハーバード大学など）への進学を志すようになった、というものが含まれています。

こうしてみると、日本の大学は経営上の危機を迎えているだけでなく、急速にその存在意義を失っているようにも思えます。先にあげた何点かの大学危機本の表現を借りれば、存在理由を喪失し「大崩壊」の瀬戸際に立たされている大学の中には、遅かれ早かれ「消えて」しまうところがあるのかも知れません。

実は、冬の時代とは言われながらも、この三〇年ほどのあいだは、進学率の上昇が少子化の影響を打ち消していたこともあって大学への進学者数はむしろ増え続けてきました。また、規制緩和政策の影響もあって大学は「淘汰」されるどころか、私立大学の場合は、二〇一三年まではその総数がほぼ一貫して拡大傾向を示してきました（それが現在の危機的状況を招いてきたという一面もあります）。しかし、この一〇年ほどのあいだは、その「小春日和」とも言える状況がつかの間の小康状態のようなものに過ぎなかったことが、いよいよ明らかになってきました。その意味では、日本の大学は今まさに本格的な冬の時代もしくは「氷河期」に突入しつつあるようにも思えます。

今から約一万年前に終わった「最終氷期」と呼ばれる氷河期には、巨大生物を中心にして大量の生物種が絶滅したと言われています。同じように、第二次世界大戦の終了後にひたすら拡大を続けてきた日本の高等教育の世界は、この「大学氷河期」にあって大量絶滅を含む重大な転機を迎えつつあるのかも知れません。

自然界であれば、冬の次には春がめぐってきます。だからこそ、私たちはたとえ今は厳しい冬の時期を迎えていたとしても明日への希望をつなぐことができるのです。しかし、日本の大学の世界ではかなり以前から、冬に続くはずの次の季節の到来を見通せないような陰鬱な空気が支配しています。この本では、そのような、来たるべき未来の姿を見通すことがきわめて難しい氷河期のような状況を引き起こしてきた最も重要な原因の一つとして大学改革政策（とそれに対する大学側の対応）を取りあげて、その問題点について検討していきます。

これは、取りも直さず、政府や文科省をはじめとする府省による改革の努力や試みにもかかわらず日本の大学が危機に瀕しているのではなく、むしろ改革のために（せいで）より深刻な危機を迎えることになってしまった、と考えられる点が少なくないからに他なりません。

実際、この三〇年ほどのあいだに各種の審議会や文部省・文科省から示されてきた改革案の中には、どうみても筋が通らない不可解なものが少なくありません。たとえば、中央教育審議会の答申には、委員として名を連ねている著名な学識経験者や経済人・文化人の顔ぶれからすればとうてい信じられないほどに稚拙で意味不明な文章が大量に見つけられます。

また、大学現場にある者からすれば、それらの「改革」政策にもとづいて文科省から現場に下ろされてくる指示や補助金プログラムの申請条件には、理不尽としか言いようがないものが少なくありません。同じような点は、認証評価機関が提示している評価基準などについても指摘できます。

事実、それらの政策や指示あるいは評価基準は、政策文書にうたわれているような「改革」を成就させるどころか、むしろ逆に大学における教育と研究の基盤を脆弱なものにし、また大学現場の業務を停滞させてきたのでした。

この本は、二〇一八年に出版された『50年目の「大学解体」20年後の大学再生——高等教育政策をめぐる知の貧困を越えて』（京都大学学術出版会）の姉妹編にあたります。前著では日英の大学に在籍する四人の共著者とともに、大学改革政策や研究評価制度が抱えている「症状」についてさまざまな角度から検討を加えました。

本書では、その前著では紙幅の制約などから説明しきれなかった点も含めて、改めて日本の大学改革が抱えてきた深刻な問題に関する「病理診断」をおこないます。また、その診断結果をもとにして、見当違いの改革政策だけでなく、それに対する大学側の過剰反応によっても引き起こされてきた大学現場の荒廃がこれ以上進まないようにするための道を探っていきたいと思います。

序章

大学解体から大学改革の解体へ

日本の大学では、次から次へと摩訶不思議なことが起きています。それらの不可思議でありまた不条理としか言いようがない出来事の背景には、この三〇年ほどのあいだに矢継ぎ早に打ち出されてきた大学改革政策があります。それらの政策は、「改革」という言葉とは裏腹に、大学の現場に大きな混乱を引き起こしてきました。この本では、そのようなとてつもなく皮肉な結果をもたらしてきた改革政策の特徴とその背景について検討していきます。

†「安田砦《とりで》」での違和感

一九九四年七月一五日のことです。場所は、東京大学安田講堂の一室。

一九五五年生まれの私にとって、安田講堂と聞いてまず頭に浮かぶのは「安田砦」のイメージでした。つまり、いわゆる東大闘争の末期、一九六八年七月から翌六九年一月半ばまでの六か月以上にわたって学生活動家たちによって占拠されたあの安田砦です。

安田砦は、最終的には、機動隊と学生たちのあいだで繰り広げられた激烈な攻防戦の末に「落城」しました。一時期その活動家たちの根城《ねじろ》になっていたのが安田講堂なのです。それもあって安田講堂は、その頃、学生運動の象徴的存在になっていました。また、当時の学生運動には反体制運動や対権力闘争としての一面があったとされています。

ですから、まさかその安田講堂の一室で、全国の大学から送られてきた大量のシラバスの山を目にすることになるとは思ってもいませんでした。というのも、私からしてみれば、日本で言うところのシラバス（講義計画）、つまり電話帳を思わせるような大部の冊子形式のシラバス集は、反体制どころか体制順応的な対応の象徴としか思えなかったからです。

なお、四〇歳代以下の読者の方はよくご存知だと思いますが、シラバスというのはそれぞれの授業科目の計画を数ページの文書としてまとめて、学部単位などで冊子にしたものです。三〇年ほど前までは「講義要綱（項）」などと呼ばれていた冊子のいわば拡大版にあたります。

†桐箱入りのシラバス？

その日、共同研究者と一緒に安田講堂を訪れることになったのは、日米の大学院教育に関する比較研究の一環として、東京大学調査室の方にお話をうかがうためでした。同調査室は一九九六年に改組されて「大学総合教育研究センター」となり、またその後本部棟に移されることになりましたが、その当時はまだ安田講堂の一角に間借りしていました。

インタビューに応じていただいたのは、当時調査室に助手としてつとめていた若手研究者の方です。その人が使っていた研究室も含めて安田講堂の内部は、二度の大改修を経て、かつて大学紛争の激戦地であったことなど全く感じさせないほど見事に修復されていました。

そのすっかりきれいになった部屋で見せていただいたのが、日本各地の大学から送られてきたシラバス集の堆積です。それらの大量のシラバス集は、調査室自体の研究プロジェクトの資料として収集されたものだそうです。助手の方が使っていた七畳ほどの研究室に所せましと並べられたシラバス集の山を目にした時には、その膨大な量に圧倒されるとともに、かなりの違和感をおぼえました。というのも、そこで目にしたシラバスと称する冊子は、私自身が米国の大学で授業を受けていた時に使われていた「本物」のシラバス、つまりsyllabusとは似ても似つかぬ代物だったからです。

中でも強烈な違和感をおぼえたのは、某国立大学が作成した七分冊、全部で数千ページにも及ぶ「シラバス」です。その膨大な分量に圧倒されたことは言うまでもありません（第一章には、ごく最近まである大学で実際に使われていた一〇〇〇ページを越えるシラバスの写真を載せておきました）。しかし、それにもましてショッキングだったのは、七巻の冊子のそれぞれが立派な帙《ちつ》におさめられていたという事実でした。

帙というのは、高価な書物を保存するためなどに使われる、厚紙の上に布を貼ってつくった箱のことです。帙には「こはぜ」といって、箱のフタがすぐ開いてしまわないようにするための留め具や紐《ひも》が付いているものですが、そのシラバス集の帙にも紐とコハゼが付けられていました。シラバス集自体も、上質紙を使ったA4サイズの実に立派なものでした。もちろん、その帙入りのシラバスは学生向けではありません。文部省をはじめとする外部機関への提出用に作成されたものだということでした。その事実一つをとってみても、「和風」のシラバスは、そのモデルとされる、米国の大学で使われてきたsyllabusとはまったくの別物であることは明らかです(この点については、改めて次の第一章で詳しく解説します)。ですので、その時は、何か趣味の悪い冗談としか思えなかったものでした。

さらに驚いたことには、東大調査室の助手の方は私たちに次のような、にわかには信じられないような話をしてくれたのでした――「○○大学では文部省に提出する時に、特注の桐の箱に入れてシラバスを出したそうですよ」。

†不思議の国の大学改革

その話を耳にしてから、もう四半世紀が経っています。ですから、今となっては、文部省への「献上」用に作られたという桐箱入りのシラバスが実在していたかどうかという点については確かめようもありません。もっとも現在の私には、この桐箱ないし帙入りのシラバスにまつわる逸話は、とりたてて意外なことだとは思えません。というのも、この三〇年ほどのあいだに大学改革の一環というふれこみで日本の大学の世界に導入されてきたさまざまな「改革小道具」の中には、桐箱入りのシラバスと同じくらい、場合によってはそれ以上に奇妙奇天烈なものが少なくないからです。

それらの不思議な小道具の多くは、中央教育審議会(文部科学大臣の諮問機関。以下「中教審」)や文部省(二〇〇一年以降は文部科学省。以下「文科省」)からの指示や指導に対して大学側が示してきた過剰反応を象徴的に示しているものだと言えます。しかしその一方で、中教審の答申やそれを踏まえて文科省が大学に対して下してきた指示の中にも、具体的な内容だけでなくその根拠自体がよく分からない摩訶不思議なものが少なくありません。

その結果として大学側は、いわば「御上《おかみ》の御意向を忖度《そんたく》」しながら、対応を模索していかなければなりません。その意味では、大学側の対応が迷走気味になってしまいがちなのは、ある意味では致し方のないことだとも言えます。

†カタカナ用語の氾濫と「崇高で高邁なナンセンス」

事実、大学改革の基本的な方向性を示しているとされる文科省の文書や各種審議会の答申に目を通していると、ひどく困惑させられ、また徒労感におそわれる場合が少なくありません。というのも、それらの文書の多くは、非常に崇高で高邁な理想を掲げているように見えて、実際には、内実に乏しい紋切り型の抽象的な文言（「自ら学び、自ら考える力」、「主体的に変化に対応」等）を並べ立て、あるいは「ポンチ絵」などと呼ばれる意味不明の図解を示しているだけに過ぎないからです。[1] 文章全体が明らかな論理矛盾をきたしている例さえ少なくありません。

したがって、いざそれらの文書に盛り込まれている提言を大学の現場における教育や研究の実践に生かそうとしても、具体的なレベルで「何のために何をどのようにすればよいのか」という点は一向に見えてきません。何しろ、それらの文書の多くは、全体として**「驚くほどに崇高で高邁なナンセンス」**としか思えないのです。

現場における混乱と困惑をさらに増幅させてきたのは、それらの政策文書に盛り込まれているおびただしい数のカタカナ言葉やアルファベットの頭文字を含む改革関連用語です。

その中には、たとえば、次のようなものがあります。

FD（ファカルティ・ディベロップメント）、GPA（グレード・ポイント・アベレージ）、PDCA（プラン・ドゥ・チェック・アクション）、ルーブリック、ナンバリング、KPI（キー・パフォーマンス・インディケータ）、AL（アクティブ・ラーニング）、DP・CP・AP（ディプロマ・ポリシー、カリキュラム・ポリシー、アドミッション・ポリシー）、EBPM（エビデンス・ベースト・ポリシー・メーキング)。

中には、片仮名ないしアルファベットと数字や漢字が組み合わされている例もあります。AO入試、現代GP、ST比、スーパーグローバル大学、グローバル30、大学COC事業、学修(学習)ポートフォリオ、SWOT分析、Society 5.0(ソセエティ・ごてんゼロ)。

†「開化先生」の思想的伝統?

日本の大学界では、右にあげたようなアルファベットの頭文字や片仮名言葉が「てんこ盛り」になった文書が飛び交っており、「一体どこの国の大学についての話なのか」と不思議に思えるくらいです。

慶應義塾大学の創設者でもある福澤諭吉は『学問のすゝめ』で「開化先生」という言葉を使って、「舶来」つまり欧風・洋風であれば何でも素晴らしいものとして崇《あが》め奉《たてまつ》ってしまう人々のことを痛烈に批判していました。大学改革に関する政策文書にカタカナ言葉やアルファベットの頭文字が氾濫していることからすれば、どうやら中教審の委員や文科省の関係者には、その明治期の開化先生たち以来の欧化主義的な思想の伝統が、昭和と平成の時代にも(さらに「令和」にも?)脈々と受け継がれているように思えます。

シラバスはそのような「開化先生系」の用語の筆頭だと言えます。しかし先にふれたように、日本各地の大学でこの三〇年ほどのあいだ使われ続けてきたシラバスは、実は、そのモデルになった米国のsyllabusとは似ても似つかぬ代物なのです。高等教育研究者の中には、この和風シラバスのことを「偽物《にせ》」と断じている人がいるほどです（川嶋2018: 116）。

†疲弊する大学現場

このシラバスの例に限らず、カタカナやアルファベットの頭文字を含む改革関連用語には、その出所や根拠がよく分からないものや、出所はある程度推測できるものの元々のモデルとは遠くかけ離れた姿に変質してしまっている例が少なくありません。

そのような事情もあって、大学の現場にいる私たちは、その種の新奇な改革関連用語が盛り込まれた答申やそれに関連する文科省からの文書が「下ろされて」くる度に、どうしようもない空しさを感じてしまいます。時には、絶望感にかられることさえあります。というのも、そのような目新しい用語が打ち出されているということは、取りも直さず、新奇な用語やその背景にある（らしい）考え方に何とかあわせてこれまで使ってきた書類の一部を書き換えたり、新規の文書を作成したりする仕事が「降ってくる」ことを意味するからです。

特に、学務関係の委員を担当していたり、新たに立ち上げられた補助金プログラムの申請担当者になったりしたような場合は大変です。というのも、そうした場合、たとえ個人的には新奇な用語や「斬新な」発想の補助金プログラムに対してある種の胡散臭《うさん》さを感じていたとしても、その本心とは別に、アルファベットの頭文字や片仮名の言葉を散りばめた文書を（後ろめたさをおぼえながら）「作文」しなければならないからです。しかも、その種の作文の際には自作のポンチ絵を要求されることが少なくないのです！　また、作文の作業をスムーズに進めていくために学内外の研修やセミナーに参加させられることもよくあります。

そのような書類作成の作業には、当然、かなりの時間と労力が必要とされます。それによって犠牲にされがちなのが、学生・院生に対する教育指導や研究活動です。つまり、本来は大学にとって最も大切なはずの業務と活動に向けられるべき時間と労力が「改革」のために費やされてきたのです。そして、このような事情を背景にして生じる「改革疲れ」は確実に大学の組織としての体力を奪っています。事実、上からの改革に対応するだけで手一杯になっていることもあって、大学人が現場発の改革案を打ち出していくことは非常に難しくなっています。

†「死に至る治療」としての改革政策

実際、次から次へと新奇な用語が盛り込まれた改革案が示されてくる割には、現実の「改革」は一向に進んでいないように見えます。たとえば、この三〇年ほどのあいだに何度となく出されてきた大学教育関連の審議会の答申を検討してみると、何年かおきに新機軸の改善案や改革案が提示されている一方で、同じような問題が何度となく繰り返して取りあげられていることが分かります。それは、たとえば単位制度の形骸化という問題であり、学生の学修時間の短さであり、また、一方向的な知識伝達に終始する講義をめぐる問題であったりします。

ここで、次のような疑問がわいてきます。実は、改革の成果が上がっていないからこそ、次から次へと新機軸の改革案とそれにまつわる目新しい用語が登場してくるのではないか、と。それは、病気を治そうとしている時に、目覚ましい効果があると言われる新薬を次から次へと試しているのとよく似ています。しかし、新しい薬を投薬してみても一向に治療効果が見られません。それどころか、むしろ症状はますます重篤なものになっていきます。当然ですが、その場合はもう一つの疑問も浮かんできます。つまり、新薬の中には、実は深刻な副作用を生み出す可能性があるものが含まれているのではないか、という疑問です。もしそうだとしたら、その新薬は、英語で言うfatal remedies、つまり「死に至る治療」としての一面を持っているのかも知れないのです。

それと同じようなことは、大学改革政策についても言えます。つまり、この三〇年ほどのあいだに次から次へと提案されてきた改革案の中には、深刻な副作用をともなうものが含まれているらしいのです。実際、改革疲れが日本の大学に蔓延《まんえん》しているという事実は、改革政策それ自体が「死に至る治療」としての一面を持っていることを示していると言えるでしょう。

†大学改革の解体作業

もし実際に改革政策が死に至る治療としての一面を持っているのだとしたら、いま日本の大学にとって必要なのは、カタカナ言葉や頭文字を散りばめた新機軸の改革の提案などでないことは明らかでしょう。それよりもはるかに大切なのは、これまでの改革政策が抱えていた問題点を明らかにしていく作業、つまり大学改革を「解体」していく作業だと言えます。

かつて安田講堂に立てこもっていた学生活動家たちが掲げていたスローガンの中には、「大学解体」というものがありました。その活動家たちの試みは当初からあらかた破綻していたようですが、「安田砦」の落城から現在までの約半世紀のあいだに、日本の大学は、当時の活動家たちが唱えていたのとはまるで違う意味で解体を続けてきたように思われます。そして、政府や文科省をはじめとする行政関係者たちは、彼らにとっても好ましくない意味で解体（崩壊）しつつある日本の大学の世界を立て直そうと躍起になってきました。しかし、先にふれたように、その大学「改革」の試みそれ自体が「死に至る治療」としての一面を持っていたこともあって、大学における教育と研究はその根底から崩壊しつつあるのだとも言えます。

その意味でも、大学改革それ自体を「解体」していく作業、つまり、従来の改革政策のあり方を徹底的に問い直した上でその問題点を洗い出していく作業がどうしても必要になってきます。実際、そのような作業をおろそかにしたままでは、大学という制度を真の意味で立て直すことなどとうていできないでしょう。

†大学人たち（大人たち）の沈黙

実際に大学改革を解体し大学を再構築していく際には、大学関係者たちによる厳しい自己検証が不可欠です。というのも、大学改革政策を死に至る治療のようなものにしてきた責任の一端は私たち大学人自身にあるからです。

これからこの本で見ていくように、日本の大学改革政策は多くの欠陥や問題を抱えています。たとえば、高等教育関連の政策文書や行政文書には、高邁な理想が掲げられている一方で、他方では驚くほど大量の稚拙な表現が見つけられます。また、専門用語や外国語の明らかな誤用も多く、ほとんど翻訳不能な場合が少なくありません。そのせいもあるのでしょうか、文科省の多くのウェブページで言語の指定をEnglishにすると、図表0-1のように、日本語による表示内容とはまったく違う内容の情報が出てきます（もっとも、内閣府や外務省［!］のウェブサイトでも同じようなことが起きます）[2]。

このように、幾つかの政策・行政文書を取りあげてその欠陥を指摘するのは比較的簡単なことです。しかし、そのような「アラ探し」によって溜飲を下げたり憂さを晴らしたりしている

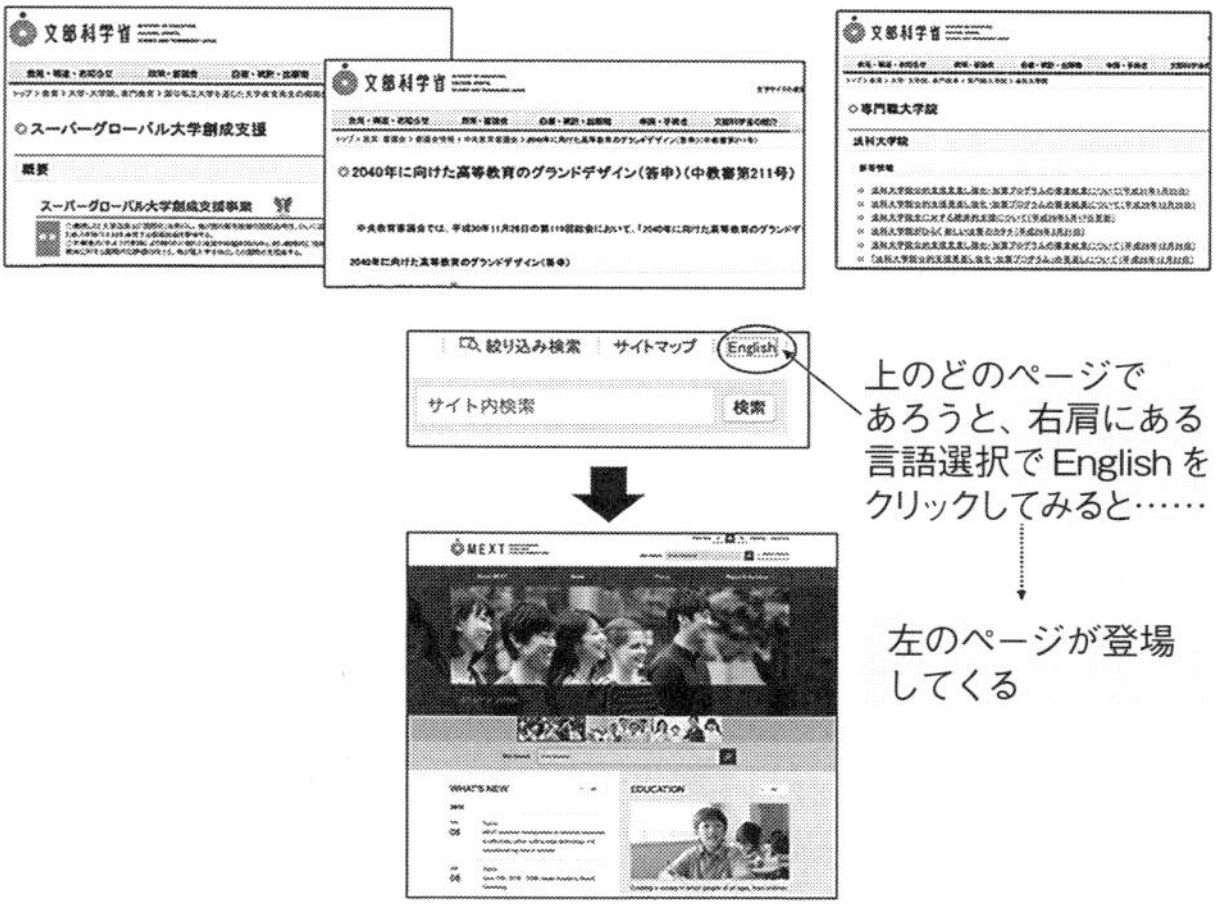

図表0-1　オールマイティの英語版HP？
出所：http://www.mext.go.jp/en/　他のウェブサイトより作成

だけでは、大学の再生にとって本当に役に立つ議論ができるはずなどありません。実際、それらの「あり得ない」ほどに多くの問題を抱えた行政文書で下される指示に対して、特に表立って異議を唱えることもなく唯々《いい》諾々《だくだく》と従ってきたのは、当の大学人たち自身なのです。

　大学関係者が沈黙を続けてきたことには、幾つか明白な理由があります。たとえば、許認可権を握り各種補助金の配分を左右している官庁や政府に対して、大学側は圧倒的に不利な立場にあります。それが、大方の大学人――特に大学や学部の執行部メンバーなど重い責任を担っている人々――が沈黙を守らざるを得ない主な理由の一つであることは間違いありません。

一方で、もう二点忘れてはならないのは、日本の大学に蔓延する「事なかれ主義」的なメンタリティと「いくら言ってみたところで、どうせ何も変わりはしない」という無力感です。実際、これまで述べてきたことやこれからこの本で解説していく内容の大半は、ほとんどの大学関係者にとっては常識以前の事柄に過ぎません。しかし、一方では、それらを公の場で口に出すことは余計な面倒事を引き起こす「大人げない」ことだと受け取られてきました。だからこそ、たとえ「改革」政策が深刻な問題を抱えていることが明らかであったとしても、「さわらぬ神に祟《たた》りなし」ということで特に異議を唱えることもなく受け入れてきたのです。

†違和感を手がかりにして改革政策と「大人の対応」を問い直す

しかし、日本の大学が置かれている状況は、もはやその種の「大人の事情を忖度した大人の対応」が許されるものではありません。また、そのようなことを続けている限りは、将来大学という場で学ぶことになる子供たちの未来を奪ってしまうことにもなりかねません。

いま私たち大学関係者にとって必要なのは、そのような「物わかりの良い大人」のフリはやめにして、自分たち自身のこれまでの対応のあり方も含めて、大学改革の奇妙な点や不可思議さについて問い直してみることです。それは取りも直さず、日本の大学という小さな世界の外に出てみた時におぼえる違和感、そしてまた自分自身が大学の世界に教職員として最初に足を踏み入れた時に感じたはずの違和感の正体について突き詰めて考えてみることに他なりません。

これからその違和感の詳細を各章で論じていくのですが、それによって見えてくるのは、次にあげる五つの「病根」です。これらの病根は、真の意味での改革を阻むだけでなく、改革政策を文字通り「死に至る治療」のような性格を持つものにしてきた元凶だとも言えます。

①「開化先生」的メンタリティ（第一、二章）

改革関連の文書にはおびただしい数のカタカナ言葉やアルファベットの頭文字からなる用語が含まれています。それらの用語の多くは、海外の大学界や国内外のビジネス界からの借り物であり、明らかな誤用も少なくありません。これは、福澤諭吉が「開化先生」と呼んだ舶来崇拝のメンタリティ（心の習癖《くせ》）と深い部分で通じるところがあります。

②改革の自己目的化（第一、二、三、四章）

舶来風の改革用語が横行してきた背景には、改革で何かを達成するというよりは、むしろ「改革をおこなうこと」それ自体が目的化していたという事情があると考えられます。次から次へと新しい装いで登場してきた改革小道具は、その自己目的化してしまった改革のあり方とその破綻を象徴しています。

③集団無責任体制（第五章）

改革政策については、日本の政治や官僚機構のきわだった特徴の一つである集団無責任体制（「無責任の体系」）が見られます。つまり、改革施策を誰が決定し、また誰がその結果責任を負うべきかが半ば意図的に曖昧にされてきたのです。この責任回避の傾向は、改革の成功例だけでなく失敗の事例も通して教訓を学んでいくということを非常に難しいものにしてきました。

④ドラマ仕立ての改革論議（第六章）

大学改革をめぐる議論は、紋切り型のキャラクター設定をともなう芝居仕立ての形式をとることが少なくありません。その典型に米国の大学（界）をスーパーヒーロー的な模範例として扱ってしまうという傾向があります。このような改革劇のドラマツルギー（作劇術）は問題を直視し、また実効性のある改革施策について試行錯誤を通して明らかにしていくことを妨げてきたのでした。

⑤リサーチ・リテラシーの欠如（第七章）

ＥＢＰＭ（科学的根拠に基づく政策立案）の掛け声とは裏腹に、改革施策の根拠とされる調査研究の内容や質にはかなり深刻な問題があります。それは取りも直さず、行政関係者とその「随伴者」である有識者のリサーチ・リテラシー（社会調査をおこなう上での基本的な素養）に大きな問題があることを示しています。

第一章

Syllabusとシラバスのあいだ——和風シラバスの呪縛 1

シラバスは、一九九一年に大学審議会から出された「大綱化答申」をめぐる議論を一つの重要なきっかけにして一〇年足らずのあいだに急速に普及していきました。また、それにつれて全国の大学のシラバスには、記載内容だけでなくそれぞれの項目の文体にいたるまで多くの共通点が見られるようになっています。このようなシラバスの急速な普及とそれにともなう画一化の背後にある「大人の事情」を解体してみると、外来モデルをいわば小道具として借用しておこなわれる、上からの教育改革が抱えるさまざまな問題が浮かび上がってきます。

1　本物と偽《にせ》物のあいだ

†和風シラバスの怪

大学で講義を担当するようになってから、もう三〇年以上になります。もともと不器用な性《た》分《ち》で、文書の作成は大の苦手です。しかし、さすがにこれだけ長いあいだ同じような業務をおこなっていると、たいていの書類づくりの作業は何とか期日までに処理できるようになっています。しかし、未だにどうしてもなじめないというか、気のすすまない文書関係の仕事があります。それが、シラバスの原稿を「作文」する作業です。

というのも、これまで私自身が勤務してきた四校も含めて、日本の多くの大学で作成されてきたような種類のシラバスに何らかの実質的な教育効果があるとはとうてい思えないからです。たとえば、日本の大学で使われているシラバスは、もともとのモデルだった米国の syllabus とは対照的に、画一的な様式で作成することが義務づけられています。これでは、現実におこなわれている授業の多様性を反映することなどできるわけはありません。

実は、このような問題は、シラバスというものが一九九〇年代初めに日本の高等教育界に導入された当初から何度となく指摘されていました。

たとえば、現在はオックスフォード大学教授である苅谷剛彦氏は、「和製シラバス」が持つ問題点についてかなり早い時期に明らかにしていました。苅谷氏は、日本の大学に在職していた頃の一九九二年に刊行された『アメリカの大学・ニッポンの大学』（苅谷 1992）で、米国の大学ではシラバスが教育と学習の質を維持・向上させる上で重要な役割を果たしてきたことを指摘しています。もっとも、その一方で、苅谷氏はその二年後の一九九四年には、そのシラバスが日本に導入された途端に本来の機能を喪失してしまい、分厚い電話帳のような冊子形態の講義要項集に変質してしまったことを痛烈に批判していました（苅谷 1994）。

同じように絹川正吉氏（元国際基督教大学学長）は、一九九五年に「電話帳式」のシラバス（集）の流行に含まれる問題点を指摘しています。その上で、米国の大学教育を支えている「大道具」――教育課程の構成や学生と教員の関係などをはじめとする制度的な枠組み――の条件を無視して、シラバスのような特定の「小道具」のみを安易に導入することの弊害について明らかにしています（絹川［1995］2006。［ ］内は初出）。

ここで注意が必要なのは、苅谷氏も絹川氏も米国の大学院への留学経験があり、日本にモデルとして導入された syllabus の原型、つまり「本物」について熟知していた、という点です。

かなり不思議なことのようにも思えますが、導入のごく初期にこのように本質的な点に関する指摘や批判がなされていたにもかかわらず、シラバスをめぐる状況にはその後特に目立った変化は見られません。実際、ごく最近まで日本各地の大学では、電話帳式シラバスの「製本」や「出版」が続けられていたのでした。（近年になってようやくウェブ版のシラバスが主流になってきました。）

また、シラバスの整備状況は、文科省や認証評価機関などによって各大学の改革の進展の程度を示すモノサシとしても広く使用されてきました。しかし、少なくとも私の知る限り、和風シラバスの実際の教育効果という点について本格的な検証がおこなわれたという話を聞いたことはありません。

†「偽物」としての和風シラバス

この点に関連して、国立大学協会入試委員会委員や中教審の委員などを歴任し現在は大阪大学高等教育・入試研究開発センター長の職にある川嶋太津夫氏は、最近次のように述べて、シラバスは syllabus とはまったく違う「偽物」だとしています。

日本のように全ての授業科目をまとめて製本したものは、学生の予習、復習には全く役に立つはず

	Syllabus （洋風シラバス・米国式シラバス）	和風シラバス
印刷版の形式	講義時に配布する印刷物（クラス単位） 多くは数ページ程度・受講希望者に配布	大部の冊子形式（学部・研究科単位） 各学部で数百ページに及ぶことも多い・ 全員に配布
教師による作成・提出時期	任意・授業開始前後に配布	期限内に作成・半年〜１年前に提出
統一的な電子データベースでの提供	稀	一般的
画一性（大学内・大学間）	低 （ただし、一定の共通性あり）	高

図表 1-1　Syllabus 対シラバス

もない。要するに、日本のシラバス集は本家本元である米国の syllabus と「似て非なる」もの、つまり「偽物」なのである（川嶋 2018: 116）。

†Syllabus 対　シラバス

図表１-１は、川嶋氏が「偽物」と断じている典型的な和風シラバスと実際に米国で使用されてきた「本物」の syllabus とのあいだに見られる違いについて一覧表形式でまとめてみたものです。

Syllabus というのは、もともと欧米の高等教育機関で、授業の計画や内容の説明資料として学生に配布される印刷資料を指します。この syllabus には、たいてい、次のような詳しい情報が盛り込まれています――授業名、科目番号、教室、日時、講師名、研究室の場所と電話番号、講義の目的、スケジュール、成績評価の方法、履修条件。

そのような意味での syllabus は、原則的には講義担当者の裁量で作成されるものです。また、syllabus の配布時期はその講義の開始前後という例が多く、通常は講義の出席者に限定して提供されます。場合によっては、講義が始まってしばらく経ってから配られることもあります。

配布時期だけでなくその内容も実にさまざまであり、読書課題（リーディング・アサインメント）として課される文献に関する詳細な解説などを含む場合には一科目あたり一〇数ページあるいは二〇ページ以上に及ぶこともよくあります。

それに対して、日本で「シラバス」と呼ばれているものは、つい最近までは、大学ないし学部でおこなわれる全科目について、科目番号、担当教員名、単位数や各回の講義の概要を集めてまとめたものを製本した冊子のことを指していました。したがって、苅谷氏が述べているように、大部の電話帳のようなものになることもよくありました。つまり、日本ではsyllabusというよりは「シラバス集」をシラバスと呼んでいた例が少なくなかったのです。そして、そのシラバス集は、多くの場合、新年度の開始前後に学生に対して一斉に配布されていました。

†「コース・カタログ」との折衷物

実は、欧米の大学でも、syllabusとは別の資料として、「コース・カタログ」などと呼ばれる、大学や学部でおこなわれる全ての科目の担当教員名、科目番号、単位数等と各講義の内容の概要を数行でまとめたものを集めた、比較的薄手で小ぶり（A5判程度）の冊子が配布されることがあります。これは、多くの場合、それこそ電話帳に使うようなあまり上質ではない紙を使って、大学当局がまとめて印刷して、学年や各学期の初めに学生に対して提供されていました（現在では、海外の大学のコース・カタログはウェブ上にも公開されており、日本でも比較的容易に閲覧することができます）。

つまり、日本で一九九〇年代はじめから「シラバス」と呼ばれてきたのは、日本の大学でもそれ以前からよく作られていたコース・カタログ的な比較的薄手の講義要綱（項）集と欧米流のsyllabusとを折衷した印刷物だと考えることができるのです。

図表1-2がその典型的な例です。これは、東日本のある大学で二〇一〇年代後半に学生向けとして「出版」されたシラバス集の写真です。

このシラバス集には、ある年度分の約八〇〇科目が全て網羅されています。B5サイズで厚さは四センチメートル以上、総ページ数は千ページを越えています。重さにして一・六キログラム以上ですから、まさに「電話帳式」と呼ぶにふさわしい重厚な冊子になっていると言えるでしょう。

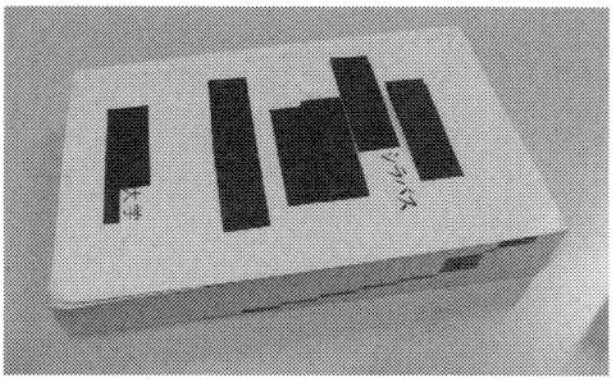

図表1-2 「電話帳式シラバス」の実物
※サイズ：B5判、厚さ：4センチメートル以上、総ページ数：1000ページ以上、重量：1.6キログラム以上

この大学の場合も含めて、今ではさすがにシラバスは大学のウェブサイトに掲載される場合が多くなってきました。しかし、数年前までは他の大学でもこれとあまり変わるところがない、いわば重量級のシラバス集が学生に配布されていた

のです。当然ながら、学生からは重さや分厚さについて、相当の不満や苦情が出ていました。たとえば、少し乱暴な表現になってしまいますが、ある大学の学生は、私の聞き取りに対して次のようにコメントしていました――「とにかく厚くて重くて使いづらいですね。なんでまた、あんなクソ重《ママ》いのを作るんでしょうね」。

†和風シラバスの急速な普及

以上のように、日本でいうシラバスは本場の syllabus とは似ても似つかぬものなのですが、この冊子体形式の和風シラバス（集）は、一九九〇年代に目覚ましい勢いで日本全国の大学に普及していきました。文部省・文科省は、シラバスの整備状況について定期的に調査をおこなっています。その結果は同省が編集した『我が国の文教政策』や『文部科学白書』などで公表されてきました。

それらの白書の情報に加えて文科省がウェブ上で公開している情報によれば、全学的にシラバスの作成をおこなっている大学は一九九二年時点では八〇校であり、全体の一五パーセント程度に過ぎませんでした。しかし、図表1-3に示したように、その後一〇年あまりのあいだには全学的にシラバスの作成に取り組んでいる大学は急速に増えていったのでした（『我が国の文教政策』の場合、一九九四年以降は、大学の設置者別［国公私立別］に比率が示されています）。

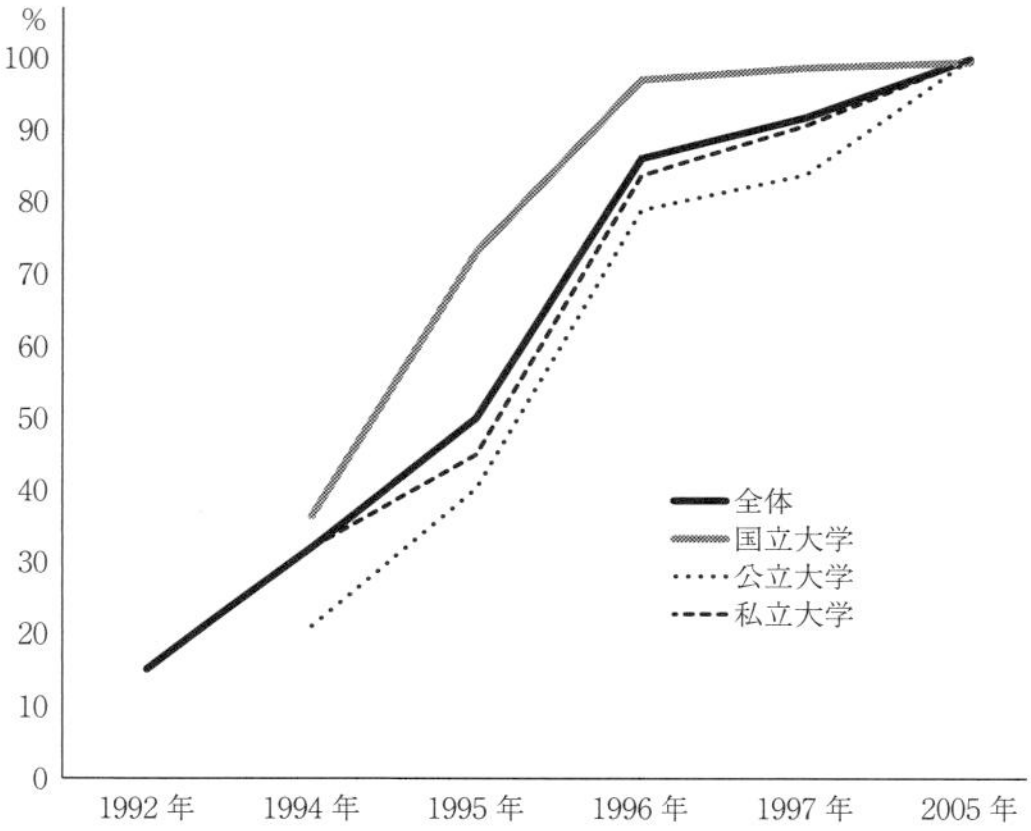

（%）

	1992 年	1994 年	1995 年	1996 年	1997 年	2005 年
全体	15	32	50	86	92	100
国立大学	—	36	73	97	99	100
公立大学	—	21	40	79	84	100
私立大学	—	32	45	84	91	100

図表 1-3　全学的にシラバス作成に取り組んでいる大学の割合

出所：『我が国の文教政策』『文部科学白書』『学校基本調査』（各年版）より作成

現在までに入手した情報の範囲では、一九九八年から二〇〇四年までのシラバスの普及率については確認できません。しかし、一九九七年の段階で既に国立大学がほぼ一〇〇パーセント、私立大学も九割以上の大学がシラバスを作成していることを考えあわせれば、二〇〇〇年前後には、日本中のほぼ全ての大学でシラバス（集）がつくられていたと見てよいでしょう。[2]

2 シラバスの普及・定着プロセスを解体する

†シラバスの定着＝教育改革の進展？

文科省は、このようなシラバスの定着の度合いを大学における教育改革の進展の程度をはかるモノサシとして取りあげる場合が少なくありません。つまり、全学的にシラバスを作成している大学の数が増えれば増えるほど、日本の高等教育はより質の高いものになっていく、というわけです。

しかし、本当にそんなことが言えるのでしょうか。ここには明らかな論理の飛躍があります。実際、もしシラバスの普及と教育の質の向上のあいだに何らかの因果関係を認めるのだとしたら、たとえば、中学校や高校の場合についても同じように次のことが言えないでしょうか

――生徒たちが学期ごとの学習計画を教師に対して提出する割合が高ければ高いほど、実際の学習効果が上がっていると判断できる。

また、もし先に引用した川嶋氏が指摘しているように、和風シラバスの多くが教育効果という点で疑問のある「偽物」でしかないのだとしたら、どうでしょう。その場合、syllabus の偽物である和風シラバスの普及率がほぼ一〇〇パーセントに達したという事実は、むしろ日本の大学教育が抱えている問題が次第により深刻なものになっていったということを示している可能性さえあります。

実際、シラバス集の作成が日常化していく中でともすれば忘れられがちであったのは、「偽物」に過ぎない和風シラバスが抱えている問題点でした。つまり、かつて苅谷氏や絹川氏が指摘した syllabus と和風シラバスのあいだに見られる本質的な違いという問題が取りあげられることはあまり無かったのです。

そこで以下では、このような点について改めて考えてみるために、私自身の経験もまじえながら、いったんシラバスが導入された頃の時代にまでさかのぼって、図表1-3に示されている和風シラバスの急激な普及と定着の背景について掘り下げて検討してみたいと思います。

†シカゴ大学での syllabus との出会い

私がはじめて syllabus という言葉を耳にし、また米国の大学で実際にそれがどのように使われているかという点について体験を通して知ることができたのは一九八〇年のことです。私はその年の八月に、シカゴ大学の大学院で社会学を学ぶために渡米しました。九月末には秋学期（シカゴ大学は春・夏・秋・冬の四学期制）が始まり、その学期に受講した三つの授業科目の全てで講義計画としての syllabus が効果的に使われていることに新鮮な驚きを感じ、また深い感動をおぼえました。実際、その syllabus を使った講義のあり方は、当時の日本の大学における授業の進め方とはかなり違うものでした。

当時の日本の大学では、学部であれ大学院であれ、学生指導のあり方は、多くの場合、良くも悪しくも「放牧型」とでも言えるものでした。特に人文社会系の専攻の場合はそれが言えます。授業では、一冊の本を半期ないし一年をかけて読み通したり、学生の顔ぶれを見てから講義内容が決まったりというケースも少なくありませんでした。

まだ大学生の総数がそれほど多くなかった時代には、たとえ放牧型であっても学生がいわば「勝手に」専門書や教養書を読み漁り自学自習に励む、ということもよくあったでしょう。しかし、大衆化した大学では、そのような自由放任的な講義の進め方では、学生の学習態度や最終的な学習成果には大きなバラツキが生じてしまう可能性があります。また、当時の日本の大学ではそれぞれの講義日に具体的にどのような内容の授業がおこなわれるのかすら明確ではない例も多かったのでした。

それに対して米国の大学では、最初からsyllabusに明記された授業計画にしたがって講義が進められ、また、目指すべき目標も明確に設定されていました。実に見事な仕組みであり、また、実際に相当程度の教育効果をあげているように思えたものでした。

†日本の大学でのsyllabusを使った授業の試み

そのような経緯もあって、私は、帰国してから二年後の一九八八年に助教授として採用された国立大学で講義を担当するようになって以来、米国のsyllabusをモデルにした上で自分なりの工夫を加えたシラバスを使用して授業をおこなってきました。もっとも当時は、留学経験者や教育研究者などごく一部の大学関係者を除けば、実際にシラバスを使用した授業実践は皆無に近い状態でした。それどころか、「シラバス」という言葉すらほとんど知られていませんでした。

実際、当時所属していた大学の学部では毎回の講義内容や読書課題などを明記したシラバス（syllabus）を使用して授業をおこなっていたのは恐らく私だけであったと思われます。さいわい、全体の講義計画と毎回の講義内容をあらかじめ印刷資料で示して授業をおこなうというやり方は、受講生にはおおむね好評でした。

しかし、その印刷資料を「シラバス」と呼んでみても学生たちに通じるはずもありません。ですので、当時はそれを「授業計画」などと呼んでいました。

†「シラバス委員会」と和風シラバス集の誕生

その状況が一転するのは、一九九一年のことです。当時私は学部の教務委員をつとめていたのですが、一九九一年四月には、教務委員会とは別個に「シラバス委員会」が急遽立ち上げられました。その新委員会の任務は、全学的に従来の講義要項をシラバス集に作りかえていく、ということにありました。

私は、教務委員会とシラバス委員会の合同会議や教授会の席上などでその種のシラバス集の議題や話題が出た際などには何度か異議を唱えたことがあります。というのも、そこで議論されていた「シラバス」なるものは、私が米国の大学で体験した授業における syllabus とは似ても似つかぬものだったからです。しかし、そのような私の発言は参考意見ないし一種の「不規則発言」として扱われるだけであり、正式に取り上げられることは一切ありませんでした。

いずれにせよ、結果としては、私が当時つとめていた大学では、全学のシラバス委員会や各学部の教授会における議論を経て、一九九三年からは「講義計画書（シラバス）」という名称のシラバス（集）が編集されて刊行されることになりました。[3] ただし、それは、従来それぞれの講義の概要が数行で記載されるA5サイズの冊子であった講義要項が、各講義についてA4の用紙で一〜二ページ分を割り当てて作り替えられたものに過ぎません。つまり、「本物」のsyllabusとはほど遠い代物だったのです。

もっともその一方では、その種の和風シラバスの刊行にともなって、「シラバス」という言葉自体は、きわめて短期間の内に教職員や学生のあいだで交わされている日常的な会話の中に定着していくことになりました。

†記載項目の統一と紙資源の浪費

教務委員会とシラバス委員会との合同会議の席上で私が異論を唱えた主な理由の一つには、その場では、統一的な書式によってシラバス集を作成することが当然の前提とされていた、というものがあります。

先に解説したように、和風シラバスの場合によく見られる書式の画一性という特徴は、本来のモデルであったはずのsyllabusとはきわめて対照的です。

米国のsyllabusの場合も、記載項目やその順番については一定の共通性があります。しかし、先にふれたように、その詳細はおろか全体のページ数にいたるまで原則として担当教員の裁量に任されています。したがって、各講義の特性や受講者の構成にあわせてかなり多彩な構成と内容になっています。それに対して和風シラバスの場合には、冊子体のシラバス集を印刷することが前提になっていることもあって、画一的な書式で作成することが想定されている例が少なくありません。私が一九九〇年代初めに勤務していた大学でも、それは大前提になっていました。

その結果として、同大学では、紙資源の浪費とも言える事態が生じることになりました。従来の講義要項集の場合は、それぞれの科目について数行程度の記載で済んでいたこともあって、全体としてもA5サイズの比較的小ぶりの冊子でした。それが、一九九三年からは、合計で数百科目におよぶ各講義についてA4の用紙で一ページから二ページ分を割り当てた「シラバス」に作り替えられることになりました。当然ですが、教員や科目の内容によっては記述量にかなりの差があります。したがって、それまでの講義要項と同様にほんの数行で済ませている教員の場合には、その下の部分が完全な空白になることが少なくありませんでした。

シラバス導入後の数年のあいだは、そのような空白部分を含むページが全体で百ページ前後にも及んでいました。しかもそのシラバス集は、それぞれの学部で四学年あわせて合計千人近くにのぼる学生たちに配布されます。また、余った冊子は保存用の分を除いて廃棄しなければなりません。さらに、そもそも全ての学生が履修するわけでもない膨大な数の科目の授業計画が収録された冊子を作ることが前提とされているのです。私には、貴重な紙資源の大いなる浪費としか思えませんでした。

†和風シラバスの「進化過程」と画一化

そのようなシラバスの画一化は、日本ではどうやら次の五つの段階を経て進んできたようです。

①従来型の講義要項の読み替えによる「シラバス（集）」の出版

この頃は、とりあえず「シラバスを全学的に作成している」という体裁を整えることが最優先事項となっていた。従来型の講義要項の書式に若干の追加をおこなった上で冊子にまとめたものを「シラバス」と読み替えることが、その出発点となっていた。

②大まかなシラバス記入用フォームによる刊行

中教審の答申や文科省の通知による指導あるいは学内外の研修などを通して、次第にシラバスに盛り込むべき項目の概要が明らかになってくる。もっとも、まだ記入項目のラインナップについてはそれほど統一されてはおらず、「緩やかな縛《しば》り」という程度のものであった。

③詳細なシラバス記入用フォームを使った作成

②の段階では記入項目についてはまだ手探りの段階であったが、次第に他の大学の例などを参照しながらシラバスの項目が固まってくる。それにともなって、記入用フォームの内容はより詳細なものになっていく。その結果として、次第にシラバスの記載内容や形式に関する大学間の類似度が高まることになっていった。

④シラバス用電子的データベースの整備

教務用の情報システムの中にシラバス作成と公開用の専用モジュールが組み込まれて、全学的に一括管理されるようになる。そのモジュールはそれぞれの大学が自前で作成したものもあれば、外部業者が提供する教務パッケージの中に組み込まれているものもある。後者を採用する場合には、異なる大学のあいだのシラバスの記載項目の類似度はさらに高まっていくことになる。

⑤詳細なシラバス記入用マニュアルの提示と原稿提出後のチェック体制の整備

シラバスの記載項目だけでなく、それぞれの項目を記載する際の具体的な記載内容や文体に至るまで詳細なルールが設定されるようになる。また、記載内容の点検に関する仕組みが学内的に整備され、ルールから外れた記載を含むシラバスの場合にはそれを作成した教員に対して修正指示が出されるようになった。一方で中教審や文科省による指摘・指導もあり、次第に学生に対する大部の紙媒体形式のシラバス集の配布を取り止め、CD—ROM等の電子媒体での配布やウェブ上での公開に替える大学が増えていった。

当然ですが、日本中の全ての大学が必ずしもこの五段階をその順番通りにたどってきたわけではないでしょう。[4] しかし、以上の経緯からは日本の大学は、シラバスなるものを「見よう見まね」で作成していったことがうかがえます。

もっとも、多くの場合その「モデル」は、あくまでも日本国内の他校で作成されている和風のシラバスです。実際、そもそもある時期までは多くの大学が大部のシラバス集を「刊行」していたという事実は、それらの大学がオリジナルの syllabus の形式や実際の運用のあり方を直接のモデルにしていたわけではない、ということを明白に示しています。

3　お仕着せ式和風シラバスの問題点

†あまりにも早い原稿の提出時期

以上のような経緯を経て、和風シラバスについては、その「お仕着せ」的なフォーマットに沿った授業計画書集としての性格が次第に強くなっていったという風に考えられます。

私の場合には、公式のシラバスにおける画一性の程度が高くなっていく中で困ったことが起きてしまいました。それまで自分なりに工夫しながら米国式syllabusのモデルに沿って自主的な取り組みとして作成していたシラバスと、お仕着せの書式に沿って作成することが義務づけられる和風シラバスとのあいだのギャップが拡大していったのです。また、それにともなって、シラバス集に収録された授業計画の記載内容どおりに講義をおこなうことが難しくなってきました。

特に問題だったのは、年を経るごとにシラバス集向けの原稿の提出時期が早まっていったことです。シラバス集が講義要項の読み替えで済んでいた頃は、新年度用の要項用の原稿を事務室に提出するのは前年度末でも特に問題ありませんでした。しかし、シラバスの記載項目が増えていき、また第三者によるシラバスのチェック体制（これについては、すぐ後で説明します）が整備されていく中で、入稿時期が次第に前倒しにされてきたのです。

考えてみれば、これはかなり奇妙な話です。

シラバス集が配布される時期にあわせて大学全体の授業のシラバスをまとめて印刷・製本に回すためには、新年度の授業が始まる数か月前には全ての科目の原稿を集めておかなければなりません。年度後半の授業の場合は一年近くも前に入稿しなければならないことさえあります。毎年同じ講義ノートを使って「十年一日」のような講義を繰り返す場合は、それでも一向に構わないでしょう。しかし、あまりにも入稿時期が早まってしまうと、学期開始日ギリギリまで練りに練った内容をもとにして講義することは難しくなってきます。また、最新の情報を盛り込んだ「生きのいい」授業をおこなったりすることなどできるわけはありません。

†誰のためのシラバスなのかが分からない

また、これだけ時間があいてしまうと、時々困ったことが起きてきます。実際に講義をおこなう頃には、自分自身がどのような講義計画を作ったのか忘れてしまっているのです！　これでは、いったい何のために、また誰のためにシラバスを作っているのか分からなくなってきます。

私の場合には、この問題に対処するために、ある時期からは心ならずもいわば「二重帳簿」方式を採用するようになりました。つまり、大学当局の要請にしたがって提出するシラバス集用の原稿（もしくは入力用データ）とは別個に、実際の講義内容に即した授業計画を米国式syllabus の形で作成して講義初日のガイダンスの際に配布するのです。これは、いわば「面従《めんじゅう》腹背《ふくはい》」的な対応であり内心後ろめたいところもあります。しかし、実際の授業を少しでも効果的なものにしていくためには、どうしてもそうせざるを得なかったのです。[5]

また、色々な大学のシラバスを調べてみると、日本の大学教員の中には、これとはまったく違う理由で二重帳簿式の授業計画を作っていると思われる例があることが分かってきました。というのは、インターネット上で公開されているシラバスの中には、初学者の学生にはとうてい理解できそうもないほど「格調高く」難解な文章で書かれているものが結構あるのです。

この点については長いあいだ疑問に思っていましたが、最近ある方からそのナゾを解く上で有効なヒントを与えていただきました。その方は、次のような主旨のことをおっしゃっていたのです——「何しろ、シラバスはネットで全国に公開されるんで、同僚とか同じ分野の研究者に見られても恥ずかしくないような内容で書くんですよね。学生は、『講義のねらい』とか長々と書いても読みはしないでしょうし。彼らが見るのは、どうせ成績評価基準のところだけでしょう」。

つまり、学生ではなく研究者仲間に向けてシラバスを書くというのです。これではますます、何のための、また誰のためのシラバスなのか分からなくなってしまいます。

†シラバスの点検と「監視」にかかる労力と時間

もっとも、和風シラバスがお仕着せ式であることによって二重三重の手間がかかるとはいっても、それは、基本的にはそれぞれの教員が個人的な責任の範囲で対処すればそれで済んでしまう問題に過ぎません。実は、お仕着せシラバスの弊害は、その種の、個人レベルで処理できる問題の範囲を越えたところにもあるのです。

なぜならば、前節で和風シラバスの「進化」段階の⑤について説明した際にもふれたように、ある時期からは、記載内容の実に細かい点まで学部や学科レベルで点検作業をおこなうことが要請されるようになったからです。つまり、全教員のシラバスの記載内容が文科省推奨の（あるいはそのように「忖度」される）フォーマットから逸脱していないかどうかという点を、点検作業の担当になった教職員が逐一チェックしなければならないのです。

私自身、その種の点検・監視作業にあたったことがありますが、これは労力という点でも時間的なコストという点でも相当程度の負担になる業務です。また、精神的な疲労がたまっていく作業でもあります。

何しろ、数百ページにもおよぶ電話帳のようなシラバス集の元になる原稿の束です。しかも、記載法に関する学内ルールは十数点あります。複数の担当委員で手分けして担当したとしても、細かな点まできちんと点検しようと思ったら、とても一日や二日では終わりません。

その作業をこなすだけでも大変なのに、規定をほとんど無視して原稿を書いてくるような教員がいたような場合にはさらに厄介なことになります。何しろ、その教員が実際に修正したことを改めて確認しなければならないのです。それでも、すぐに修正に応じてくれれば助かるのですが、実際には返答が遅れることもよくあります。また、こちらの要請を拒否してきたような場合には、何とかなだめすかして修正に応じてくれるようにお願いしなければなりません。徒労感と精神的な疲労はさらに高まっていきます。

この種の作業を担当している際につくづく思うのは、次のようなことです――「これだけの時間と労力を他のことに振り向けることができていれば、この大学における教育研究や学生に対する生活指導の質はもっと上がるのではないのだろうか？　またそれが大学としての本来のあり方ではないのか？」。

いずれにせよ、以上で見てきたさまざまな弊害という点からすれば、「教育改善の切り札」という触れ込みで導入されたはずのシラバスは、どうやら実際には当初想定されていたほど素晴らしい「改革小道具」ではなかったようにも思えてきます。それどころか、和風シラバスは、大学の教育現場において各種の「意図せざる負の結果」を生み出しており、その点では、むしろ逆効果になっていたようにも思えます。

†学生の側から見た和風シラバスの問題点

もっとも「逆効果」とは言っても、以上は、あくまでも教員の側から見た場合のシラバスの問題点です。和風シラバスの実際の学習効果について考えていく際には、当然のことながら、学生側の視点に立って考えてみる必要があります。つまり、肝心の学生たちが和風シラバスをどのように受け取り、また彼（女）らがシラバスを実際にどのように利用しているのか（あるいはほとんど利用していないのか）、という点について確認しておかなければならないのです。私がこれまで確認できた範囲で言えば、学生は、和風シラバスに関しては概してかなり批判的です。特に、大部のシラバス集については「無用の長物」として見ている学生が少なくありませんでした。

たとえば、次にあげるのは、これまで著者が勤務したり非常勤講師をつとめたりした幾つかの大学で学生たちにシラバス（集）について意見を求めた際のコメントのごく一部です。

「まあ、空いているコマかどうかとか、採点基準のところしか見ませんね。出席点があるのかどうかとか。でも、期末試験の頃になってシラバスに書いてある採点基準と違うことを言い出す先生がいるんですよ。まったく、どういうことでしょうね」

「到達目標とかはまず見ませんね。特にだらだらと長く書いてあるのは完全にスルーです」

学生の中には履修可能な講義を紙媒体で一覧できるという点については、かつて主流であった冊子形式のシラバス集に一定の価値を認めている者も何名かいました。もっとも、その学生たちも、そのような目的でシラバス集を使うのは学年および学期のはじめだけです。また彼

（女）らは、大学が全学生に重くかさばる冊子体のシラバス集を大量に配布することについては当然ながら相当程度の疑問を感じていました。

†何のための、誰のためのシラバスなのか？

先にふれたように、文部省・文科省はことあるごとに全学的にシラバス自体を整備することの重要性について強調するだけでなく、その記載項目についても標準化を求めてきました。同じように、大学改革政策の基本的な方向性を示してきた大学審議会や中央教育審議会（大学分科会）の答申や審議まとめの中では、一九九〇年代初め以降シラバスの整備は、いわば「定番的」な改革メニューの一つになってきました。

これは、「シラバス」なるものが実質的な学習効果が期待できる改革小道具であると考えられてきたからだと思われます。しかし、もし実際にそうであるとするならば、文部省や文科省あるいは中央教育審議会の関係者は、当然のことながら、先にあげたような学生の苦情や現場の教員の声に対しても真摯に耳を傾けてこなければならなかったはずです。

私がこれまで調べてみた限りでは、そのような地道な検討が全国レベルで本格的におこなわれてきた形跡はありません。事実、学生のあいだでこれだけ不評なのであれば、シラバス集は、かなり以前の段階でまったく別の形になっていなければならないはずです。つまり、「本物」

である米国モデルのsyllabusに近い形に修正されたり、あるいは日本の大学教育の現実に即した独自のスタイルのシラバスが作成されていたりしても決しておかしくはないのです。

なぜ、このような不思議な状態が三〇年近くも続いてきたのでしょうか。この問いに答えるためには、「上からの」大学改革の一環としてシラバスが導入されていった経緯とその後の文部省・文科省の指導内容、そしてまたそれに対する大学側の対応についてもう少し詳しく検討してみる必要がありそうです。

4 原点としての大学審議会答申（一九九一）

和風シラバスが日本に導入されていくことになった重要な契機の一つは、一九九〇年から一九九一年にかけて大学審議会でおこなわれていた、大学改革に関する議論にあると考えられます。その議論を受けて、文部省・文科省からは大学側に対してさまざまな形でシラバスの作成とその具体的な記載内容に関する指示（あるいは指示らしきもの）が与えられていくことになりました。そして、これらの指示や指導は、認証評価機関による評価の仕方とあいまって、シラバスをはじめとする教育改革を「小道具偏重主義」的な性格を持つものにしてきたのでした。

†「大綱化」とシラバス

図表1-3で見たように、一九九二年時点では、日本の大学の中で全学的にシラバス作成に取り組んでいるところは八〇校程度であり、全体の一五パーセント程度に過ぎませんでした。その比率は、わずか二年後の九四年には三二パーセント、実数でも一七六校と二倍以上になっています。さらに二〇〇〇年前後までには、日本の全大学でシラバス（集）が作成されていたと考えられます。つまり、その内容や実際の講義で果たしている機能がどのようなものであるかという問題は別として、シラバスは少なくとも一つの「制度」＝決まり事としては、二〇〇〇年前後までに日本の大学界に着実に根を下ろしていったのでした。

このようなシラバスの制度化にとって重要な役割を果たしていたと考えられるのが、一九九一年六月におこなわれた大学設置基準の「大綱化」です。

「大学設置基準」というのは、学校教育法にもとづいて大学を新しく設置したり、既存の大学を運営していったりする上での条件を定めた文部省・文科省の省令のことです。この省令によって、教員組織のあり方や教員の資格、教育課程の編成、卒業に必要となる単位数などの条件などが細かく定められています。

その大学設置基準の「大綱化」というのは、一九八〇年代はじめから政府の一般的な政策として進められてきたさまざまな領域における規制緩和の一環としておこなわれたものです。高等教育の場合には、従来の設置基準に盛り込まれていた多数の規定のエッセンスを幾つかの「大綱」、つまり基本的な事柄にまとめ直すことになりました。これによって、それぞれの大学の教育課程を規定していた基準要件が大幅に緩和されることになったのです。

たとえば、大綱化によって、それまでの設置基準にあった一般教育、専門教育、外国語、保健体育の科目区分は廃止されました。また、従来設けられていた科目区分別の最低修得単位数も廃止され、卒業に必要な総単位数のみの規定ということになりました。それにともなって、日本の多くの大学では、一般教育課程あるいは教養部が解体ないし再編されていくことにもなったのでした。

この大綱化の方針は、大学審議会が一九九一年二月に出した答申によって示されたものでした。大学審議会自体は、中曽根康弘内閣時代の一九八四年に設けられた臨時教育審議会の答申を受けて一九八七年九月に「大学に関する基本的事項を調査審議するため」に文部大臣の諮問機関として設置されたものです。文部省・文科省は、その大学審議会が提示した大綱化の原則にもとづいて各大学に対して各種の大学改革をうながし、また大学自身による教育体制や組織運営全般についての自己評価に関する指導をおこなってきました。その大学改革における授業改善の目玉の一つとしてあげられていたのが、シラバスの導入とその整備だったのです。

†大学審議会の議論における「シラバス」

この大綱化の契機となった大学審議会における議論の概要は、文部省の高等教育局が編集した『大学審議会ニュース』に収録されています。その記録の中にはじめて「シラバス」という言葉が登場してくるのは、一九九〇年七月三〇日付の資料「大学教育部会における審議の概要（その2）」です。そこには、「大学教育改善の方向」に関して次のような記述があります。

> 学生の学習意欲の向上を図り、学習内容を着実に消化させるためには、大学の側において、教員の教授内容・方法の改善・向上への取組み（ファカルティ・ディベロップメント）、授業計画（シラバス）の作成・公表、充実した効果的なカリキュラム・ガイダンスなどを積極的に推進する必要がある（文部省高等教育局 1990: 5）。

また、この資料に別紙として付されていた、「大学の自己点検・評価項目（例）」には、教育指導の在り方に関する項目の筆頭として「各授業科目《原文ママ》ごとの授業計画（シラバス）の作成状況」があげられています。そして、以上の二点は、最終的に大学審議会から一九九一年二月八日付で出された答申でもほぼそのままの形で踏襲されることになりました。

†シラバスの原モデルと日本における急速な普及

『大学審議会ニュース』には、シラバスに関しては、右で指摘したような数箇所のごく簡単な解説以外には、それ以上の詳しい説明は見あたりません。したがって、そもそもどの辺りからシラバスという言葉やそれに関わる授業実践に関する発想が出てきたのかという点については、この資料だけからは必ずしも明らかではありません。

もっとも、右の引用にもあるように、その資料には、シラバスやカリキュラム・ガイダンスと並んで「ファカルティ・ディベロップメント（授業改革等のためにおこなわれる教員研修をはじめとする組織的な取組）」が大学における教育改善が目指すべき方向性を示す典型的な例として挙げられています。また、大学審議会の答申本体の中にも「アメリカ合衆国におけるアクレディテーション・システム」の例が示されています（文部省高等教育局 1991：9）（アクレディテーション［認証評価］については、次の節で改めて解説します）。このことからも、米国の大学界が日本の大学改革の方向性を示す直接のモデルだったことは明らかであるように思われます。

いずれにせよ、シラバスは、この一九九一年の大綱化答申が重要な契機になって、またたく間に日本中の大学に広がっていったと考えることができます。たとえば、先にあげた苅谷氏の『アメリカの大学・ニッポンの大学』は一九九二年に刊行されたものですが、同書では「教師にシラバスの作成を義務づける大学の出現」が指摘されています（苅谷 1992: 193）。

また先に述べたように、私がかつて勤務していた大学では、一九九一年二月に大学審議会の答申が出された二か月後の同年四月には「シラバス委員会」が立ち上げられ、さらにその二年後の九三年からは従来の講義要項を読み替えた形でのシラバス集が作成されています。これは、この大学審議会の答申に対してかなり早い時期に対応した例だと言えるでしょう。

5　シラバスの制度化プロセス

†和風シラバスの画一性と「御上《おかみ》の一言《ひとこと》」

こうして、この三〇年ほどのあいだには日本全国の大学からおびただしい数のシラバス集が冊子体の形式で「出版」されてきたわけですが、その和風シラバスは、幾つかの点でそのモデルとなった米国の syllabus とは似ても似つかぬものになっています。その意味では、先にあげた川嶋氏の言葉を借りて言えば、和風シラバスは syllabus の「偽物」でしかないのです。

その偽物である和風シラバスに見られる最も顕著な特徴は、記載内容の画一性です。

このように和風シラバスが画一的なものになってしまう背景について、絹川氏は次のように指摘しています。

アメリカの大学のシラバスは、科目担当教員が、自分の意志でつくるもので、**御上の一言でいっせいに、同じ型にはめてつくる**ものではない（絹川［1995］2006：175）。

絹川氏は、自身の米国ノースウェスタン大学での留学経験をも踏まえて、このように指摘しています（絹川氏は国際基督教大学の学部長、学長を歴任したほか、日本私立大学連盟常務理事や大学基準協会理事等もつとめたことがあります）。事実、米国の場合には、それぞれの教員が作成するシラバスのあいだに一定の共通性はあるものの、その内容は実に多彩です。

†本家 Syllabus の多様性

たとえば、米国社会学会の場合は、一九九〇年代までは何年かごとに「シラバス・セット（syllabi sets）」として、社会学のさまざまな分野ごとに定評ある講義のシラバスをまとめた冊子を刊行・販売していました。それらのシラバスは、講師名、開講学期などの基本項目についてはある程度の共通性こそあれ、その他の記載項目の順番や文体はかなり多様なものでした。

それは、私の手元にある欧米の大学で使われていた数十点のシラバスの例からも指摘できます。

その中には、私自身が一九八〇年代にシカゴ大学で講義を受けた際に使用されていた何点かのシラバスが含まれています。今回改めてそれらシカゴ時代に受講した講義のシラバスを見返してみると、フィールドワーク関連の、少人数でおこなわれる演習形式の講義の場合には、基本的な文献を数点あげた上で、各回の講義内容をごく簡単に述べている三ページ程度のものです。それに対して、数十人が参加していた講義形式の組織論の講義で使われていたシラバスは、各回の読書課題に加えて副読本的な文献の情報まで記載された実に詳細なものであり、全体で一五ページに及びます。

この二つの講義を取り上げてみるだけでも、「syllabus」とひと言で言ってもその内容や分量にはかなりの違いがあることが分かります。実際、このように性格の異なる講義のシラバスを、日本の場合のようにたった一つの型にはめて提出させることに何らかの意味があるとはとうてい思えません。

また、わたしの手元にある syllabus の中には、この他に、共同研究者とともに一九九四年から九五年にかけて日米の大学院カリキュラムに関する比較研究をおこなっていた際に訪問先の大学から提供されたものや、二〇〇〇年から二〇〇一年にかけてプリンストン大学で研究休暇を過ごしていた際に同校で受講させていただいた幾つかの講義のシラバスも含まれています。

さらに、二〇一三年に半年ばかり客員研究員として滞在していたオックスフォード大学で使われていたシラバスもあります。それに加えて、今回改めて、シラバスをホームページで公開している海外（英国、米国、ドイツ）の幾つかの大学の例も収集して検討してみました。

この一〇〇点あまりのシラバスのサンプルから改めて確認できるのは、これらのシラバスの内容と形式は、大学間だけでなく、同じ大学内の学部間あるいは同一の学部でも記載項目や記載内容という点で実に多彩であるということです。これは取りも直さず、欧米では syllabus というものは、基本的にそれぞれの講義を担当する教員が自らの裁量と責任のもとに作成した上で学生に対して提供するものと考えられているからだと思われます。

†「御上の一言」の具体的内容

これら欧米の例とは対照的に、日本の大学が冊子体形式で作成し学生に配布していたシラバス集に掲載されているシラバスには、記載項目のラインナップだけでなくそれぞれの項目の記載内容の文体にいたるまで驚くほどの共通性が見られる例が少なくありません。同じような点は、近年は電子媒体で提供されるようになっているシラバスについても指摘できます。

このような類似性・画一性の背景に、絹川氏が先に引用した文章で指摘している「御上の一言」、つまり官庁からの指示があることは疑いようもありません。実際、中教審や文部省・文科省は大学に対してこれまでさまざまなルートを通して、シラバスの記載内容や文体に関する各種の指示や示唆を与えており、和風シラバスが画一的になってしまうのは、その「御上の一言」が主な原因の一つであることは明らかです。

もっとも、この点についてさらに詳しく調べてみると、その上から与えられる示唆の具体的な内容には「一言」という言葉から連想されるものとはやや異なる面もあることが分かります。実際、シラバスの体裁や文体については、大学に対しては、文部省・文科省からは少なくとも以下の三つの経路を介して直接・間接的に指示ないし指示らしきものが与えられてきたのです。

①改革の進行状況に関する調査
②認証評価機関が設定する評価基準
③補助金の申請様式

そして大学側としては、その指示ないし指示らしきものにもとづいて「あるべきシラバスの姿」について推測ないし忖度した上で、在籍教員だけでなく非常勤講師に対してもシラバスを作成する際のガイドラインを示してきました。また一方では、そのガイドラインに沿ったシラバス原稿入力用の教務情報システムを構築してきたのでした。

†改革の進行状況に関する調査

「御上の一言」というと、かなり高圧的で直接的な指示のような響きがあります。しかし、シラバスに関しては、どちらかといえば間接的な性格を持つ示唆が与えられることも少なくありません。ただし間接的とは言っても、むしろそれらの指示の方がシラバスに盛り込むべき項目について踏み込んだ形で述べていることもあって、シラバスの記載内容の画一化や均質化を促進させていく上ではより効果的だとも言えます。

そのような間接的なルートの一つとしてあげられるのが、文科省が二〇〇一年度から国公私立全ての大学を対象にしておこなってきた「大学における教育内容等の改革状況について」という名称の調査です。その調査で使われた調査票の中には、シラバスの作成の有無やその記載内容に関する項目が含まれていますが、その調査項目は年を追うごとにより詳細なものになっています。

たとえば、図表1-4に示したのは二〇一六年度におこなわれた調査の「シラバスの作成状況」に関する質問項目の記載です。

この調査票の一連の設問では、まずシラバスの記載項目（フォーマット）を統一しているか否かを聞いた上で、具体的な記載項目についてはaからhまでの八項目にわたって聞いています。このような記述を目にした大学関係者が、これら八項目がいわば「文科省（＝御上）推奨」のシラバスの記載項目であると受け取るのはごく自然の成り行きだと言えます。

また、この「大学における教育内容等の改革状況について」という調査に関してここでもう一つ注目しておきたいのは、この調査項目とは別に設けられた、教育内容の改善状況に関する質問項目の冒頭にもシラバスに関連するものが含まれている、という点です。それは、「カリキュラム編成上の工夫」という項目であり、次のような点について確認する文章になっています――「シラバスの作成に当たり、内容を担当教員以外が検討・修正する機会を設定している」。

当然のことですが、この調査票を送りつけられた大学では、以上のような項目の内容から、今後取るべき「改革」の方向性がおのずから見えてくるに違いありません。しかも、このような調査票で毎年回答が求められているわけですから、大学がその方向に誘導されていくというのはごく自然の成り行きだと言えるでしょう。

なお、この調査の毎回の回答率は九九パーセントないし一〇〇パーセントです。つまり、この調査を通して、日本全国の全ての大学――二〇〇一年時点では六六九校、二〇一七年時点では七八〇校――には、次の三点が疑いようもない明確なメッセージとして伝わっていったと考えられるのです。

3-D シラバス（※）の作成状況【H28】
［各学部・研究科の状況について回答してください］
（※）大学設置基準第 25 条の２においては、大学が授業の方法・内容、一年間の授業の計画及び成績評価基準を学生に対してあらかじめ明示することとされています。

①シラバスの記載項目（フォーマット）を統一していますか。

1 全ての授業科目でシラバスを作成し、統一している
2 全ての授業科目でシラバスを作成しているが、統一していない
3 シラバスを作成していない授業科目がある

②以下の中から、シラバスの記載項目としているものを選択してください（i と回答する場合を除き複数回答可）。

a 人材養成の目的もしくは学位授与の方針と当該授業科目の関連
b 授業における学修の到達目標
c 当該授業科目の教育課程内の位置づけや水準を表す数字や記号（ナンバリングを含む）
d 各回の授業の詳細な内容
e 授業期間を通して課される課題（試験やレポート等）の内容
f 準備学修に関する具体的な指示
g 準備学修に必要な学修時間の目安
h 課題（試験やレポート等）に対するフィードバックを行うこと
i a～h に該当する項目は設定していない
j その他（取組を具体的に記載してください）

図表 1-4 「平成 28 年度大学における教育内容等の改革状況について［調査票］」（一部）
出　所：http://www.mext.go.jp/component/a_menu/education/detail/__icsFiles/afieldfile/2019/01/21/1231295_2.pdf（ゴシック体は原文）

①シラバスのフォーマットを統一すべきこと
②シラバスには一連の記載項目を盛り込むべきこと
③シラバスの記載内容については作成者以外が「検討・修正」すべきであること

†大学設置基準と文科省による「解説」とのあいだ

なお、七一頁に引用したシラバス関連の質問項目では、その冒頭に「大学設置基準第二十五条の二」が、シラバスに関する根拠規定を示すものとして示されています。先に解説したように、大学設置基準というのは省令であり、文科（文部）大臣の名前で公布されるものです。

この省令としての大学設置基準は、一九五六年に初めて制定されて以来現在に至るまで何度も改正が重ねられています。先に述べた大学審議会の答申で示された「大綱化」の方針に沿っておこなわれた九一年の改正は第一六次にあたります。その後の改正のうち、シラバスの記載内容の標準化ないし画一化という点で非常に大きな意味を持っていたと思われるのは、大綱化から一六年後の二〇〇七年七月におこなわれた第一七次の改正です。

この改正では、授業の方法を規定した第二十五条に「成績評価基準等の明示等」に関して第2項目が追加されています。

第二十五条の二　大学は、学生に対して、授業の方法及び内容並びに一年間の授業の計画をあらかじめ明示するものとする。

2　大学は、学修の成果に係る評価及び卒業の認定に当たつては、客観性及び厳格性を確保するため、学生に対してその基準をあらかじめ明示するとともに、当該基準にしたがつて適切に行うものとする。

この改正に関する文科省高等教育局大学振興課による解説には、たとえば次のようなものがあります。

卒業時における学生の質を確保する観点からは、教員がシラバスを作成し、その中で、あらかじめ学生に対して各授業における学習目標や、その目標を達成するための授業の方法・計画等を明示するとともに、成績評価基準や卒業認定基準をあらかじめ提示し、これに基づき厳格な評価を行うことが必要であり、これを各大学に求めるものである（文部科学省高等教育局大学振興課 2007: 57）

大学設置基準の文面と右の解説文を比べてみると、少なくとも三つの違いがあることが分かります。一つは、大学振興課の解説で「シラバス」という文言を使って説明されているのは、設置基準の文言では「一年間の授業の計画」にあたるという点です。二つ目は、その授業の計画を明示する主体が設置基準では「大学」であるのに対して、解説では教員がシラバスを作成することになっているという点です。最後に、法令では授業の計画の単位が「一年間」であるのに対して、解説では「各授業」となっている点も気になります。

いずれにせよ、この種の解説は設置基準の改正と前後して各大学に対して通知されます。したがって大学側としては、これを事実上、全講義についてシラバスの作成を義務化し、またその記載内容を規定した明確な「指示」としてとらえるのは自然の成り行きだと言えるでしょう。

†認証評価機関が設定する基準

認証評価（アクレディテーション）の重要性　ある意味では、右で述べてきた、改革の進行状況に関して毎年繰り返されてきた調査や大学設置基準に関する文科省の解説以上に多くの大学にとって切実な関心事となっているのは、大学に対する認証評価におけるシラバスの位置づけです。というのも、認証評価で「適合」の判定を受けられるかどうかは、組織としての大学の存亡に関わるからです。そして、シラバス（集）は、その認証評価の際に提供を要求される重要資料の一つでもあります。

認証評価というのは、先に大学設置基準の大綱化について解説した際にもふれた、米国における「アクレディテーション」に相当します。つまり、高等教育機関で実際に研究・教育が適切に行われているかを評価・点検するための制度です。また、その評価結果は公表することが義務づけられています（それぞれの大学のホームページでは、直近の評価結果を閲覧することができます）。日本では二〇〇二年におこなわれた学校教育法の改正によって、二〇〇四年からは全ての大学、短期大学、高等専門学校は、七年以内のサイクルで文部科学大臣の認証を経て設立された認証評価機関によって「大学機関別認証評価」という名称の第三者評価を受けることが義務づけられています。

実は、それ以前は、大学においておこなわれている教育の内容やその質に関するチェック体制には大きな問題があったとされています。というのも、旧制度では、大学新設の時点では厳しい審査を受ける必要があるのに対して、一度大学が設立されてしまえば、その後の段階では、施設設備や教育・研究という点で条件が守られているかどうかについて定期的にチェックする仕組みが無かったからです。この問題に対応するために設けられたのが、認証評価機関という、大学自体でも学生やその保護者でもない第三者機関による定期的なチェックの仕組みなのです。

認証評価とシラバス　この認証評価で適合判定が得られるかどうかという点は、大学とその関係者にとっては文字通り死活問題になります。所定の期限までに指摘された問題点を改善できなければ、違法状態にあるものと見なされて最悪の場合には「閉鎖命令」を受けることになってしまいます。つまり、閉校処分ということです。

日本では、四年制の大学については次にあげる三つの機関がその認証評価を担当しています――大学基準協会、大学改革支援・学位授与機構、日本高等教育評価機構。それぞれの機関では独自に評価基準を設定していますが、この三つの認証機関のいずれの場合でも評価基準の中にはシラバスの整備があげられています。また、根拠資料として「シラバス等」を提出するか、あるいはそれを現地調査の際に提示することが求められます。

そして、ただでさえ認証評価に際しては、「よその大学に負けないように」ということで評価機関に対して段ボール箱で数十箱分の書類を提出するという例が少なくないとされています。電話帳式のシラバス集は、その提出物のボリューム（嵩《かさ》）を少しでも増やして見栄えをよくし、またある程度の「持ち重り」を確保する上できわめて効果的な資料だったと言えるでしょう。

認証評価機関は本当に「第三者」なのか？　なお、ここで注意が必要なのは、認証評価機関の「第三者性」です。先に、認証評価機関については、「大学自体でも学生やその保護者でもない」という意味で第三者機関としての性格を持つものである、という風に説明しました。実際、通常「第三者」という場合には、当事者とは違って直接的な利害関係を持たない立場の存在という意味になります。したがって、その第三者による認証評価は、本来、いわば「局外者」ないし「部外者」が中立的な観点からおこなう評価にもとづいていなければならないはずです。

ところが実際には、学校教育法の規定によれば、認証評価機関自体が文部科学大臣による認証を受けて設立された上で評価活動にあたることになっています。また認証評価機関自体が、「公正かつ適確」な認証評価をおこなっていないと判断された場合には改善命令が下され、さらに場合によっては認証を取り消されることがあります。

したがって、文科省が想定する「大学改革」の基本的な方向性から外れた評価基準を認証評価機関が独自に設定するというのは、そもそもあり得ない事態だと言えるでしょう。そして、その文科省が想定する改革の基本方針の中には、当然のことながらシラバスの（画一的な）整備というものが含まれているのです。

†補助金の申請様式とシラバス

以上で見てきたように、シラバスの整備という項目は、改革状況に関する調査票だけでなく、認証評価機関が設定する評価基準にも含まれています。この二つのケースは、「御上の一言」

という言葉から連想されるほど直接的な指示や命令ではないにしても、シラバスの整備と点検に関する一連の改革施策が、きわめて政策誘導的なものになっていることを示しています。

一方、大学側からは「御上」のような位置づけでとらえられることが多い文科省が、より明確な形でシラバスのあり方を誘導している例もあります。その一つが、各種補助金の支給対象校を選定する際に使われてきた基準です。この点に関して典型的なのは、文科省が二〇一三年度から私立大学を対象にして実施してきた「私立大学等改革総合支援事業」という名称の補助金事業です。

この事業は三タイプないし四タイプの補助金枠から構成されていますが、対象校の選定に際しては、それぞれ調査票が用いられています。そして、同事業の「大学教育質転換型〈教育の質転換〉」と名づけられた、採択枠としては毎年度二五〇校前後から三五〇校前後と最も大きい種別の事業に関する調査票で重要な意味を持っているのが、シラバスの整備状況なのです。

たとえば、二〇一七年度版の調査票には、各大学が作成しているシラバスの作成要領〈ガイドライン〉に特定の四項目〈予習・復習等の内容と時間、成績評価の方法等〉が明記されているかどうかを問う内容が含まれています。それに加えて、先に解説した改革状況に関する調査票の場合と同じように、〈担当教員以外がシラバスの記載内容をチェックする体制になっているか否か〉という点について確認するための調査項目もあります。そして、この二つの項目の最高点は、それぞれ五点となっています。つまり、これら二項目で最高点を達成すれば、二〇一七年度版では九五点満点となっている調査票の得点のうち一〇点分を確保できるということになっていたのです（文科省 n.d.: 9）。

なお、この事業に採択されるための「選定ライン」とされる得点は、どのタイプの補助金枠についても年々上昇傾向にあります。したがって、補助金の申請を考えている大学の場合は、どの項目についても「取りこぼし」が無いようにする必要があると言えるでしょう。

†大学側の対応――「指示」と「忖度」のあいだ

ここで、一つ改めて確認しておきたいポイントがあります。それは、シラバスの記載項目や文体の細かい部分に関しては、文科省としては必ずしも大学に対して明確な形で命令あるいは指示を下しているわけではない、ということです。

もっともその一方では、改革の進展状況に関する調査票や設置基準に関する解説、認証評価機関が設定する評価基準、あるいは補助金の申請のために調査票に含まれているシラバスに関する項目は、いずれの場合についても、命令ないし指示として受け取られる可能性が高いものです。つまり、これらは、それぞれの大学の関係者にとっては、限りなく「御上の指示」ないし「御上のご意向」に近い性格を持つものなのです。

こうしてみると、日本の大学は、文科省が改革度を測るモノサシとして設定してきた各種の基準などを元にしてシラバスの理想形について「忖度」しながら、教員たちのシラバス作成やその監視・修正の作業を進めてきた、ということが言えそうです。第四章では、二つの国立大学で実際に使用されてきたシラバス作成ガイドラインの例を、文科省の指示や示唆に対して大学側が示してきた忖度の典型的なケースとしてとりあげます。その「被植民地化」とでも呼べるような対応のあり方こそは、まさに、日本におけるシラバスの画一化を生み出してきた主な原因の一つであると言えます。

6 「各大学が自由で多様な発展を遂げ得る」ための画一化？

†大綱化答申との矛盾

ここで一つの疑問がわいてきます。それは、「シラバスの標準化を促進していくことは、そもそも日本にシラバスという制度（慣行）が定着していくことになった大綱化答申の趣旨や理念に逆行しているのではないか」という疑問です。

先に述べたように、大綱化自体は、規制緩和ないし規制改革政策の一環としておこなわれたものです。実際、答申で「大綱化」の趣旨を述べている部分では、たとえば次のように大学の多様な取り組みや自主性が繰り返し強調されています。

「**各大学が自由で多様な発展を遂げ得るよう**大学設置基準を大綱化する」

「個々の大学がそれぞれの理念・目的に基づき、**自由かつ多様な形態**で教育を実施し得るようにする必要がある」

「教育内容等に関わるいわゆるソフト面については、できるだけ**各大学の自主性**に委ねる方向が望ましく……」(文部省高等教育局 1991: 8)

しかしながら現実には、少なくともシラバスに関しては、その個性化や多様化の理念とは裏腹に「右へ倣《なら》え」のような形での画一化が進んできたのだと言えます。

先にあげた『アメリカの大学・ニッポンの大学』で苅谷氏は、米国式のシラバスというのはもともと教員と学生とのあいだのインフォーマルな約束事(契約)としての性格を持っており、本来はそのインフォーマルな関係を起点にして、その時々の状況にあわせて必然的な進化を遂げていくべきものだとしています(苅谷 1992: 203)。この点に関連して教育学者の杉谷祐美子氏は、あるところで、日本では、そのようなインフォーマルな性格を持つ教育用の小道具さえも、フォーマルな制度として一律に法律や制度で縛る傾向があると指摘しています。また、そのような硬直性が教育効果を損なう可能性がある、ともしています（杉谷 2011 : 143）。

この章の前半では、この三〇年ほどのあいだに生じてきたシラバスの「進化過程」について解説しました。しかし別の観点から見れば、日本におけるシラバス制度の変遷は「退化」の過程だったとも言えます。というのも、和風シラバスの制度化のプロセスは、本来は多様性を持つことによってこそ有効に機能するはずの教育用の小道具を画一的なフォーマットに縛りつけてきたからです。また、その退化プロセスは、その画一化と硬直化によってさまざまな意図せざる負の影響を生み出してきたのでした。

†二〇四〇年答申によって加速される退化プロセス

その退化プロセスは、今後二〇年ほどのあいだにより一層進行していくであろうことが予測されます。というのも、二〇一八年一一月二六日付で公表された中教審の答申「二〇四〇年に向けた高等教育のグランドデザイン」（二〇四〇年答申）は、例によって、一方では、それぞれの大学が独自の判断によっておこなう主体的な改革への取り組みを強調しているように見えるものの、他方では、明らかにその改革を一定方向に誘導する方針を示しているからです。

実際、同答申では、次のように述べて大学の「主体性」を尊重することをうたっています。

> 教学マネジメントは大学が自らの責任のもと、各大学の事情に合致した形で構築すべきものであり、**当該指針は特定の取組を大学に強制するものではない**こと、また、他の大学の取組の模倣や当該指針を咀嚼することなく学内で実施しようとすることは**大学としてふさわしい主体性**を発揮したものとは言えず、**各大学が創意工夫を行い**学士課程の質的転換に向けた取組を確立することが重要であることも併せて周知する（中教審 2018: 31）。

しかし、その一方で二〇四〇年答申には、各大学が全学的教学マネジメントの指針に盛り込むべき項目の参考例として「シラバスにおいて標準的に期待される記載事項の提示」が挙げられています。また同答申では、今後さらに進めていくべき情報公開の一環として「把握・公表の**義務付け**が考えられる情報の例」の一つとして、「授業の方法や内容・授業計画（シラバスの内容）」を挙げています（中教審 2018: 32）。

しかも、以上の二つはどちらも「**国が行う**『質保証システム』の改善」という項目に含まれているものなのです。

通常の日本語読解力を持っている人々にとっては、右にあげた一連の文章から、〈中教審や文科省が、シラバスの作成に関して各大学に対して「大学としてふさわしい主体性」を尊重している〉という事実を読み取ることは至難のわざであるに違いありません。

†和風シラバスから日本型シラバスへ

大学関係者の中には、退化し形骸化してしまった現在の和風シラバスを教育改革にとってより効果的なものにしていきたいと考えている人々がいるかも知れません。しかし、そのような場合でも、必要になってくるのは、「偽物」でしかあり得ない和風シラバスを syllabus、つまり米国式の「本物」に少しでも近づけていく努力などではないことは明らかでしょう。むしろ、私たちが目指すべきなのは、日本の大学が現時点で置かれている状況や今後目指すべき方向性を踏まえた上で、大学教育にとって真に効果的な種類のシラバスのあり方を模索していくことだと思われます。

つまり、実質的な授業改善を目指すのであれば、舶来のモデルの外形をなぞっただけの、いわば劣化コピーである「和風」のシラバスなどではなく、大学現場の実情を踏まえた上で「日本型」のシラバスを模索していくべきなのです。当然のことながら、その模索の作業は、「御上の指示」などではなく、教育現場での（真の意味で）主体的な実践を通し、またさまざまな試行錯誤を経てなされていくべきことだと言えます。

†大学改革の小道具と大道具

当然ですが、どのようなものを大学改革の「小道具」として採用した上でそれを実情にあわせてカスタマイズしていく場合にせよ、それらの小道具と大学における教育と研究に関わる「大道具」とのあいだの関係が非常に重要になってきます。ここで「大道具」にあたるのは、財務、施設設備、人事政策、カリキュラムと学位規程など、いわば大学全体の運営に関わる道具立てとしての制度に関わる事柄です。

事実、シラバスや授業評価などといった教育実践上の小道具は、全体的なカリキュラム編成や学位規程などとの整合性を欠いている場合には何の意味もありません。さらに、それらの教育編成の重要な条件となる教員一人あたりの学生数、そしてまた、その前提となる大学の財務、さらにその前提となる大学教育に対する国庫補助という構造的問題があります。

これからこの本で見ていくように、これらの点に関する抜本的な改革が非常に困難であるからこそ、中教審や文科省はそれらの問題を置き去りにした上で、もっぱら目に見えやすい形での小手先の「小道具」の整備を大学に対して促してきたのだとも言えます。

しかし、このような「小道具偏重主義」とでも呼ぶべき風潮は、ともすれば改革の自己目的化に結びつきかねません。つまり、「シラバスで大学改革（の目的）を実現する」という建前であったはずが、いつの間にか、「シラバス（の整備）を実現する」ことが目的になってしまいがちなのです。

そして、この自己目的化という傾向は、シラバスだけでなく、個別の手法や「小道具」を含む大学改革に関わる政策それ自体についても指摘できます。つまり、日本では往々にして「大学改革で何か（国際化、イノベーション、学生たちの人間としての成長等）を実現する」というよりは、「大学改革を実現する」ないし「改革をおこなっているという体裁を整える」ことそれ自体が目的になってしまっているのです。

この小道具偏重主義と大学改革の自己目的化という点については、次章と第三章で、今度はビジネスの世界からの借り物である発想やキーワードがどのような形で大学改革の小道具として使われてきたか、という点について検討していくことを通じてさらに掘り下げて検討していくことにしたいと思います。

第二章

PDCAとPdCaのあいだ——和製マネジメント・サイクルの幻想1

ＰＤＣＡサイクルは、もともとは工場現場における品質管理・品質改善の手法として提案された日本発の発想です。この発想は、二〇〇〇年前後からは行政改革の基本原理としても重視されるようになってきました。実際、大学改革関連の行政文書や大学側が作成する各種の書類の中にも、「ＰＤＣＡ」は、それを図解したポンチ絵とともに頻繁に登場しています。しかし、最も広い意味でのＰＤＣＡサイクルは、ありきたりの日常的な心得とほとんど変わるところがありません。一方で、改革・改善サイクルという意味でのＰＤＣＡは適用可能な対象や範囲が非常に限られており、大学現場への導入にあたっては慎重な配慮が必要になります。

1　ＰＤＣＡサイクルとは何か？

†賀詞交換会での違和感

「佐藤君、これからの大学はＰＤＣＡ、Plan, Do, Check, Action だよ。ＪＡＢＥＥ《じゃびー》［Japan Accreditation Board for Engineering Education：日本技術者認定機構］の［教育の質保証］のポリシーに入っているんだ」

――ＰＤＣＡという言葉を初めて耳にしたのは、二〇〇五年一月四日のことです。その前年、当時勤務していた大学である役職に就いたことから、私も、賀詞交換会という、当時その大学の執行部や評議員クラスそして事務局幹部の人々が中心となって催されていた立食会に出席することになりました。そこで、ビールグラスを手にした執行部メンバーの方との会話の中で「ＰＤＣＡ」という言葉に出会ったのでした。（ちなみに、その方のご専門は歴史学でした。）

私の勉強不足としか言いようがありませんが、その時は、そのＰＤＣＡという言葉についてはまったく知識がありませんでした。そこで、次の日に、経営戦略論が専門の同僚に聞いてみました。彼は苦笑しながら次のように教えてくれたものでした――「生産管理の分野ではよく言うけどね。大学では、どうなんでしょうねえ……」。

その後で自分なりにPDCAについて調べてみました。その時には、私もその同僚が指摘していたように、大学教育とPDCAというのはかなり奇妙な組み合わせのように思えました。たしかに、PDCA（サイクル）という発想は、工場現場での品質管理のように究極の目標（たとえば「欠陥ゼロ」）が単純明快であり、かつ、比較的短い時間で一連の工程が完結し、またそれが何度も繰り返されるような業務には向いているかも知れません。しかし、そのような発想は、大学教育という、さまざまな目標を同時に追求することが多く、さらに非定型的な側面が多い業務とはあまり相性が良くないように思えたのです。

ですから、その時はまさか、その後二、三年の内に「PDCAサイクル」が中教審や文科省が作成する文書の中に大学改革の切り札として頻繁に登場するようになり、さらには、日本中の大学が作成する大量の文書やポンチ絵の中に盛り込まれていくことになるとは予想することさえできませんでした。ましてや、自分自身が勤務校からの派遣という形で「PDCAサイクル修得プログラム」と題した研修に参加することになるなど夢にも思っていませんでした。

†PDCAについての一般的な理解

PDCAサイクル（単に「PDCA」とも）というのは、もともとは工場現場における生産管理や品質管理の手法として一九六〇年代初めに日本で考案されたものです。このＰＤＣＡについては、二〇〇〇年以降になって解説書や入門書が続々と出版され、またウェブ上にも大量の解説があげられるようになっています。

　左にあげる解説は、（幾つかの基本的な誤解も含めて）その種のウェブで見られる解説の典型的な例です。

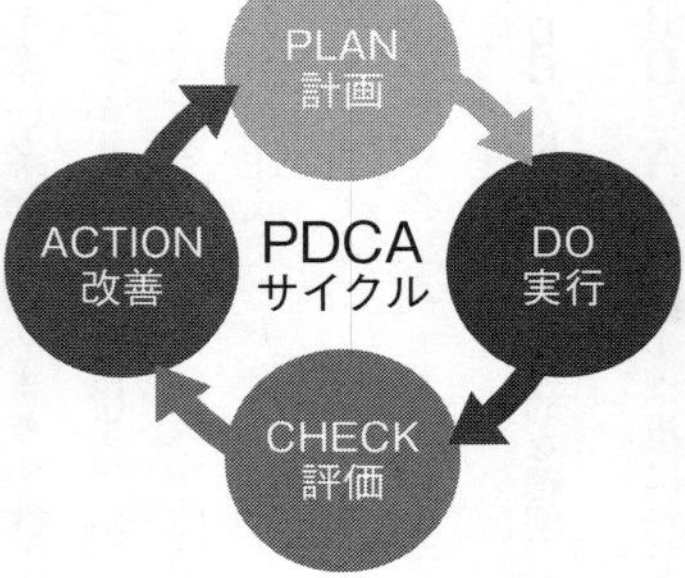

図表2-1　図解版ＰＤＣＡサイクル
出所：https://ameblo.jp/mi-ina54/entry-12439937684.html

一九五〇年、品質管理の父エドワード《原文ママ》・デミングによって提唱された考え方で生産プロセス、業務改善の連続的なフィードバックツールとして発展した。業務遂行に際し、「計画をたて（Plan）、実行し（Do）、その評価（Check）にもとづいて改善（Action）を行う、という工程を継続的に繰返す」仕組み（考え方）のことを言う。（以下略）https://www.aand.co.jp/words/cat120/pdca.html

また、ＰＤＣＡについての解説には図表2-1のような図が添えられていることが少なくありません（これと同じような図は、大学改革に関する文書に添えられるポンチ絵にも頻繁に登場します。）

†「マネジメント・サイクル」としてのPDCA

右にあげたウェブ上の解説にもあるように、ＰＤＣＡサイクルという発想の基本には「よく考えて企画を組み立て（Plan）、しっかりと実行し（Do）、結果を検証して（Check）、自分のやり方や考え方を修正し、進化させる（Action）」（稲田 2016: 22）という考え方があります。

このような解説を見る限りは、実に真っ当な発想のように思えます。無条件で成立する公理あるいは永遠の真理のようにすら思えてきます。また、大学におけるさまざまな業務（教育、研究、施設管理、経理等）についても、従来の業務の進め方を見直して、この四つのステップをきちんと踏む形で進捗管理していけば、飛躍的な改善が期待できるようにも思えます。事実、後で見ていくように、中教審や文科省あるいは認証評価機関、そしてまた大学自身が作成する文書の中では、そのような前提で改革・改善の理想と展望が語られることが少なくありません。

ＰＤＣＡサイクルとよく似た意味あいの言葉には「マネジメント・サイクル」というものがあります。これは、経営管理に含まれるさまざまな要素（計画、指揮、調整、統制など）が有機的な形で結びつけられることによって一連の手順が順調に進行していき、またそれが循環的なプロセスになっている状態を指す用語として使われるものです。図表2-1に示されたPDCAサイクルは、その意味では、それぞれの大学の改革に関する業務だけでなく、改革政策それ自体の進捗管理にとっても理想的な、いわば「究極のマネジメント・サイクル」のように思えるかも知れません。

†PDCAサイクルをめぐる五つの神話

もっとも、あらゆる改革関連用語の中でも、PDCAサイクルほど数多くの誤解を生み出してきたものはありません。また、それらの基本的なレベルでの誤解は、教育行政の分野に限らず日本の行政一般で頻繁に見られます。それどころか、同じような誤解は、PDCAサイクルという発想の「本家本元」であるはずのビジネスの世界にも蔓延《まんえん》しています。

ここでは、それらPDCAサイクルにまつわるさまざまな誤解を次の五つの「神話」という形でまとめてみました。

①使用言語に関する神話

×(誤解)PDCAは英語表現である→○(事実)和製英語である

PDCAとPlan, Do, Check, Action は、通常アルファベットで表記されます。そのため、これらは英語の略語として受け取られる場合が少なくありません。しかし、これは完全な誤解です。Plan, Do, Check の三つが動詞なのですから、英語表現であれば、最後の単語も名詞の Action ではなく Act、つまり動詞になるはずです。このことからだけでも、PDCAが和製英語であることは明らかです。一方、どのような理由によるものかは明らかではありませんが、中教審や文科省あるいは認証評価機関が作成する文書だけでなくビジネス関連の解説書でも多くの場合は未だに Action が使われてきています（最近は、Action ではなく Act を使う例が増えてきています）。

②発案者をめぐる神話

×最初にPDCAを提案したのは米国の統計学者エドワーズ・デミングである→○提唱者は日本の工学者である

使用言語をめぐる神話は、PDCAサイクルの発案者をめぐる誤解と密接に結びついています。PDCAに関する解説では、この発想を最初に提案した人物として米国人の統計学者エドワーズ・デミング（エドワード［Edward］ではなくエドワーズ［Edwards］です）博士の名前を挙げることがよくあります。しかし、米国人であるデミングが Act を Action と誤記するはずなどあり得ません。実際には、PDCAサイクルは一九六〇年代に、石川馨（東京大学教授を経て武蔵工業大学学長）と水野滋（東京工業大学教授）の両氏を中心とする日本の工学者たちによって提唱されていった手法なのです（詳しい歴史的経緯については、徳丸［1999］や由井［2012］が参考になります）。

③学問分野に関する神話

×経営学分野の学術用語である→○生産管理や品質管理の分野で使われてきた経営用語である

『新大学評価システム ハンドブック』（大学基準協会2009）には次のような解説があります──「経営学で言われてきたPDCAサイクルとは、目標・計画を立て（Plan）、実行し（Do）、結果を点検・評価し（Check）、改善・見直しを行う（Action）といったプロセスを意味しています」。これは、明らかに事実とは異なります。PDCAに関する解説が頻繁に見られるのは、経営学分野の学術文献というよりはむしろ品質管理や生産管理あるいはビジネス・コンサルティングに関する実務的・実践的な文献の方です。つまり、PDCAサイクルは経営用語ではあっても経営学用語ではないのです。

④国際的な認知をめぐる神話

×国際的に広い分野で高い評価を受けてきた→○限定された分野で一定の評価を受けてきた

PDCAサイクルの図式は、一九九〇年代後半から二〇〇〇年代にかけてISO14001（環境マネジメント・システムに関する規格）やＩＳＯ９００１（品質マネジメント・システムに関する規格）などの国際認証規格シリーズにも取り入れられていきました。この点を根拠にして、ＰＤＣＡサイクルが国際的に広い範囲で高い評価を受けてきた、という印象を与えるような解説がなされる場合があります。しかし海外では、認証規格や工業製品の品質管理の分野以外では、ＰＤＣＡサイクルが取りあげられることはそれほど多くはありません。

⑤汎用性に関する神話
×広い適用範囲を持つ万能のマネジメント・サイクルである→○特定の業務については有効である

日本では、ＰＤＣＡサイクルをほとんどあらゆる業務に応用できる経営原理として扱うことが少なくありません。実際、ＰＤＣＡが適用可能だとされる業務や課題の範囲は、企業活動だけでなく病院や学校の運営、資格試験のための勉強さらには「婚活」にいたるまで非常に多岐にわたっています。

これは、一種の幻想に過ぎません。その幻想は、ＰＤＣＡサイクルを非常に広い意味でとらえて次のような、ごくありきたりの「心得」のようなものとして解釈した時にしか成立しないものです――「物事はきちんとした計画を立てておこないましょう。また、その結果を慎重に評価した上で次に生かしてより高い目標を目指しましょう」。実際には、PDCAサイクルが真価を発揮するのは、特定のタイプの業務に対してさまざまな限定条件（業務の単純性、目標の明快さ、環境の安定性など）のもとで適用された場合に限られます。

†「十分なPDCAサイクルの不足」の克服を目指して？

このようにPDCAサイクルについては多くの誤解が存在しているという点をふまえて考えれば、中教審や文科省がこれまでPDCAサイクルを大学改革の決め手の一つとして取りあげてきたというのは、非常に奇妙なことのように思えます。もっとも、視点を変えて見れば、むしろそのような誤解や幻想が存在しているからこそ、文科省や中教審は、大学における教育や研究だけでなく幼児教育から高校教育に至るまで、その「PDCA化」を促してきたのだと言えます。また、だからこそ文部科学省は平成二四（二〇一二）年度版の『文部科学白書』で「十分なPDCAサイクルの不足」（文科省 2013: 13）を嘆いてみせたのでしょう。

実際、右にあげた一連の神話はPDCAサイクルに対して、次のようなさまざまな角度から権威付けをおこなっていく上では非常に効果的でした――「舶来」の発想（①）、高名な「博士」による発案（②）、学問的裏付け（③）、国際的評価（④）。またそれが、神話⑤にあるような、このマネジメント・サイクルの適用範囲の拡散を後押ししてきたのだと言えます（この権威付けないし「箔付け《はくづ》」といった点以外にもＰＤＣＡサイクルには、スローガンないし掛け声として独特の「魅力」があります。それについては後で改めて解説します）。

実は、ＰＤＣＡサイクルの普及と拡散というのは、文科省の場合に限らず日本の行政界全般で広範に見られてきた現象です。事実、ＰＤＣＡサイクルは、一九九〇年後半以降の行政改革（「行革」）の動向の中で、二〇〇三年前後から、従来の非効率的な行政のあり方を改善（カイゼン）していく上で有効な「民間の知恵」として導入されていったものでした。その点からすれば、文科省が大学改革の切り札として「ＰＤＣＡ化」を唱えてきたのはごく自然な成り行きだったと言えます。むしろ不思議なのは、その文科省や中教審の指示や指導に対して、大学側が特に目立った形での抵抗を示すことなく、ひたすら恭順の姿勢を示してきた、ということの方なのです。

そのナゾについて解き明かしていくためには、まず「ＰＤＣＡルネサンス」、つまり日本において二〇〇〇年前後から急速に進行していったＰＤＣＡサイクルに関する関心の高まりについて見ておく必要があります。

2　PDCAルネサンス――「ゆりかごから墓場まで」

†PDCAサイクルへの関心の高まり

図表2-2は、「国立国会図書館サーチ」の検索サービスを利用して、「PDCA」をタイトルないしキーワードに含む文献数（書籍と雑誌記事の合計）を過去四〇年間の変化としてまとめてみたものです。

このグラフで文献総数――一番上の線――の推移を見ると、PDCA関連の文献は、一九八〇年代から一九九〇年代にかけては、書籍、記事双方とも毎年それぞれ数点程度に過ぎませんでした。それが、二〇〇〇年前後を境にして急激な勢いで増えはじめ、ピークの二〇一五年には書籍が三一点、雑誌記事が一〇九点の合計一四〇点にまで及んでいます。

つまり、このグラフからは、二〇〇〇年前後からは一種の「PDCAルネサンス」が生じていたことが分かるのです。先にふれたように、PDCAサイクル（初期には「PDCAサークル」とも呼ばれていました）は一九六〇年代に日本の工学者たちによって考案され、その後品質管理の世界を中心にして一種のブームになりました。そのブームは一九八〇年代にはやや下火

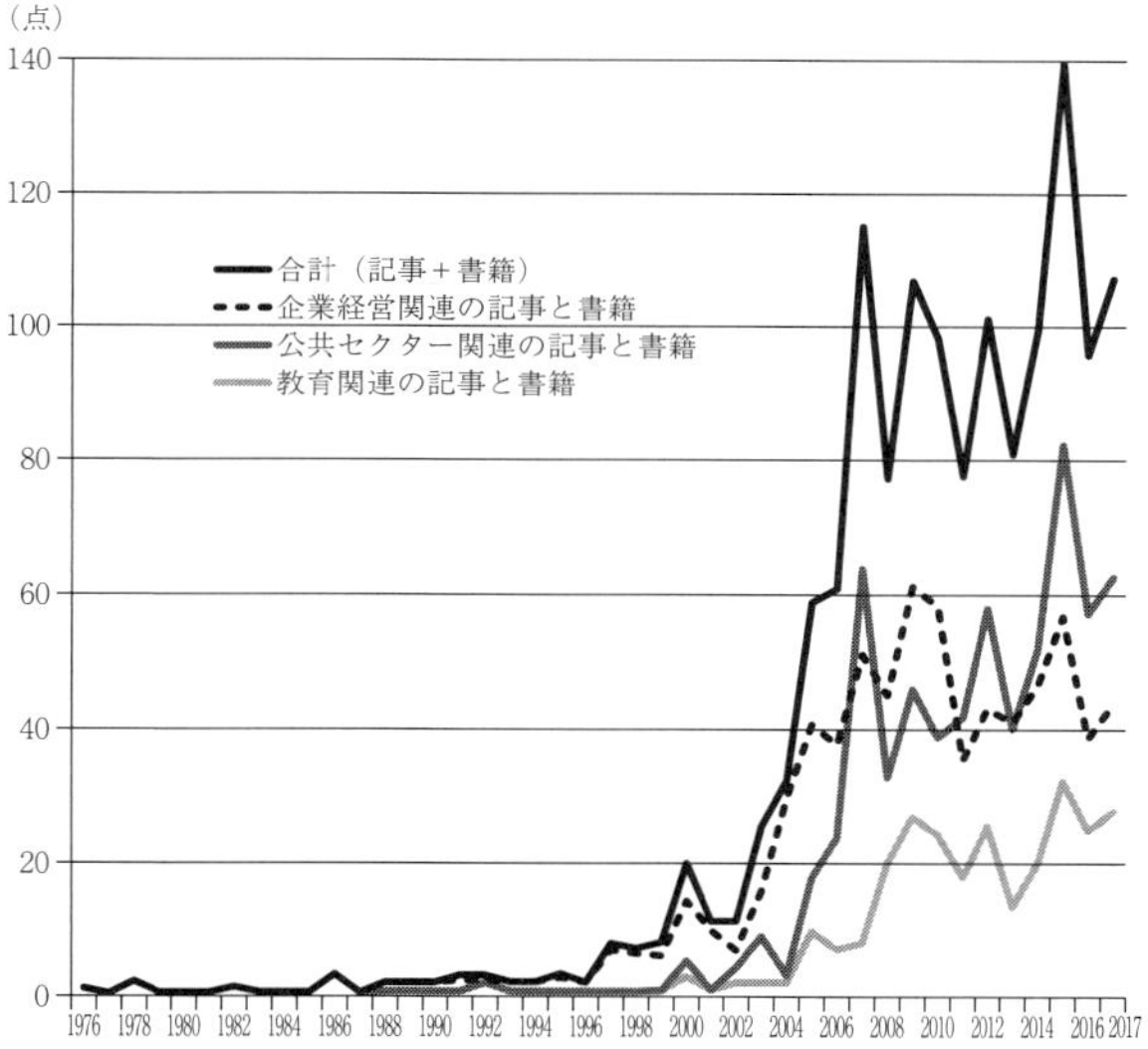

図表 2-2 「PDCA」を含む文献数の推移：1976―2017
出所：国立国会図書館サーチ（https://iss.ndl.go.jp/）の検索結果をもとに作成

になっていたのですが、二〇〇〇年前後からは再び広い範囲で脚光を浴びるようになって新たなブームを迎えたのです。

†企業経営とＰＤＣＡ

図表2-2では、文献の総数だけでなく国立国会図書館サーチによる検索結果をもとにして、全部で一四〇〇件近くの文献を①企業経営に関するもの、②企業以外の公共セクターの機関の運営や経営に関わるもの、③②のうち学校教育に関わるもの、という三つのグループに分けて集計してみた結果もあげています。

その集計結果からは、企業経営に関する文献は、書籍の場合は全体の七割以上、論文ないし雑誌記事については二割から三割程度を占めていることが分かります。次にあげるのは、企業経営に関する文献で「PDCA」がタイトルに含まれる書籍や論文につけられていた題名の典型的な例です。

「マネジメント　PDCAで考える企業経営」(二〇〇五)
『儲ける社長のPDCAのまわし方』(二〇一五)
『事業計画を実現するKPIマネジメントの実務──PDCAを回す目標必達の技術』(二〇一七)

これらの本や論文からは、PDCAサイクルを導入することあるいは「PDCAを回す(まわす)」ことが、ビジネスの世界では、業務改善や企業経営を成功させるための重要なカギとして位置づけられていることがうかがえます。

†企業セクターから公共セクターへ

PDCA関連の文献の内訳に関する検討結果からは、それ以外にもいくつか興味深い傾向が浮かび上がってきます。

最初に目につくのは、二〇〇〇年前後から今日まで続いている「ＰＤＣＡルネサンス」においては、企業経営の分野だけでなく病院や学校など公共施設あるいは地方自治体の経営・運営に関する文献が相当数を占めている、という点です。グラフではやや濃いめの灰色の折れ線で示したように、その数が企業経営（ビジネス）関係の文献数を越えている年さえあります。

この公共セクター関連の文献のタイトルには、たとえば次のようなものがあります。

『確かな学力』を育む：ＰＤＣＡサイクルによる学力向上」（二〇〇三）
「トップの視点　静岡県知事　石川嘉延――ＰＤＣＡサイクルの導入で県行政を抜本改革」（二〇〇四）
「ＰＤＣＡサイクルによる学校経営改善」（二〇一〇）
「ＰＤＣＡサイクル年3回実施が効果：国研が魅力ある学校づくり事業で報告書」（二〇一七）

右の例には、学校教育や学校の運営に関する文献が三点含まれています。図表2-2には、それらと同じように教育関連のテーマを扱っている文献数の推移を薄い灰色の折れ線で示しておきました。このグラフからは、自治体や公共施設の経営・運営に関する文献の中で教育現場や学校運営へのＰＤＣＡサイクルの導入について扱った文献が相当数を占めているという事実が浮かび上がってきます。実際、集計結果を詳しく見てみると、学校教育関係の文献が毎年平均して三割から四割前後、多い年には六割以上を占めていることが分かります。

†ゆりかごから(婚活を経て)墓場まで

図表2-2に示した一四〇〇点前後の文献は、PDCAサイクルに関して日本で現在までに生み出されてきた情報のごく一部に過ぎません。インターネットで検索してみると、ウェブ上にはPDCAサイクルに関する大量の情報があふれていることが分かります。実際、PDCAサイクルというキーワードで「グーグル検索」してみると、該当するウェブページの総数は四二五万件近くに及ぶことが分かります。その範囲も、企業活動だけでなく病院や学校の運営、さらには資格試験のための勉強にまで及びます。つまり、PDCAサイクルは、世の中のほとんどあらゆる課題に対して適用できる「魔法の杖」のような手法として見られているようなのです。

たとえば、ある結婚支援サービス企業のウェブサイトには、「幸せな結婚を引き寄せるPDCAサイクル」として、PDCAサイクルを婚活に適用する際の重要なポイントに関する次のような解説がありました(https://www.p-a.jp/konkatsu-sp/pdca-cycle/)。

PLAN――婚活の準備を進める
DO――婚活のお相手とお見合い
CHECK――婚活で感じたことを振り返る
ACTION――活動を見直して次の婚活へ

他の二〇〇〇件あまりの「婚活」関連のウェブサイトでも、ＰＤＣＡサイクルは「計画的に婚活を成功に導くため」あるいは「婚活をゴールまで導く」ための重要な秘訣として紹介されています。また、それらのウェブサイトには、多くの場合、全体の形式としては、図表2-1（九〇頁）とよく似た婚活向けのＰＤＣＡサイクルの図解があげられています。

さらにインターネットで検索してみると、ＰＤＣＡサイクルは、産婦人科病院や葬儀社あるいは墓苑の経営にも適用されていることが分かります。

「ゆりかごから墓場まで」というのは、第二次世界大戦後に英国の労働党が社会保障の充実を目指して掲げたスローガンです。これからすると、日本ではどうやらＰＤＣＡサイクルが、まさに、「ゆりかごから墓場まで」の人生行路（航路）における絶対確実な羅針盤として活用されているようです。

3　ＰＤＣＡサイクルによる大学改革への期待と現実

†教育全般にわたるＰＤＣＡサイクル

現代社会では学校教育というものが人生行路におけるさまざまな時点で非常に重要な意味を持っています。したがって、ＰＤＣＡサイクルが、その教育のあり方を大きく左右する国家政策に関する重要な指針として見なされてきたというのは特に不思議なことではないでしょう。

たとえば、文科省は二〇〇七年以来毎年、小中学校を対象とする全国学力テスト（全国学力・学習状況調査）をおこなっています。その前年の二〇〇六年には、専門家による検討会議から具体的な調査の実施方法等に関する方針が提言されています。その中には、次のような記述がありました。

現在進められている義務教育改革においては、教育の分野におけるＰＤＣＡサイクル（Plan［企画・立案］、Do［実施］、Check［検証・評価］、Action［実行・改善］を順に実施し、最後の改善を次の計画に結び付けるなど継続的な業務改善を図るためのマネジメント手法）を確立する必要があり、教育活動の結果を検証するための具体的な方策が必要である（全国的な学力調査の実施方法等に関する専門家検討会議 2006：3）。

また文科省は、その学力調査の結果をふまえた事業として、二〇〇七年からは全国規模で「検証改善サイクル事業」を展開していますが、これも小中学校での教育を対象にした事業です。

一方、経済・財政一体改革推進委員会（内閣府に設けられた内閣総理大臣の諮問機関である経済財政諮問会議の専門委員会）は二〇一六年に公表した資料の中で、「ライフステージを通した教育政策全体のＰＤＣＡサイクルの確立」を強調しています。その中では、ＰＤＣＡサイクルを義務教育だけでなく幼児教育から社会人教育にいたるまで全ての人生の局面（ライフステージ）における教育について重視されるべき手法だとされています（経済・財政一体改革推進委員会 2016）。

†「PDCAサイクルの強化」による大学改革への期待

このように、ＰＤＣＡサイクルというものが、幼児教育から社会人教育まで全ての人生局面（ライフステージ）における教育の進捗管理にとって非常に有効な指針として重視されていることからすれば、大学改革を円滑かつ効果的に進めていく上でPDCAサイクルが最適の手法として見なされてきたのはごく自然なことだと言えるでしょう。

たとえば、二〇〇八年に中教審から出された「学士課程教育の構築に向けて」という答申では、PDCAサイクルおよびそれと同じ意味を持つ「計画・実践・評価・改善のサイクル」が五箇所に登場しています。それらの箇所では、「内部質保証（国などがおこなう外的質保証に対して、大学自体がおこなう、自己点検・評価にもとづく改革改善による大学の質の保証）」をはかる体制の要件としてPDCAサイクルの「機能」があげられ、またそれを第三者評価の際に重視すべきだとしているのです（中教審 2008: 49）。

この「学士課程答申」を受けて、その「第三者評価」をおこなう代表的な認証評価機関の一つであり、また受審大学数が最も多い大学基準協会では、内部質保証を認証評価の際の重要な柱の一つに据えています。同協会によれば、その内部質保証とは次のようなものだとされています――「内部質保証（Internal Quality Assurance）とは、PDCAサイクル等の方法を適切に機能させることによって、質の向上を図り、教育・学習その他のサービスが一定水準にあることを大学自らの責任で説明・証明していく学内の恒常的・継続的プロセスのことをいう」（大学基準協会 2017: 3）。

大学側としても、以上のような中教審や認証評価機関の方針に呼応する形で、大学教育をはじめとする各種業務の進捗管理と改革改善を目的として、PDCAサイクルの発想にもとづく改革改善の体制を着々と整備してきました。

たとえば、日本私立大学連盟（二〇一七年現在で一二三大学［一〇九法人］が加盟）は、二〇〇八年と〇九年には「自己改革システム修得プログラム」、二〇一〇年からは「PDCAサイクル修得プログラム」という名称の研修活動をおこなってきました。この研修には、同連盟に所属する三〇校前後の大学から毎年三〇数名ないし五〇数名前後の教職員が参加しています。

PDCAサイクルの発想は、国立大学のあいだにも広く浸透しています。たとえば、二〇一七年一一月末には、国立大学をはじめとする九〇法人（四つの大学共同利用機関法人を含む）から国立大学法人評価委員会に対して二〇一六年度の事業実績報告書が提出されました。そのうち五三法人の報告書で「PDCA」ないし「PDCAサイクル」という言葉が使用されており、その言及は合計で一一四箇所にのぼります。また、国立大学法人評価委員会は、それらの報告書の内容を検討した上で、「指標の進捗管理の一元化による**PDCAサイクルの強化**」を「特筆すべき点または注目すべき点」として高く評価しています（国立大学法人評価委員会 2017a）。

†補助金の申請書に盛り込まれたPDCAサイクル

PDCAは、各種補助金の獲得を目指して大学が提出する申請書類の中でも頻繁に言及されています。その一つの例が、「二〇年間で世界大学ランキングトップ一〇〇に一〇校以上をランクインさせる」ことを目標に掲げて二〇一四年に一〇年間の補助金プログラムとして開始されたスーパーグローバル大学創成支援事業です。この事業に採択された三七校のうち二四校の構想調書には「PDCAサイクル」が含まれており、その合計は八七箇所に及びます。

その中には、たとえば次のようなものがあります。

「本取組は教学の責任者等によるトップダウンと各WGのよる《原文ママ》ボトムアップの両面を教職協働で全学的に取り組んでいき、一年間を目安にPDCAサイクルを回し一〇年度の大学のあり方や目標に向けて推進していく」（私立SK大学）

「……本学の現状と課題解決に向けての全学的なPDCA（Plan-Do-Check-Action）《原文ママ》サイクルに基づいた取組をまとめた『大学自己点検・評価報告書』全文も日英両言語で本学公式ウェブサイトに掲載している」（私立KSG大学）

「このように大学の状況を一元的に収集・分析する機能とPDCAサイクルを恒常的に回す機能を整え、二つの機能により生まれる効果を最大限に活かしつつ、急速な社会状況の変化にも迅速に対応できる大学であることを可能とするようなIR機能を有する組織を設置運営する」（国立QS大学）

このような一連の記述からは、PDCAサイクルを回すことこそが、それぞれの大学における業務を効率的で効果的なものにし、ひいては国際性豊かな（世界で戦える）「スーパーグローバル大学」を築き上げていく上での重要なカギだと考えられていることがうかがえます。

同じように、前章で取りあげた「私立大学等改革総合支援事業」のうちの「大学教育質転換型」の支援対象校の選定に関しても、大学内でPDCAサイクルが実践されているかどうかという点が重視されています。その事業の趣旨説明には、「全学的な教学マネジメント体制の下、建学の精神を生かした教育の質向上のためのPDCAサイクルが実践されている大学を支援する」とされているのです。

また、二〇一六年に文科省が開始した「私立大学研究ブランディング事業」の調査票には、二〇一七年からは、〈研究活動、ブランディング戦略、事業全体のそれぞれにおいてPDCA

サイクルを整備しているか〉という点について問う項目に加えて、〈各PDCAサイクルを連携させる体制を整備しているかどうか〉を問う項目が設定されていました。それぞれの項目の最高点は五点です。つまり、この二項目だけで実施体制に関する評価の「満点」である二三点のうちの一〇点分を獲得できることになっていたのです。

†花盛りのポンチ絵

こうしてみると、大学（高等教育）についてはこの一〇年あまりのあいだに「PDCA化」が着々と進行してきたようにも思えます。また、それによって、赫赫《かっかく》たる改革の成果が達成できているのではないかとさえ思えてきます。その印象は、大学改革をめぐって、文科省や中教審、認証評価機関あるいは大学自身によって作成されてきたさまざまな文書に盛り込まれた大量のポンチ絵を目にすると、ますます強くなってきます。

図表2-3は、それら無数のポンチ絵のごく一部をコラージュ風に並べてみたものです。

こうして改めて大学改革関連のPDCAサイクルのポンチ絵（図解）を並べてみると、それぞれがさまざまな工夫をこらして改革が目指すべき目標地点への道筋を鮮やかに描き出していることが分かります。たとえば、一番上の二つのポンチ絵は文科省が作成したものであり、両方とも国立大学の改革に関わるものです。もっとも、どういう理由によるものかは明らかでは

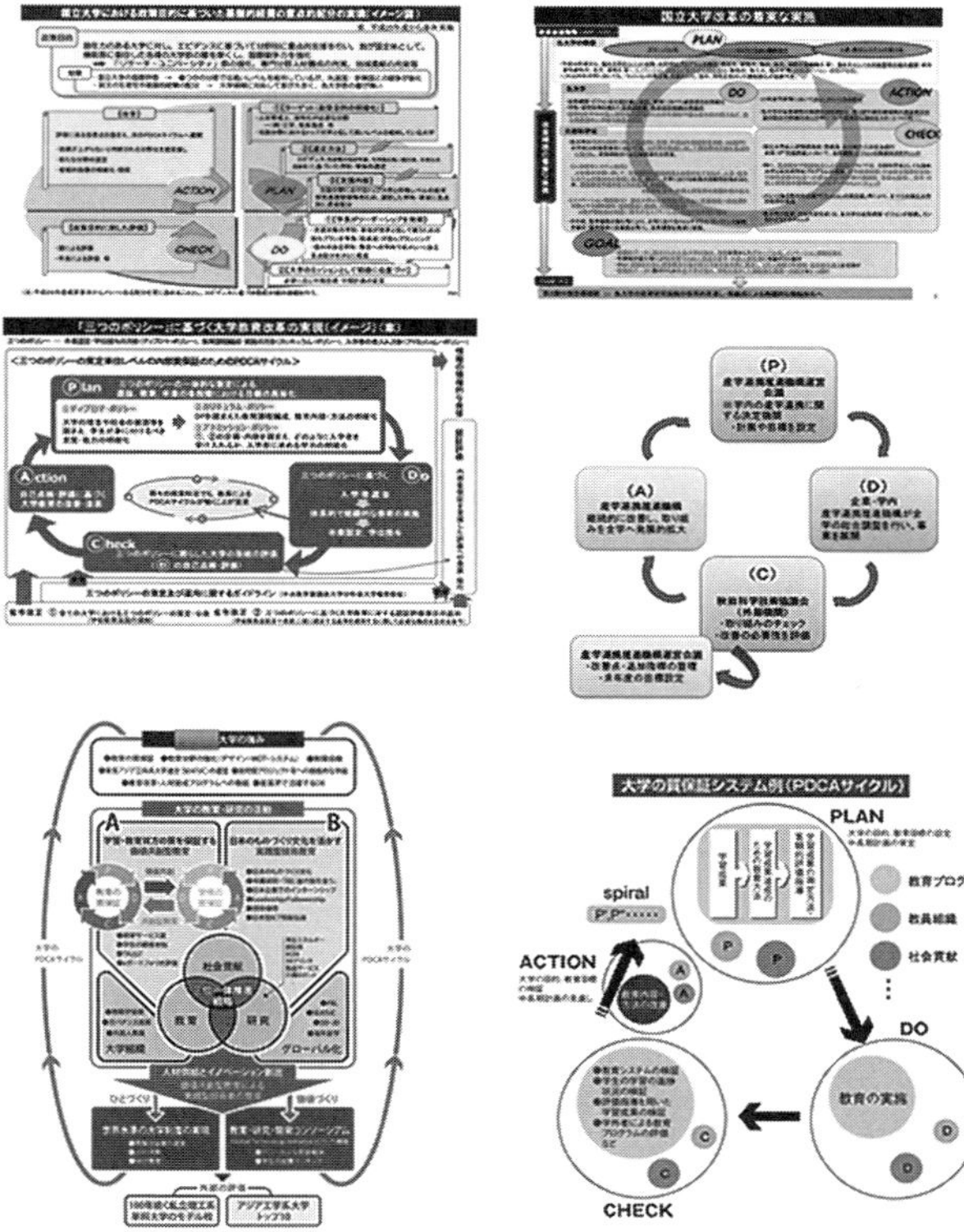

図表 2-3　様々なる意匠のＰＤＣＡサイクル
出所：文科省および各大学等のウェブサイトから

ありませんが、左側のPDCAサイクルが時計回りであるのに対して右側の方は反時計まわりになっています。

†多重サイクルの構造

なお、この図にあげた幾つかの例からも分かるように、大学改革関連のポンチ絵の中には複数のPDCAサイクルが相互に連携することを想定しているものが少なくありません。その点で典型的なのは、図表2-3の左下に配置したポンチです。これは、スーパーグローバル大学創成支援事業への申請に際して私立SK大学が提出した構想調書に添えられていたものです。サイズを縮小してあるために少し見づらくなっていますが、この図の左側の少し上の方には、一対のPDCAサイクルが見えます。一つは、時計回りのPDCAサイクルとなっている「教育の質保証」のための施策です。もう一つの「学修の質保証」のサイクルの方は反時計回りで循環しています。そして、この二つのPDCAサイクルは実行局面(D)を介して相互に密接に結びついているように見えます。

また、図全体の右端と左端には、それぞれ矢印付きの縦長の楕円形の曲線があしらわれており、その中ほどにはそれぞれ「大学のPDCAサイクル」という記述があります。これからすれば、どうやら先にあげた時計回りと反時計回りの二つのPDCAサイクルは、さらに、より上位にある、「価値共創型教育」(左側のAの部分)と「実践型技術教育」(右側のBの部分)という大学全体のPDCAサイクルに組み込まれているらしいのです。

この例のように、大学改革をめぐって作成されてきたPDCAサイクルのポンチ絵は、かなり入り組んだ構成になっているものが少なくありません。この点は、図表2-1が非常に単純な図柄の円環構造になっているのとは非常に対照的です。また、この本ではモノクロ印刷ですが、実際のポンチ絵の多くはそれぞれが美しい彩色をほどこされています。したがって、図表2-3のようにして幾つかのポンチ絵を貼り付けてみると、色とりどりの精妙な絵柄が並ぶことになり、文字通り「百花繚乱」といった趣になります。

†期待と現実のあいだ

「PDCA漬け」の効果　大学改革をめぐる各種の文書にPDCAという文言が大量に盛り込まれ、また、さまざまな意匠をこらした図解版のPDCAサイクルが添えられているという事実からすれば、少なくとも大学については、どうやら文科省の「十分なPDCAサイクルの不足」という懸念は当てはまらないようです。それどころか、この一〇年あまりのあいだには、むしろ十分過ぎるほどのPDCA化、つまり「PDCA漬け」とでも言えるような事態が進行してきたようにも思えます。

したがって、もし実際にＰＤＣＡサイクルというものが、あらゆる種類の業務に適用可能であり、また素晴らしい効果が期待できる万能の特効薬のようなものであるとするならば、日本における大学改革はめざましい成果をあげていることが期待できます。

しかし、どうやら現実はその期待とは大きくかけ離れているようです。実際、改革文書に盛り込まれた花盛りのポンチ絵がそれぞれ豊かな実を結んできたかというと、かなり疑わしい点があるのです。

ＰＤＣＡを適用した補助金事業の成果　序章でも指摘したように、中小規模の大学や地方の私立大学などを中心にして、日本の大学の中には深刻な経営危機を迎えているところが少なくありません。その経営危機を迎えている大学の中には、ＰＤＣＡサイクルの実践が前提条件となっている「私立大学等改革総合支援事業」の採択校も含まれています。

一方で、ＰＤＣＡサイクルの整備状況の評価が採択基準の配点で大きな割合を占めていた「私立大学研究ブランディング事業」は、ある不祥事のために二〇一九年度で打ち切られることになりました。文科省の局長が関与していたとされるその汚職事件は、二〇一七年度に「世界展開型」（タイプＢ）の事業に選定された私立東京医科大学の採択に関わるものでした。その大学の事業計画書には、ＰＤＣＡという言葉が四箇所に登場し、さらにＰＤＣＡサイクルをその中に含むポンチ絵が添えられています。

その四箇所の記述の一つでは、教育や研究に加えて「管理運営」を含む五つの項目からなる中長期的なビジョン実現に向けて「全学的参加の下、PDCAを回しながら進められている」とされています。もしその大学に対する補助金事業を打ち切られることになった事件が実際に贈収賄事件と呼べるものであったとするならば、少なくともこの点に関する管理運営については、同校のPDCAサイクルは十分に機能していなかったようにも思えます。

スーパーグローバル大学事業の場合　同じような点は、スーパーグローバル大学創成支援事業についても指摘できます。この事業が「一〇年間で世界大学ランキングトップ一〇〇に一〇校以上をランクイン」を目標の一つに掲げて二〇一四年度に開始されてから既に六年あまりが経過しています。しかしこの間に、日本の大学の世界ランキングはほぼ一貫して低下傾向を示してきました。たとえば代表的な世界大学ランキングであるTHE（タイムズ・ハイヤー・エデュケーション）のランキングで一〇〇位以内に入っているのは、二〇一九年の段階でも東京大学（三六位）と京都大学（六五位）の二校だけです。

少しばかり範囲を狭めてアジア太平洋地区のTHEランキングを見た場合であれば、日本の大学も上位一〇〇校位以内に一一校ランクインしています（二〇一八年度版ランキングの結果）。

もっとも、上位一〇校には一校も入っておらず、東京大学が一二位、京都大学は一七位という結果に終わっています。

こうしてみると、大学改革に関連して示されてきたPDCAサイクルの中には、「計画倒れ」ないし「かけ声倒れ」のものが少なくなかったようにも思えてきます。そしてその点は、個々の大学レベルだけでなく、文科省や中教審が示してきた政策についても言えます。ここで、ある疑いが生じてきます。それは、それらのPDCAサイクルは、実際には、P（計画）の部分が肥大化してしまった「絵に描いた餅」のようなものに過ぎなかったのではないか、という疑いです。一方ではまた、PDCA化を提唱してきた人々が、そもそもPDCAサイクルという発想の起源やその意義について十分に理解していたのかという点についても、かなり疑わしく思えてきます。

4　みんな知っている（はずの・つもりの）PDCA――際限の無い「コピー&ペースト」の果てに

†学士課程答申（二〇〇八）の場合

大学改革との関連で「PDCAサイクル」が頻繁に取りあげられるようになった幾つかのきっかけの中でも最も重要なものとしては、先にもふれた二〇〇八年一二月末に中教審から出された「学士課程答申」があげられるでしょう。事実、この答申は、PDCAが和製マネジメント・サイクルを示す言葉として大学セクターに普及していく上で決定的な役割を果たしていたと考えられます。

この答申では、PDCAおよびそれと同じ意味を持つ「計画・実践・評価・改善のサイクル」が合計で五箇所に登場しています。その中で最も重要だと思われるのは、答申第四章「公的及び自主的な質保証の仕組みの強化」の第三節で自己点検・評価との関連でPDCAサイクルに言及している二つの箇所です。

その節ではまず、現状の問題点として、自己点検・自己評価が九割近くの大学でおこなわれてはいるものの、その意義が十分に理解されていないために作業が形式的なものにとどまり、「PDCAサイクルを稼動させるに至っていない」場合があると指摘しています（四八頁）。その上で、抜本的な改革の方向性として、認証評価の際に、それぞれの大学で自己点検・評価に関する「PDCAサイクルが機能」しており、それによって内部質保証体制が確立していることを重視していく必要性があるとしています。[2]

この答申を受けてそれぞれの認証評価機関では、評価項目の中にPDCAサイクルという文言を取り入れていくことになりました。また、ＰＤＣＡサイクルは、その後に出された一連の中教審答申にも、定番的な用語の一つとして登場するようになっています。[3] 一方、学士課程答申が出された前後からは、大学側が作成する文書の中にも「ＰＤＣＡサイクル」が頻繁に盛り込まれるようになっています。こうして学士課程答申は、大学に対する認証評価のあり方にとって一つの転換点となり、また日本の大学の「ＰＤＣＡ化」を加速させていくことになったと考えられます。

†答申の作成者の場合

この学士課程答申には、一つ不思議な点があります。それは、大学関連の中教審答申としては、「ＰＤＣＡサイクル」が初めて登場したものであるにもかかわらず、この用語についての説明は一切なされていない、という点です。実際、ＰＤＣＡに関する説明は答申の本文だけでなく、この答申に資料として付けられていた「概要」「参考資料」「図表（1）（2）」「審議経過・名簿」「用語解説」のどれにも見当たらないのです。

一方、用語解説には、二〇〇八年前後には教育関係者だけでなく広く一般の人々にもよく知られていたはずの「シラバス」や「アドミッション・オフィス入試」などという項目まであげられており、「何をいまさら」という印象があるほどです。ところが、大学改革関連の主な答中で初めて登場したはずのPDCAについては、改めて解説が必要となる項目としては扱われていないのです。

これは、かなり奇妙な感じがしないでもありません。もっとも、先に図表2-2で見たように、二〇〇〇年前後からは教育機関や行政組織に関する文献の中でPDCAサイクルが頻繁に取りあげられるようになっていました。それからすれば、学士課程答申での唐突とも思える「PDCAデビュー」はある程度の説明がつくように思われます。恐らく、この答申を実際に「作文」した人は、PDCAサイクルという言葉が特に改めて説明をしなくても分かってもらえる、つまり「みんな知っているはず」の言葉だと思っていたのでしょう。

しかしながら、先に「五つの神話」について解説した際にも指摘したように、「PDCAサイクル」ほど誤解や誤用が多い用語は滅多にありません。その点からすれば、答申の作成者は無頓着とも言えるやり方でこの用語を使ってきたのだとも思われます。

†「真意不在」のコピー&ペースト

事実、先に指摘したように、日本ではPDCAのAは、多くの場合Actionとなっています。これは、大学改革に関連する行政文書や大学側が作成する申請書などの場合も、全く同様です。それらの文書を作成した人々がPDCAサイクルについて、その基本的原理や実際に適用する際に検討が必要になる制約条件などをも含めて十分に理解していたわけではなかったことを示しています。それどころか、その人たちは和製マネジメント・サイクルの内容について改めて「勉強」したり理解しようとしたりすることもなく、都合の良いキャッチフレーズとして利用してきたのだと言えそうです。

この学士課程答申におけるPDCAサイクルという言葉の用法は、経営学者の由井浩氏が「真意不在の波及と誤用」という言葉で表現しているPDCAサイクルの普及プロセスの特徴をよく示しています（由井 2012）。

由井氏は、その一連の著作（由井 2011a, 2011b, 2012）で、日本の工学者たちによって一九六〇年代はじめにPDCAサイクル（ないし「PDCAサーク
ル」）という用語が考案され、また二〇〇〇年代に入ってからは行政文書における定番的な用語として取り入れられていくプロセスについて明らかにしています。その上で、「PDCAサイクル」が工場現場における品質管理という枠を越えて拡大解釈されていくなかで、オリジナルの発想とは非常に性格が異なるものに変質していく経緯をとらえて、これを「真意不在の波及と誤用」と呼んでいるのです。

†中教審委員の場合

当然のことながら、由井氏の指摘する「真意不在の波及と誤用」は、この答申が中教審から

出された際に審議会の委員として名を連ねていた人々についても指摘できます。というのも、誰が実際に答申の文案を作成したかは別にしても、中教審の委員は答申に書かれている内容に対して何らかの責任を負う立場にあるはずだからです。

学士課程答申が出された二〇〇八年当時の審議会委員三〇名のうち約半数の一四名は、大学教員ないし大学教員としての経験を持つ役職者の人々でした。これは、きわめて皮肉な事態だと言えます。というのも、これらの人々は、学生や大学院生に対して安直な「コピー&ペースト（コピペ）」を厳しく戒めているはずだからです。また、安易な借り物などではない独自の思考（＝「自分の頭で考えること」）の重要性を強調していたに違いありません。

しかし、そのような立場にある人々が委員の半数近くを占める審議会の答申には、従来の行政文書にも見られていた出所不明であり、また「真意不在」でもある議論を丸写しにしたようなPDCAサイクルに関する解説や主張が含まれていたのです。それは、少なくともこの答申の内容に関しては、その委員の人々が日頃学生や院生たちに教えている内容とは正反対の対応をしていたということを意味しています。

†認証評価基準に見られる「コピペ」

大学現場にある人々にとって、中教審の答申にどのような事が書かれているかという点以上に関心があるのは、〈その記載内容が認証評価の際の基準にどのような形で反映されるか〉という点かも知れません。というのも、もしPDCAサイクルの実践というものが主な評価基準の中に含まれているとするならば、七年周期でおこなわれる機関別認証評価などをクリアするためには、実際の運営や書類づくりの際に相応の努力をしなければならないからです。

この点に関して興味深いのは、大学基準協会のケースです。先に「五つの神話」のうちの神話③について解説した際に指摘したように、同協会が公表している『新大学評価システム ガイドブック』には、〈PDCAサイクルは経営学用語である〉という主旨の不正確な記述があります。この記述は、中教審の答申の場合と同じように大学基準協会のガイドブックの中でも、それ以前の各種の行政文書にみられるPDCAサイクルの用法がほとんど丸写し、つまり「コピー&ペースト」されているということを示しています。

なお、大学基準協会が公表した『大学評価ハンドブック』(二〇一七)には内部質保証に関する、次のような定義があります――「PDCAサイクル等の方法を適切に機能させることによって、質の向上を図り、教育・学習その他のサービスが一定水準にあることを大学自らの責任で説明・証明していく学内の恒常的・継続的プロセスのことをいう」(大学基準協会2017:3)。この定義によれば、大学組織の内部でPDCAサイクルが機能しているか否かは、ある大学が教育の質に関して適切な保証をおこなっているかどうかを判断する上での非常に重要な判断基準だということになります。

†大学基準協会自体のPDCA?

少し時間はさかのぼりますが、先にあげた『新大学評価システム　ガイドブック』（二〇〇九）における PDCA サイクルの解説の後には以下のような文章が続いています。

つまり、自己点検・評価は、実行した結果が目標や計画に沿ったものになっているか、沿っていないとすれば何が問題なのか、大学の経営戦略が不明確なのか、目標や計画が不適切だからなのか、実行上の問題なのか、などを根拠をもとに冷静に検証し、ポジティブなアクションと結びつくには、どうすればよいかを考えることなのです。反省と自己弁護ばかりでは、改革・改善につながる、本来の自己点検・評価とは言えません（大学基準協会2009：3）。

PDCA サイクルという言葉の誤用を除けば、この文章の指摘それ自体は、きわめて真っ当なものでしょう。反論の余地はまったくないとも言えます。しかし、これは本来、そっくりそのまま大学基準協会の活動に対しても適用されるものではないでしょうか。

というのも、もし大学基準協会が最も重要な認証評価の基準の一つである内部質保証に関するPDCAサイクルについて「コピペ」をおこない、また一種の「疑似経営（学）用語」を安易に使用してきたのだとするならば、その事実は、大学基準協会がみずからの組織についておこなってきた（はずの）質保証それ自体のクオリティを疑わせるものだと言えるからです。つまり、少なくともこの一点に関して言えば、同協会が評価項目の見直しに関して「冷静に検証」した上で真摯な「反省」をおこない、また「改革・改善」につながるPDCAサイクルのC（点検・評価）に対して真剣に取り組んできたとはとうてい考えにくいのです。

†キャッチフレーズとしての魅力

当然ですが、ここで大学基準協会について指摘したことは、行政機関や幼稚園から高校までの学校、そして大学についても同じようにあてはまります。実際、それらの機関や組織の人々は、多くの場合、PDCAサイクルという用語をキャッチフレーズあるいは不思議な効力を持つ一種のおまじないとして利用してきたのだと言えるのです。

このようなPDCAサイクルのキャッチフレーズ化の背景に、この用語をめぐるさまざまな神話にもとづく「箔付け」があることは言うまでもありません。それ以外にも、「PDCA」には以下にあげるように、幾つかの点で独特の魅力があります。

適度な距離感と語呂の良さ　工場現場などで一定の成果をおさめてきたと言われるPDCAサイクルとは違って、行政文書や大学側が作成してきた文書に盛り込まれた「PDCA」の多くは、単に常識的な心得をアルファベット（ローマ字）で言い換えたものに過ぎません。つまり、わたしたちが子どもの頃から親や教師からさんざん言い聞かされてきたことの、いわば焼き直しに過ぎないのです。

実際、わたしたちは、これまで何度となく次のようなことを言われてきたはずです――勉強やスポーツをおこなう際には、しっかりと計画を立て（P）、その計画が「計画倒れ」や「三日坊主」に終わらないように日々努力を積み重ねていき（D）、そしてまた結果を振り返って「反省」し（C）次のステップに生かしていきなさい（A）。

「PDCA」という言葉が持つ魅力の一つは、その種の、見方によっては凡庸《ぼんよう》なものにしか見えない決まり文句としての教訓ないし心得を、改めて四つの基本的な要素に分割した上で非常にシンプルな形で表現している、という点にあります。しかも、それは四文字のアルファベットの頭文字で示されていることによって専門用語のような印象を与えるものになっています。

また、初めて耳にした時には頭文字だけで分かりにくい感じもあり、若干の説明が必要になるという点も実に重要です。というのも、それによって、アタリマエ過ぎずかといって難し過ぎるわけでもない、つまり適度な距離感を演出することができるからです。

しかも、Plan, Do, Check, Action は、それぞれ小学生や中学生でも知っている基本的な単語です。その四語を続けて声に出してみた時の言葉の響きやリズムも実に心地よいものです。実際、Plan, Do, Check, Act（ぷらん・どぅ・ちぇっく・あくと）では、どうしても言葉の終わり方としては中途半端な感じがします。それに対して、「ぷらん・どぅ・ちぇっく・あくしょん」は、日本語としてははるかに語呂が良いものです。その点では、ＰＤＣＡという言葉を最初に使い始めた日本の工学者たちは、コピーライターとしても非常に優れたセンスを持っていたと言えるでしょう。

継続的改善のイメージ　工学者の石川馨氏は、和製マネジメント・サイクルとしてのＰＤＣＡの誕生を支えた立役者の一人でした。その石川氏の著作の一つには『誰にでもわかる　ＴＱＣのはなし』という入門書があります。その本で「ＰＤＣＡの管理サークル」の解説に使われていたイラストの最後には「Action!!」という形で二重の感嘆符（!!）が付けられていました（石川 1982: 13）。

この「Action!!」という文字の並びに鮮やかに示されているように、「アクション（Ａ）」には、単に語呂が良いだけでなく「何としてでも事態を改善させるぞ!!」という強い意気込みを感じさせる前向きな印象があります。実際、ＰＤＣＡサイクルの発想では、「サイクル」が一巡してA（改善）に到達した次の段階では、それまでの実践についての振り返りと反省を踏まえた上でさらなる高みを目指すP（計画）から始まる次のサイクルが続くことが想定されています。したがって、「PDCAを回す（廻す）」という言い回しは、最初の状態に戻るのではなく、より高い次の段階を目指して継続的な改善を目指すという意味あいが含まれています。

日本では「スパイラルアップ」という和製英語が、このPDCAに含まれる継続的改善というイメージとの関連で使用される例が少なくありません。たとえば、ビジネス書やビジネス関係のウェブサイトには「PDCAサイクルを（高速で）回してスパイアルアップする」というような種類の言い回しがよく見られます。大学関連の文書でも同様です。たとえば、私立SK大学がスーパーグローバル大学創成支援事業への構想として提出した文書には次のような一節があります――「改革の実行にはPDCAサイクルを取り入れ、自らの行動を点検評価し、これを継続することで教学マネジメントを「見」える化し**スパイラルアップを図る**ものである」。

このスパイラルアップという言葉から醸《かも》し出される「絶え間ない改善（カイゼン）」という前向きのイメージは、紛れもなくPDCAの大きな魅力の一つだと言えるでしょう。

図解表現との親和性（「ポンチ絵映え」）　さらにPDCAには、一連の手順を簡潔かつ印象的な図として表現できるという魅力があります。つまり、ＰＤＣＡサイクルは「ポンチ絵映え」するのです。図表2-3にあげた六つの図解が、その好例です。これらの図では、ＰＤＣＡサイクルを構成するそれぞれの手順が互いに緊密に連携しながら何らかの事態（国立大学の構造改革、学士課程教育、大学の国際性など）を継続的に改善していくダイナミックなプロセスが色鮮やかに描き出されています。

先に指摘したように、ＰＤＣＡサイクルは、四つの基本要素から構成されている、それ自体はきわめて単純明快な枠組みです。一方で、そのシンプルかつ明快な枠組みは、それら四要素が互いに緊密に連携する円環状になっており、さらにそれが「スパイラル」を形成している図式として表現することによって強烈な印象を与えることができるようになります。

当然ですが、それらの図解の多くは、実際に「計画・実行・評価・改善」というサイクルを何度か「回した」上で最終的に得られた成果ないし実績を図解したものではありません。それらは、ほとんどの場合、「今後このようにしてＰＤＣＡサイクルを回して、改革改善に邁進していくつもりである」という、Ｐ（計画・構想）段階の決意表明です。つまり、**図解版のＰＤＣＡは、「ＰＤＣＡサイクルという名のＰ」**に過ぎないのです。それでも、図表2-3のようにして一連の改革プロセスを明瞭な図として表現してみると、それだけで素晴らしい成果が期待できるように思えてくるから、実に不思議です。

見かけ上の簡便さ　ＰＤＣＡの魅力として最初にあげた点、つまりこの考え方には常識的な心得との共通点が多く、したがって直感的に理解できるという点と、この発想が持つもう一つの魅力とのあいだには密接な関連があります。その魅力とは、ＰＤＣＡサイクルの発想を応用した進捗管理には、特に専門的な指導や訓練を受けなくても実践できる、つまり、日頃の心がけや「ちょっとした工夫」でおこなえる、という印象があるという点です。実際、「二時間でわかる」「まんがで身につく」「ＰＤＣＡ手帳術」などという言葉をタイトルに含むＰＤＣＡ関連のビジネス書は、まさにそのような印象（幻想）を効果的に利用しているのだと言えます。

特に、その見かけ上の「とっつき易さ」は、実際に「ＰＤＣＡを回す（廻す）」ことを要求される人々ではなく、それら現場の人々に対して計画の実行（Ｄ）に向けて号令をかけ、時には「丸投げ」することも多い上司や監督官庁あるいは認証評価機関の関係者などにとっては大きな魅力であるに違いありません。というのも、それらの人々にとって見れば、ＰＤＣＡサイクルという発想・手法は、（少し前までの）日本の製造業という成功事例（とされるもの）も存在しており、かつ国際的にも認知された、非常に確実な経営手法であるように思えるからです。また、彼らにとってＰＤＣＡは、「こんな単純明快な原理でやれるはずなのに、なぜやらないのだ！」という調子で部下や指導対象となっている機関の関係者を叱咤激励する際にも、きわめて便利な言葉であるに違いありません。

5　企業経営の「ＰＤＣＡ化」とその落とし穴

†「劇薬」としてのＰＤＣＡサイクル

これまで見てきたように、ＰＤＣＡという言葉には、見かけ上は簡単に理解できるだけでなく「舶来」の学術的概念という印象があります。また、絶妙な距離感があり語呂が良く、かつ、一見非常に簡単に実践に移すことができるように見えます。さらに、Ｐ（プラン）からＡ（アクション）までのサイクルを螺旋状に展開することによって「スパイラルアップ」が図れるという利点があるとされており、これを強烈な印象を与える図解として示すこともできます。そして、何よりも生産現場における進捗管理から資格試験のための勉強あるいは大学改革にまで応用できるだけの適用範囲の広さがあると思われてきました。

このように、さまざまな点で非常に魅力的な用語であるからこそ、数ある経営手法の中でも、ＰＤＣＡは、公共セクターに属する機関や組織における業務を効率的かつ効果的に運営していくための切り札として導入されてきたのだと思われます。また、これらの魅力は、企業セクターでも二〇〇〇年前後からはPDCAというマネジメント・サイクルに関する再評価が進み、PDCAサイクルの技法について扱ったビジネス書が次々に刊行されてきた重要な要因であると考えることができます。

しかし、PDCAは本当にオールマイティの万能薬なのでしょうか。実は、この発想が、その「本家本元」であるる企業の業務に適用された場合についてもう少し検討してみると、事実はかなり異なるものであることが明らかになってきます。事実、PDCAは万病に効く妙薬であるどころか、場合によってはむしろ重篤な副作用を引き起こす「劇薬」として作用することさえ稀ではないのです。

†企業経営におけるPDCA化の限界

会計学者の加登豊氏は、「日本企業を壊す〝PDCAサイクルを回す〟という言葉」という一連のエッセイの第二回目「〝PDCAを回せ〟と指示する管理職は無責任」で、安易なPDCA化が陥りやすい落とし穴について指摘しています。加登氏によれば、PDCAサイクルは、品質管理のような継続的な業務改善活動には向いているが、それ以外の経営管理活動には必ずしも適合的ではないというのです。

その例として、加登氏があげるのは、評価(C)と改善(A)のタイミングと計画(P)とのあいだにズレが生じることが多い予算管理活動です。事実、たとえば三月期決算の企業の場合には、予算作成は前年度の実績が確定する以前の時期である九月から一二月のあいだに始まり、三月に確定することになります。つまり、CやAに該当する活動がおこなわれる以前の段階でPがおこなわれることになるのです。

これについて、加登氏は次のように指摘します。

予算管理活動では、実績が確定する前に次期に突入しており、予算実績比較を行い、是正措置を講じた後で、新たな計画を立てているわけではない。つまり、予算管理では、PDCAサイクルを回したくても回らないのである（加登 2017）。

予算管理活動に限らず、組織内の複数の部署がそれぞれ持つ業務の時間軸のあいだには大きな違いがあることが少なくありません。たとえば、製造業の場合には、研究開発部門が比較的長期にわたる時間志向を持つのに対して、製造部門は短期であり、マーケティング部門はその中間である、というようなことが言われてきました。この異なる時間軸をすり合わせていくことが、部門間の調整をはかりながら企業組織全体の統一的な管理運営をおこなう上で重要な課題であるともされてきました。

したがって、それぞれの部門、特に製造部門の内部ではあるいは比較的明快なPDCAサイクルが作れるのかも知れません。しかし、それを研究開発部門やマーケティング部門とすり合わせ、さらに予算管理に関わる部門との調整をはかることは至難のわざだと言えるでしょう。

ビジネス・コンサルタントの田中靖浩氏は、複数の業務のあいだの時間軸の違いという問題とは違った観点から、PDCAという手法には向き不向きがあるという点について指摘します。田中氏が強調するのは、企業組織をめぐる環境条件の安定性に関わる問題です。田中氏によれば、PDCAサイクルのような「計画による管理」の発想による管理手法は、ビジネスをめぐる環境が安定的で変化が少ない場合には有効だとします。しかし、その逆に、ゲームソフトやインターネット関連の業界のように、容易に想定できない変化が頻繁に起こる状況では有効性を失うとしている。そのような「先が見えない」環境では、むしろ状況の変化を見きわめて臨機応変に対処する機動的な対応が必要になってくるというのです（田中 2016）。

†丸投げ式PDCAによるミスマネジメント・サイクル

加登氏と田中氏は二人とも、PDCAサイクルをあらゆる種類の経営管理に有効な手法として見なすことの落とし穴について指摘する一方で、この手法を適用しようとする際に生じがちなもう一つの問題点について指摘しています。つまり、PDCAのそれぞれの手順について別々の人々や部署が担当することによって、各手順のあいだの連携がうまくいかず、また当事者間の責任関係が曖昧になってしまうという可能性です。

特に、実現性の薄い無謀な計画を上司が立てて、その達成や評価を現場の部下に「丸投げ」してしまうような状況でPDCAサイクル的な管理法を適用した場合には、悲惨な事態が起こりかねません。実際、この場合は、PDCAサイクルによるスパイラルアップどころか「スパイラルダウン」つまり、悪循環に陥ることになってしまう可能性があります。

この悪循環の構造を鮮やかに描き出しているのが、山下和馬氏（仮名）の『ロスジェネ社員のいじめられ日記』（二〇一四）です。この本は、著者の山下氏が実際にある金融会社（ベンチャーキャピタル）で経験した「ブラック」きわまりない理不尽な体験の数々について簡潔な文章と軽妙なタッチによる自作の漫画で綴って話題になった本です。

その『ロスジェネ社員のいじめられ日記』には「日本企業でPDCAが機能しない訳」という項目があります。そこで著者の山下氏は自らの経験を描いた図表2-4の漫画を使って、現実のPDCAがまったくと言ってよいほど機能していない状況について解説しています（ご多分に漏れず、山下氏が当時勤務していた会社でも、上層部は「PDCAだ！」と唱えていたそうです）。

山下氏が漫画を通して描き出している企業では、上層部がまず「こういう風になったらいいな」という希望的観測以外には何の根拠もない無謀な計画を立てた上で、その実行を現場に

図表 2-4　現場丸投げ式 PDCA サイクルの顚末
出所：山下（2014: 56）

「丸投げ」します。さらに、その結果についてはいい加減な評価でお茶を濁します。そして、目標が達成されない場合、その責任は現場に転嫁されます。したがって、当然のことながら問題の解決は先送りされることになります。

こうして各ステップのあいだの連携も責任関係も曖昧になっている場合、表向きの看板としてPDCAを掲げる経営管理は、よくて現状維持、場合によっては悪循環になります。つまり、この場合、PDCAは、スパイラルアップどころか「スパイラルダウン」を導くミスマネジメント・サイクルになってしまうのです。

†マイクロマネジメント・サイクルの高速回転

さらに事態を悪化させてきたのは、丸投げ式のPDCAサイクルが、一見「丸投げ」とは正反対の性格を持つようにも見えるマイクロマネジメント的な管理の体制と結びついた時です。これについて、先にあげた田中氏は、日本の企業では、現場に責任転嫁するだけでなく、上司が従業員の日々の行動（D）を細かくチェックして管理しようとするマイクロマネジメントがおこなわれる傾向があるとしています。その結果として、従業員のあいだには、不正や手抜きといった「ウソつき」あるいは直属の上司に言われたことしかやらない「受け身体質」が蔓延していくことになると指摘します（田中 2016: 23）。

日本企業の内情に詳しい経営学者のクリスティーナ・アメージャン氏も、田中氏と同様に、PDCAが上司から部下へのマイクロマネジメント的な指示として使われる傾向があると指摘しています。彼女は、日本企業における働き方の中で外国人の目から見て異様に思え、また、結果として日本企業の労働生産性を著しく低下させている要因としてマイクロマネジメント的な傾向をあげています。アメージャン氏によれば、その典型は「報連相（報告・連絡・相談）」とPDCAだということです。アメージャン氏は、これについて次のように述べています。

例えば、「PDCA（計画・実行・評価・改善）」や「ホウレンソウ（報告・連絡・相談）」。日本企業はこの二つが大好きだ。重要な内容ならわかるが、重要でないものまで同じ労力や時間をかける職場が多い。上司が安心のため部下にそれを求め、こまめにやる部下を評価しがちだ（アメージャン 2015）。

このような「マイクロマネジメント・サイクル」、つまり丸投げ式のPDCAとマイクロマネジメントの「合わせ技」は、それぞれの組織の内部で生じるだけでなく、複数の組織間でも見られることがよくあります。たとえば、官庁がその監督下にある組織や機関に対して一律にPDCAによる業務の進捗管理を要請することなどが、その典型です。この場合は、監督官庁はそれらの組織・機関がどのような成果をあげるべきか、という点だけでなく、その成果の達成に向けてどのような方法を採用すべきであるか、という点に至るまで事細かく指示を与えていきます。

その結果として、表向きは「ＰＤＣＡサイクルが回る」ことになります。しかし、それは、必ずしも具体的な成果に結びつく効果的なマネジメント・サイクルなどではありません。むしろ、現場を疲弊させるマイクロマネジメント・サイクルが「高速回転」しているだけに過ぎないのです。

†ＰＤＣＡがＰｄＣａ（名ばかりマネジメント・サイクル）になってしまう時

ＰｄＣａとは？　そして、ＰＤＣＡサイクルの考え方がマイクロマネジメント的な進捗管理と結びついた時に生じがちなのが「ＰｄＣａ」です。

ここでＰｄＣａというのは、次のような意味の造語です。

ＰｄＣａ――実行（Ｄ）と改善（Ａ）の実質がともなっていないにもかかわらず、計画書（Ｐ）と事業評価報告書（Ｃ）の「作文」としての出来映えだけは素晴らしいものになっている進捗管理の実態

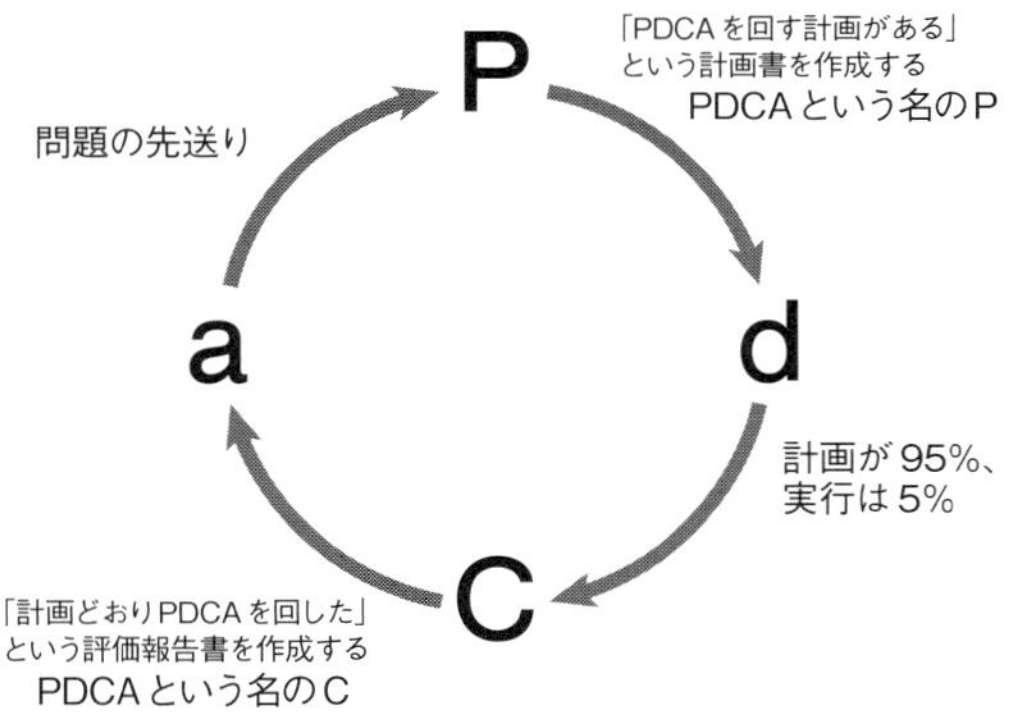

図表2-5　PdCaのミスマネジメント・サイクル

図表2-5には、この「PdCaサイクル」をポンチ絵風に描いてみました。

この図に示したように、PdCaサイクルの場合には、業務内容が改善されるどころか問題が先送りされてしまいます。時には、事態がさらに悪化することさえあります。[4]

PDCAの自己目的化　これは取りも直さず、PとCがそれぞれ「計画のための計画（PのためのP）」「評価のための評価（CのためのC）」というような形で、それ自体が目的になってしまっているからに他なりません。一方で、D（実行）は、当初の計画の想定とはほど遠い、むしろ小文字の「d」で表す方がはるかにふさわしい性格のものになります。当然のことながら、これではA（改善）など望めるはずなどありません。表向きは「素晴らしい成果があげられた」という趣旨の報告書（C）を作成するものの、本質的な点では問題が先送りされます。つまり、大文字のAではなく小文字のaがふさわしい進捗管理になってしまうのです。

こうして、PdCaの場合には、「PDCAサイクルを回す」ことそれ自体が（暗黙の）目標として設定されることになります。つまり、本来は「PDCAで何か（業務の効率化、改革改善など）を実現すること」であったはずなのに、いつの間にか「PDCAを実現すること」（PDCAを実現したという体裁を整えること）それ自体が目標になってしまうのです。そして、このように、計画と評価だけが肥大化したPdCaは、「名ばかりマネジメント・サイクル」でしかないと言えるでしょう。

6　PDCAの歯車が嚙み合わなくなる時

†絵空事としてのPDCAサイクル

山下和馬氏は、『ロスジェネ社員のいじめられ日記』のPDCAサイクルに関する項目の最後で次のように結論づけています――「PDCAは、ただの理想論」。

たしかに、これまで見てきたように、ビジネス書や行政文書に描かれてきたPDCAサイクルの理想像とこの発想を適用したとされる業務の実態とのあいだには大きなギャップがある場合が少なくありません。また何しろ、この発想の本家本元であるはずのビジネスの世界でさえ、PDCAは必ずしもその想定どおりの形で適用されてきたわけではなさそうなのです。さらに事態を悪化させてきたのは、そのモデルを借用した中教審の委員や文科省の担当者あるいは認証評価機関の関係者は、PDCAサイクルの起源やその実態について十分に理解していたわけではない、という事実です。そして、「PDCAサイクルを回す」ことを掲げておこなわれてきた大学改革関連の事業は、はかばかしい成果をあげてきたとはとうてい言えません。

そもそも、現実的な問題を念頭において考えてみれば、企業経営の場合にせよ大学運営の場合にせよ、図表2-1のような単純明快な形式のPDCAサイクルを組織運営に対して適用できるはずなどありません。ましてや、図表2-3に示した幾つかのポンチ絵のように、複数のサイクルを精密機械の部品のように組み合わせてそれぞれの歯車（ギヤ）の回転を同期させることは、理想論ですらない「絵空事」でしかないでしょう。

†多重サイクルを同期させることの絶望的な難しさ

さらに、政府や文科省の主導による大学改革のような場合には、マネジメント・サイクルはそれぞれの大学組織の内部で完結することは滅多にありません。むしろ、文科省や財務省をはじめとする府省や認証評価機関など多くの機関・組織が関与する二重三重に入り組んだサイクルになることが圧倒的に多いのです。この場合、「PDCAを回す」というのは絶望的に困難な試みになります。

これについて、たとえば教育社会学者の羽田貴史氏は、国立大学に関するPDCAサイクルは、①内閣、②主務省（文科省）、③機関（大学）という三つのレベルにまたがる「三重のマネジメント・サイクル」を構成することになると指摘しています。また、大学によってはこれに④部局レベルを加えた四重のサイクルになっている例もあるとしており、それらの多重サイクルを連携させることの難しさを指摘します（羽田 2019: 162, 178）。

同じように、会計学者の山本清氏は、公的部門では、次のような三つのサイクルを有機的に関連させることが非常に困難であることを指摘しています――①行政内部の予算サイクル、②行政内部の企画サイクル、③行政と議会からなる政府サイクル。また、山本氏は、PDCAサイクルのモデルで想定されているような「シングル・ループ的な迅速な決定と執行、評価及び見直し」が公的部門では非常に困難であることを、ある自治体の事例研究を通して明らかにしています（山本 2015）。

†見果てぬ夢としてのPDCAサイクル

先に指摘したように、特定の企業組織の内部ですら、業務内容や部署によってその活動には異なる時間軸があり、また予算や人事などをはじめとする社内の資源配分をめぐって利害が対立する場合が少なくありません。したがって、それら複数の入り組んだ時間軸を同期させ、また部署間の利害調整をおこなった上で全社レベルでのPDCAサイクルを実現することは至難のわざだと言えるでしょう。

大学の場合には、そのような組織内部での調整に加えて、文科省や認証評価機関との調整が必要になります。このような場合に、組織運営を「シングル・ループ」的なPDCAサイクルの発想で進捗管理することはほとんど不可能だと言えます。

また、先に指摘したように、PDCAサイクルというのは、環境が比較的安定している時に定型的な業務を整然とした進捗管理の方針にもとづいておこなう時にこそ真価を発揮するものです。それに対して、複数の組織が関与している場合には、計画の修正や「改善」のための前提条件が突然まったく別のものになってしまう可能性があります。たとえば、大学にとってより上位にある財務省や文科省のような機関が予算方針を大幅に変えてしまったような場合には、全ての前提が崩れてしまいます。

要するに、多重サイクルが想定されている場合には、図2-3のようなポンチ絵として描かれてきたPDCAサイクルは「理想論」ですらない、絵空事あるいは「見果てぬ夢」に過ぎないのです。

†多重サイクルの破綻の事例――私立大学研究ブランディング事業

先に「PDCA漬けの実際の効果」という点に関する例としてとりあげた私立大学研究ブランディング事業（以下、「ブランディング事業」）は、まさに多重のPDCAサイクルが絵空事でしかないことを示す典型的な事例になっています。何しろ、事業が開始されてから三年後の二〇一九年度に、晴天の霹靂《へきれき》のように突如事業の廃止が決定されてしまったのです。これによって採択校は本来最長で五年間に及ぶ支援が得られるはずであったのが、四年ないし三年で補助金が打ち切られることになりました。この急激で大幅な環境変化によって、文科省から研究者個人にいたるまでのPDCAの多重サイクルには連鎖的に大きな狂いが生じていったのでした。

財務省の文書では、ブランディング事業の廃止の理由は、次のようなものだとされています。

教育研究の中身の向上とは直接関係のない、大学のブランドイメージ形成に係る補助については、新規事業は中止し、継続事業についても速やかな廃止を進める（中島主計官 2018）。

この公式の説明では、事業の廃止は補助金自体の性格に疑問が生じたからということになっています。しかし、この説明を額面通りに受け取る大学関係者はほとんどいなかったと思われます。というのも、二〇一八年七月には、文科省の幹部職員がブランディング事業の採択に際して、東京医科大学に対して便宜を図ったという容疑で逮捕されていたからです。その幹部職員は、その助言と引き替えに息子の東京医科大学への入試に際して点数を加算させてもらっていたという嫌疑で受託収賄罪に問われたのでした。

ブランディング事業については、二〇一六年度に開始されて以来二〇一七年度までに一〇〇校が採択されていました。予算総額は一六年度が七二・五億円、一七年度が七九億円、一八年度は五六億円で一校あたりそれぞれ毎年数千万円が配分されていました。

しかし、文科省では、右の財務省の決定を受けて二〇一八年度の選定校数は二〇校とし、その支援期間はすべて三年ということに決定したのでした。一方で、既に二〇一六年度に選定されていた四〇校および二〇一七年度の採択校六〇校については、両方とも二〇一九年度で支援が打ち切られ、それにともなって一律に四年間ないし三年間のみの支援ということになってしまいました。

事業廃止が決まった年の二月二六日付で発表されたブランディング事業委員会の委員長所見

では、委員長が新規採択校の支援期間が一律に三年間とされたことと、既に選定された大学への支援期間の短縮について「極めて遺憾である」としています（私立大学研究ブランディング事業委員会委員長 2019）。一方で、委員長が選定校に対して伝えた六項目の留意事項の冒頭には、以下のように「ＰＤＣＡサイクル」という言葉が使われています。

・将来ビジョンを実現するための不断の見直し及びＰＤＣＡサイクルの実体化を図ること

また、ＰＤＣＡサイクルという文言は、留意事項の五番目にも見られます。

・上記事業計画を推進するためのＰＤＣＡサイクルを確実に実体化すること（体制整備、進捗管理方法の工夫など）

しかし、助成事業が中断されてしまっているのに、事業の予算をあてにして選定校やその学部で新たに採用されていた研究者個人は、それぞれどのようにすればＰＤＣＡサイクルの「実体化」を目指すことができるというのでしょうか。実際、ブランディング事業は、選定校が若手研究者を雇用する資金の原資にもなっていた例が少なくありません。突然の事業廃止は、それらの若手研究者の研究計画のPDCAサイクルを脅かすことにもなりかねません。

これについて朝日新聞は、ある男性研究者の苦境について伝えています。その男性は、事業の助成で給与を受けていたのですが、打ち切りを受けて雇用継続が困難である旨を伝えられ、別の大学への転職を考えざるを得なくなったというのです。記事によれば、その研究者は次のように語ったとされています――「博士を増やすという旗を国が振っておきながら、汚職事件のあおりのような形で事業が終わるなんて。はしごを外されたような気持ちだ」(『朝日新聞』二〇一九年四月九日付)。

この事例に見るように、PDCAの多重サイクルが形成されている状況のもとでは、財務省や文科省などにおける上位サイクルの円滑な「回転」に支障が生じた場合は、連鎖的に選定校・学部・研究室・個人のPDCAサイクルの「実体化」が阻まれていくことになります。最悪の場合には、その多重サイクルの構造は実質的に破綻していくことにもなるでしょう。

†制度の矛盾――国立大学法人評価委員会のPDCAサイクルとは?

PDCAサイクルが大学改革にとってほとんど意味をなさないのは、サイクルが多重構造になっている場合に限りません。実は、大学改革に関しては、そもそも制度的に「PDCAサイクルを回す」ことができない構造になっている場合があるのです。その典型が、国立大学と国立大学法人評価委員会との関係です。

国立大学法人評価委員会　国立大学法人評価委員会というのは、二〇〇四年に日本の国立大学が一斉に法人化されるのと同時に文科省内に設けられた委員会です。その主な任務は、六年周期で各国立大学法人が策定する中期目標の達成状況を評価し、またその評価結果を次期以降の中期目標・中期計画や運営費交付金（政府からの補助金）の算定に反映させることにあります。

つまりPDCAでいえば、国立大学法人評価委員会の主たる任務は、行政レベルでのCの作業を担当することにあるわけです。そして、国立大学法人の側では、その評価内容を、それぞれの法人組織レベルでの次の中期計画（P）に生かしていくことになります。したがって、もしこの委員会自体がPDCAサイクルの精神に従って運営されていたとするならば、評価結果を迅速に各国立大学法人の運営のあり方に対して反映させるように指導していたはずです。

しかし、実際の国立大学法人法には、本質的にこの評価と計画のあいだに時間的ズレを生じさせてしまうような規定が含まれていました。というのも、法律の規定では中期目標期間が終了する時点で評価がおこなわれるのですが、その時には既に次期の中期目標計画はスタートしてしまっているからです。さらに、各大学が計画を変更する際には国立大学法人評価委員会の意見を聞かなければならない、とされています。これらの手続きがあることによって、計画に影響を与える外部環境は計画の策定時と認可時とでは全く異なったものになることも少なくないのです。これでは、評価（C）と改善（A）や計画（P）がスムーズに連動するはずなどあり得ません（羽田 2019: 102）。

PからAまで一〇年以上かかったPDCAサイクル

この点は、二〇一四年になってようやく法律が改正され、中期目標計画期間が終了する以前に評価をおこない、その結果にもとづいて次期の計画や組織改編をおこなうことが可能になりました。少なくともその点に限って言えば、これはまさに「改正」という言葉がふさわしい制度変更であったと言えます。

もっとも、二〇一四年といえば、国立大学法人評価委員会に関する規定が含まれる国立大学法人法が制定された二〇〇四年から数えれば一〇年もの歳月が経過した時点です。また、PDCAサイクルという文言が初めて登場した学士課程答申が二〇〇八年に出されてからでも六年以上かかった計算になります。

この事実からすれば、どうひいき目に見ても、政府や文科省あるいは国立大学法人評価委員会が、大学改革政策の実施に関してPDCAサイクルを迅速に回していた、とは言えないように思えます。もし事実がその通りだとしたら、それは、国立大学の場合に限らず、大学改革ひいては教育改革に関わる政策全般において提唱されてきたPDCAサイクルという発想の有効性を疑わせるものでもあります。

委員長発言のナゾ　このように国立大学評価委員会が必ずしもPDCAサイクルの発想にもとづいて運営されてこなかったことを念頭において考えてみると、不思議に思えるのは、同委員会の委員長によるある発言です。

二〇一二年から一七年まで国立大学法人評価委員会の委員長をつとめていたのは北山禎介氏です。その北山氏は、『文部科学教育通信』に掲載された「『まったなし』の大学改革――PDCAサイクルを回すために」という記事の中で次のように断言しています――「大学改革の成否は、改革サイクル（PDCA）をいかに有効に機能させることができるかにかかっています」。彼はまた、その記事の中で「企業経営を参考に大学改革を動かす」ことを強調しています（北山 2014）。

北山氏自身は、一九六九年四月に大学を卒業してからは一貫して銀行に勤務してきました。そして、右の記事が『文部科学教育通信』に掲載された二〇一四年当時は、三井住友フィナンシャルグループ取締役社長と三井住友銀行取締役会長を兼務していました。北山氏が長年勤務していた銀行の内部でPDCAサイクルが実際にどのような形で適用されていたかは、部外者である私たちとしては知る由《よし》もありません。

しかし、北山氏は談話の中で、〈大学改革にとって企業経営の知見が参考にできる〉と主張しています。それからすれば、少なくとも北山氏が勤務していた銀行では、PDCAサイクルが、先にあげた数々の問題（丸投げ式PDCA、マイクロマネジメント、複数部署間ないし複数の業務間での時間軸の違いなど）をクリアした上で、非常に理想的な形で日々の業務やグループ全体の経営に適用されていたに違いありません。実際、そうでもなければ、北山氏は確信を持って「大学改革の成否は、改革サイクル（PDCA）をいかに有効に機能させることができるかにかかって」いるなどと断言できないはずです。

しかし、その北山氏が委員長をつとめていた国立大学法人評価委員会がPDCAサイクルを有効に機能させることができていなかったというのは、きわめて皮肉な事態だと言えるでしょう。

†より根本的な問題——官僚機構はPDCAが嫌い？

もっとも、問題は、以上で見てきたような、PDCAと高等教育行政との「相性の悪さ」というような次元をはるかに越えるところにあるようです。というのも、教育行政に限らず行政一般において、官僚機構にとってはPDCAサイクルが恐怖の対象である可能性があるからです。実際、真っ当なC（評価）の中には、当然「ある施策が当初の想定どおりにはいかなかった」あるいは「まったくの失敗だった」という率直な判断が入らなければなりません。しかし、官僚の世界では、どうやらそれが許されないらしいのです。

日本銀行での勤務経験を持つ学習院大学教授の鈴木亘氏は、官僚の世界は本質的に「減点主義の終身雇用社会」であり、それが行政においてPDCAサイクルが適用できないことの重要な要因であると指摘しています。つまり、悪い評価がキャリアにとって致命的なダメージになる恐れがある官僚にとって政策評価――PDCAのC――は恐怖の対象でしかないというのです。

この点について、鈴木氏は、次のように述べています。

したがって、なるべく政策評価は行われたくないし、行われる場合にも逃げ道のあるぼやっとしたものになる。しばしば、行政では政策評価が確定する前に、新しい施策や目標が再設定されることがあるが、それはいかに官僚達が政策評価を恐れているかを示す証左である。経済学が行う精度の高い（逃げ道のない）政策評価は彼らにとって恐怖でしかないし、経済学者達が無神経に提言するPDCAサイクルへのデータ組み込みなど、ホンネとしては敵意しか感じないだろう（鈴木 2018: 3）。

（日本の）官僚には政策や行政の誤りを認めたがらない傾向があることを指す言葉として「官僚の無謬性神話」というものがあります。もし鈴木氏が指摘するように、官僚がPDCAに対して「敵意しか感じていない」のだとしたら、それは、取りも直さず、彼らが無謬性神話を信奉しながら生きていくことを余儀なくされているからに違いありません。つまり、彼らは、「ある施策が当初の想定どおりにはいかなかった」あるいは「まったくの失敗だった」という率直なC（評価）が下されることを蛇蝎《だかつ》の如くに嫌う世界の中で生きているのです。

もっとも、もしPDCAが行政当局にとって恐怖や嫌悪の対象でしかないのだとしたら、文科省がそれを大学現場に対して押しつけてきたというのは、かなり理解に苦しむところがあります。そこには、恐らく何らかの事情――いわゆる「大人の事情」――があるのでしょう。この点については、第五章で官僚無謬性神話と密接に関連する「集団無責任体制」について検討していく際に改めて検討していくことにしたいと思います。

7 「経営ごっこ」の行き着く果て――借り物のビジネス(の)モデルの破綻

†PDCAごっこ

前章では、シラバスの事例をとりあげて、米国の大学セクターからの借り物であるsyllabusが和風シラバスという「偽物」に姿をかえて日本中の大学に広く普及していった経緯について説明しました。一方この章では、ビジネスの世界からの借り物に過ぎないPDCAがPdCaというミスマネジメント・サイクルと化して日本の大学を「PDCA漬け」にしていった経緯について見てきました。

外の世界からの借り物が日本の大学の現場に大きな混乱をもたらしてきたという点では、二つのケースはよく似ています。もっともその一方で、シラバスとPDCAのあいだには、一つ大きな違いもあります。それは、和風シラバスの場合には、米国の大学で一定の有効性が確認されたsyllabusという成功例があるのに対して、PDCAは、「本家本元」のビジネスの世界でその有効性や「汎用性」が必ずしも確認されてきたわけではなかった、という点です。

出自も有効性も明らかではないPDCAサイクルというモデルが大学の世界に導入されてき

た背景には、〈ビジネス界で成功しているとされる事例でありさえすれば公共セクターでも有効なはずだ〉という、盲信に近い思い込みがあります。このような盲信ないし「妄信」にもとづいて民間の経営手法を安易に導入していこうとする発想を「経営ごっこ」と呼ぶことができるかも知れません。そして、日本の大学をＰＤＣＡ漬けにしていったプロセスは、その経営ごっこの一種の「ＰＤＣＡごっこ」だったと言えます。

†「経営ごっこ」

この「経営ごっこ」という言葉を私が初めて耳にしたのは、今から一〇年ほど前のことです。その言葉を使っていたのは、当時はある国立大学に勤務していた経営学者です。彼は、その大学の執行部がおこなっていた運営改革について「経営ごっこ」という言葉で論評したのでした。

その経営学者は、決して大学の運営に関して評論家的な姿勢で臨んでいたわけではありません。それどころか、彼は、重大な責任がともない、また書類作成や会議への出席のために相当の時間を割かなければならない学内委員を引き受けていました。また、さまざまな機会に専門家としての視点から積極的に発言や提案をおこなっていました。しかし、それらの提案の多くは、学長や事務局長をはじめとする大学執行部から「「忖度する限りでは」文科省の方針とは違う」などの理由でしりぞけられていたのでした。その「文科省の方針」とされるものの中には、当然のように、大学業務の全面的なＰＤＣＡ化も含まれていました。

それ以外にも、文科省からの指示の中には、「ガバナンス」や「ＳＷＯＴ分析」あるいは「ロジックツリー」などの用語を盛り込んで、「大学運営」から「大学経営」への転換を促していくようなものもありました。彼によれば、その国立大学の執行部は、そのような指示が出る度に文書づくりに励んだり機構改革をして従順に対応していたのだそうです。「経営ごっこ」というのは、そのような執行部の対応に対する、彼の率直な感想でした。

ＰｄＣａと化してしまったＰＤＣＡは、まさに経営ごっこの典型だと言えます。そして、この経営ごっこは、より広い範囲での「ビジネスごっこ」ないし日本における高等教育の「ビジネス化」の動向と切り離しては考えられません。次の第三章では、この点について改めて検討を加えた上で、外来モデルを借用しておこなわれてきた大学改革の本質的な問題とそれを解決してくための方向性について考えてみたいと思います。

第三章 学校は会社じゃないんだよ！——残念な破滅的誤解から創造的誤解へ

上からの改革としてこの二〇年ほどのあいだに強調されるようになってきた幾つかの施策の中には、大学の「ビジネス化」という言葉でひとくくりにできるものが含まれています。その背景にあるのは新公共経営という考え方です。しかし、ビジネス化を目指す幾つかの改革施策について詳しく検討してみると、実際にはそれらの多くが「経営ごっこ」のようなものに過ぎなかった、という可能性が浮かび上がってきます。

1 「学校」と「会社」のあいだ

†ウソ・いじめ・喧嘩は会社にとっての必要悪？

『会社は学校じゃねぇんだよ』は、二〇一八年の四月末から六月初めにかけてインターネットテレビのAbemaTVで全八話が放映されたオリジナルドラマです（企画　藤田晋、脚本　鈴木おさむ、出演　三浦翔平・早乙女太一ほか。現在もAbemaTVのウェブサイトで視聴可能です）。

ドラマの初回では、若き主人公の藤村鉄平が、それまで一年間つとめていたビットバレーエージェントというIT系の企業を辞めて「二一世紀を代表する会社」を目指して起業を決意するまでの経緯が描かれています。藤村がビットバレー社に就職したのは、同社の社長である沢辺進の著書の内容に感銘を受けたからでした。しかし実際に入社してみると、ビットバレーもその社長の沢辺も、その実像は藤村が思い描いていたイメージとは全くの別物でした。

たとえば、その会社で彼は、自分たちが独自に考案した新事業の企画プランを縁故採用で入社していた先輩社員に盗まれて（「パクられて」）しまいます。しかも、その盗用は社長の承認のもとにおこなわれていたのでした。さらに、藤村はその先輩社員から何度となく露骨ないじめを受けます。また藤村が感銘を受けた沢辺社長の著書自体、実は出版社の社員がゴーストライターとして代筆したものであり、沢辺自身は実はその内容を小馬鹿にしていたのでした。

こうして、ビットバレー社の実態、そしてまた「会社」というものが持つある一面について身をもって知った藤村は、初回のドラマの終盤で会社を辞めていきます。その去り際に、藤村が自分をいじめていた先輩社員を含むビットバレーの社員たちと沢辺社長に対して放った台詞は次のようなものでした。

会社はなあ、会社は学校じゃねぇんだよ！　この一年で、てめぇからよおく学んだよ。ウソついちゃいけねえのが学校。ウソも必要なのが会社。いじめちゃダメなのが学校。いじめも必要なのが会社。喧嘩しちゃいけないのが学校。喧嘩してでもなあ、勝ったヤツが上に立つのが会社だろぅ！

†モデルとしての企業経営

当然ですが、全ての日本企業が『会社は学校じゃねぇんだよ』で描かれている「会社」のようなものであり、その一方で、大学を含む全ての教育機関が藤村の言う「学校」のような特徴を持っているわけではありません。実際、会社の中にも「ウソ」やいじめあるいは喧嘩とはほとんど無縁のところもあるでしょう。

しかし、近年日本で大学改革のためと称して導入されてきた施策の中には、企業経営をモデルにして大学のあり方を変えていくことを目標とするものが少なくありません。前章で解説したPDCA化はその「会社化」とでも言える動向の一つの表れだと言えます。

その他にも、近年は、大学改革との関連でビジネス界（ないしビジネス・コンサルティング業界）由来の発想や用語を耳にすることが多くなってきました。それには、たとえば次のようなものが含まれています——選択と集中、ガバナンス、アカウンタビリティ、ベンチマーキング、ブランディング、KPI、見える化、ロジックツリー、SWOT分析。

†ビジネス化の光と影

これらの用語に象徴される、大学の会社化ないし「ビジネス化」とでも呼ぶことができる施策にともなって、大学内の雰囲気に明らかな変化が生じているとされる場合が少なくありません。大学という場に余裕が無くなり、全体の雰囲気が暗くなってきたというのです。

たとえば、研究資金の獲得や業績と常勤ポストをめぐる競争の激化にともなって生じた研究不正という名の「ウソ」は、その一例としてあげられます。また、「喧嘩してでも勝ったヤツが上に立つ」のが会社だとしたら、日本の主要大学は今や熾烈な競争を勝ち抜いて世界大学ランキングの上位を目指すことを期待されています。それにともなって、何らかのアカデミック・ハラスメントやパワー・ハラスメントという「いじめ」が今後さらに増加していくこともあり得るでしょう。

ビジネス化という点では、大学が作成してきた各種の文書の内容や基本的なスタイルに見られる変化も見逃せません。前章では、PDCA化に関する数々のポンチ絵の例をあげました。それらの例に限らず、大学が補助金の申請者や報告書として提出する書類、あるいは学生募集に際して配布する資料には、色彩豊かな図解（ポンチ絵）が添えられることがますます多くなってきました。実際、かつては「ビジネス」や「マーケティング」などとは縁遠いと思われていた国立大学が作成する文書の中にさえ、「プレゼン資料」を思わせるようなカラフルで大胆な図柄の図解がふんだんに盛り込まれるようになってきました。また、それらのポンチ絵の作成に際して、コンサルティング企業や広告代理店が関与している例も少なくありません。

ポンチ絵やビジネス用語（らしきもの）を散りばめた広報パンフレットなどの文書については、その品位やセンスという点で疑問を持つ大学関係者が少なくありません。事実、大学紹介用の冊子には、それを目にしている側が恥ずかしくなるような、最近の言い回しで言えば「残念な」キャッチコピーが含まれている場合が多いのです。

これは、ビジネス化に対して批判的な人々から見れば、企業経営の優れた点というよりは、むしろある種の「会社」が持っている好ましくない面を安易に模倣し、その結果として大学が「学校」として持っていたはずの本来の良さを自ら放棄しているとしか思えないでしょう。[1]

そして、そのような人々の見解を一言で要約すれば、それは次のようなものになるかも知れません──「学校は会社じゃないんだよ！」。

†二つの追加事例から

もちろん、大学セクターで目につくようになってきた以上のような傾向の全てがビジネス化や「会社化」の流れの中で生じたものではありません。しかし、前章では、PDCA化の動向が必ずしも大学運営の効率化には結びついてこなかったということを見てきました。実際、PDCA化は効果的・効率的な大学経営に貢献するどころかむしろPdCaという「ウソ」を生み出す土壌になっている場合が少なくないのです。

その点からすれば、ビジネス化の背景とその結果については、もう少し掘り下げて検討していく必要がありそうです。この点に関連して重要な手がかりになるのが、「選択と集中」および「KPI」という二つのビジネス用語です。というのも、これらの二つの言葉には、PDCAの場合と同じようにかなり不思議なところのある、いわば「疑似経営用語」としての側面があるからです。

事実、PDCAサイクルの場合と同じように、これら外来の用語が象徴する大学のビジネス化の発想には、「経営ごっこ」としての性格が濃厚です。また実は、経営ごっことしての性格は個々の大学の対応だけではなく、文科省をはじめとする府省や政府が提示してきた施策それ自体に見られる場合が少なくありません。[2]

2　ビジネス化の定番メニュー（1）――選択と集中

†用語としての登場と定着

ビジネスの世界から借用されてきた用語の中でも「選択と集中」は、ＰＤＣＡサイクルと同じくらいの頻度で大学改革に関する文書の中に取りあげられてきたものの一つです。この言葉は、大学改革関連の用語としては珍しく、最初から日本語の表現が使われていました。

「選択と集中」が政策文書の中に最初に本格的な形で登場したのは、二〇〇七年二月に経済財政諮問会議の民間委員四名の連名で発表された「成長力強化のための大学・大学院改革について」でした。この、枚数にして二枚足らず、全体で一五〇〇字程度の短いメモの中で「選択と集中」は二箇所に登場しています。一箇所目では、高い評価を得た研究に対して集中的な資金投入をおこなうこと、そしてまた研究予算において競争的資金が占める比率を増やしていくことの必要性が指摘されています。二箇所目では、大学再編を視野に入れて国立大学に対する運営費交付金を「選択と集中を促す配分ルール・基準とする」ことがうたわれています。

「選択と集中」は、このメモが公表されて以来、大学改革をめぐる議論の中で頻繁に使われる定番的な用語として定着していきました。たとえば、二〇〇七年六月一日付で公表された「教育再生会議第二次報告」では、大学・大学院改革実現のための具体策である高等教育財政に関する三本柱のうち「選択と集中による重点投資」が冒頭にあげられています（その他の二点は

「多様な財源の確保への努力」と「評価に基づく効率的な資源配分」)。

†先行していた「重点投資」の施策

もっとも実際には、既に二〇〇七年以前の時点から、同じような発想にもとづいて「研究教育拠点」の形成を目指す補助金事業が幾つか開始されていました。たとえば二〇〇二年には、21世紀COEプログラムが開始されていました。COEというのは、Center of Excellence の頭文字であり、「卓越した(教育)研究拠点」などと訳されます。文科省の説明によれば、このプログラムの目的は次のようなものだとされています。

我が国の大学に世界最高水準の研究教育拠点を形成し、研究水準の向上と世界をリードする創造的な人材育成を図るため、**重点的**な支援を行うことを通じて、国際競争力のある個性輝く大学づくりを推進すること(文科省『21世紀COEプログラムの概要』)。

この補助金プログラムの根拠とされていたのは、文科省が二〇〇一年に公表した「大学(国立大学)の構造改革の方針」という文書です。その文書で示されている改革案の冒頭には、「競争と評価を通じ国公私立を問わず『トップ30』(全体の約五%)の大学を世界最高水準に引きあげる重点投資」という目標があげられています。この時にはまだ「選択と集中」という言葉こそ使われていませんが、実質的には同じような性格を持つ発想だったと考えられます。

こうしてみると、二〇〇七年に経済財政諮問会議の民間委員によるものとして発表されたメモは、既に従来からおこなわれていた選択的な資源配分（傾斜配分）の方針について「選択と集中」という言葉を使って再確認したものだとも言えるでしょう。また、前章でふれた、二〇一四年に始まるSGU事業（スーパーグローバル大学創成支援事業）も「選択と集中」の発想にもとづく補助金事業だと言えます。

†企業戦略との違い

「選択と集中」自体は、一九九〇年代半ばから日本企業のあいだで頻繁に採用されるようになった組織戦略を指す言葉です。この企業戦略のポイントは、それぞれの企業の強みとなる事業領域を明確にした上で経営資源を集中的に投入していくところにあります。つまりこの用語は、もともとは、個々の企業内部での資源配分の方針に関する用語なのです。

当然ですが、このような、個別の企業レベルでの経営戦略を指す意味あいを持っていた用語を、大学セクター全体に対する国家予算の選択的配分方針に対して適用する際には慎重な配慮が必要になります。しかし、この言葉が登場してくる各種の政策文書や行政文書を見る限りでは、それらの中に、この用語自体に関する詳細な解説は一切ありません。その意味では、「選択と集中」は、PDCAサイクルの場合と同じように「みんな知っているはず」の用語として扱われてきたのだと言えます。したがって当然のことながら、それらの文書には、高等教育に関する選択と集中政策のメリットとデメリットについて慎重な検討を重ねた形跡を見いだすことはできません。

†大学セクターの「エコシステム」への影響に関する配慮の必要性

本来、高等教育に関して「選択と集中」政策を採用する際には、特定の大学に対する選択的資源配分が大学セクター全体の「エコシステム」に対して与える影響に関する慎重な検討が必要になってくるはずです。たとえば過度の傾斜配分には、大学間の序列を固定化してしまう懸念があります。また、学術研究の裾野を掘り崩すことによって、大学セクター全体の地盤低下をもたらす可能性すらあります。

この点に関連して、二〇〇三年から二〇〇八年まで京都大学総長をつとめ、二〇一三年からは京都造形芸術大学学長の職にある尾池和夫氏は、あるところで次のように述べています。

選択と集中といいながら切り捨てをやって、裾野を狭くするからトップの人材が育たない。裾野を狭くして高いものをめざすスカイツリー型より、裾野の広いピラミッド型にしないと。ノーベル賞の受賞者を増やすには、若い研究者を増やすことが重要なのに、逆に絞り込んで、中途半端にできあがったところに予算を集中している。また研究資金は目的をしっかり書いたものにしかつけないため、競争的資金になりがちだ。競争的資金は、実績を積んでいるところが取る。そうすると同じことをまたやるだけで、新しいものが出てこない（尾池 2013）。

尾池氏が指摘するように、主に過去の実績にもとづいて少数の大学に集中投資し、幾つかの「研究拠点」を構築することによって形成される「スカイツリー型」のエコシステムには、さまざまな弊害がつきものです。[3] たとえば、萌芽的な研究課題を継続的に支援していくことや今後の成長が期待される人材を発掘していくことが非常に難しくなってしまうでしょう。

†選択と集中の実態（二）――「毒まんじゅう」と化した拠点形成事業

林立する拠点形成事業　文科省の関連機関である科学技術振興機構が二〇一七年三月に公表した報告書には、まさに尾池氏が指摘している問題が幾つかの具体例とともに報告されています。「我が国における拠点形成事業の最適展開に向けて」というタイトルのその報告書は、拠点形成を目指す新規事業が「非体系的に林立」しただけでなく、個々の事業が数年で終了してしまうことによって継続性が保証されてこなかったことを明らかにしています。また、その結果として、次のような問題が生じてきたことを指摘しています。

・拠点が置かれた所属機関（大学等）にとっては長期的な戦略を立てにくく、結果として所属機関が疲弊することになった

・事業期間終了後も継続して人材を育成したりインフラ整備を実施していくことが困難になっている

・一部の大学に研究拠点が集中したために、教育研究面での大学間格差が拡大した

・教育研究分野が狭いものにとどまることによって多様性が失われてきた

科学技術振興機構の報告書では、各種の拠点形成事業が幾つかの一覧表の形で示されています。図表3-1はそれらの一覧表の一つです。図表の中の横棒は各事業プログラムの継続期間、また、数字は採択件数を示しています。たとえば、先にふれた21世紀COEプログラムは、各期に採択されたプロジェクトがそれぞれ五年間で終了しています。合計で二七四を数えたプロジェクトのうちの幾つかは二〇〇七年度に開始された「グローバルCOEプログラム」に引き継がれていきましたが、それ以外については、この枠での補助金の配分は停止されています。

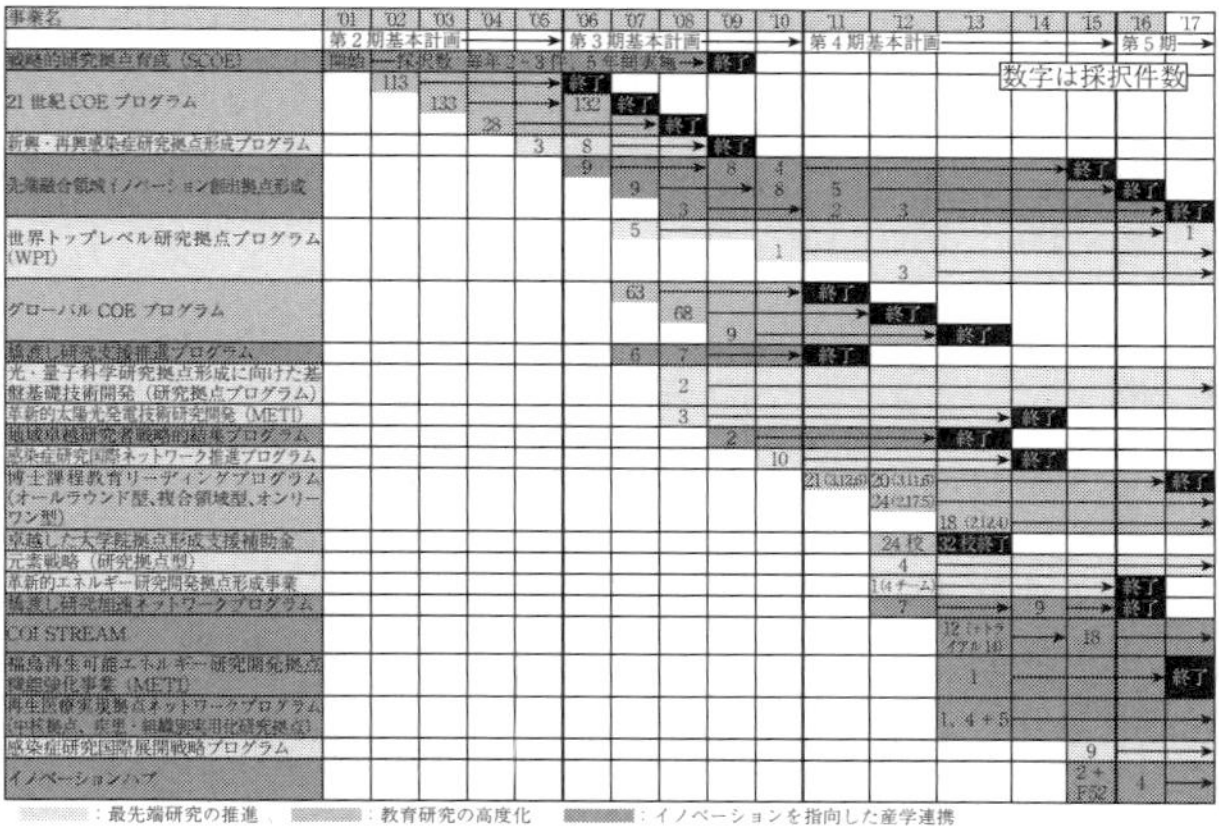

図表 3-1　「林立」する拠点形成事業の例
出所：科学技術振興機構（2017: 9）

「毒まんじゅう」としての補助金　この一覧表からは、短命の拠点形成事業が「細切れ」的に実施されてきた様子がうかがえます。報告書の中でも指摘されているように、その結果として、運よく特定の事業に採択されて補助金を確保できたとしても、拠点となった大学は事業期間終了後の対応に四苦八苦する例が少なくなかったのでした。

しかも、近年は、たとえ事業期間中であったとしても自己資金をやりくりしながら事業活動を継続せざるを得ないケースが増えています。というのも、巨額の財政赤字が背景となって、事業の初年度以降は配分額が大幅に削減されることが通例になっているからです。

もっともその一方では大学側としては、た

とえ一時的なものだとしても、補助金が獲得できれば、それによる一定の収入増が期待できます。たとえ実際の配分額は少ないものであっても事業の採択校になることの名声によるブランディング効果というメリットもあります。したがって、多くの大学は、ごく近い将来に「自分で自分の首を絞める」ことになることが分かっていても、補助金プログラムに申請することになります。また、たとえ採択の見込みが薄い場合でも、〈申請に名乗りをあげないことは文科省の意向に逆らっているというメッセージになる〉という懸念から申請に踏み切る場合もあります。

大学関係者のあいだでは、「毒まんじゅう」という喩えが、補助金をめぐるこのような事情を指すものとして広く使用されてきました。つまり、各種の補助金は一見「美味しい」菓子のように見えて実際には弊害が多く、ひいては大学の組織体力を確実に奪っていく恐れがあるというわけです。

†選択と集中の実態（二）——SGU事業における「広くて薄い集中」

「集中」の実態——「まるで詐欺」　さらに事態を深刻にしてきたのは、「選択と集中」という言葉で説明されてきた補助金事業が、実際には「選択」ないし「集中」といううたい文句とはほど遠い形で実施される場合がある、という点です。その典型がＳＧＵ事業です。

ＳＧＵ事業が教育再生実行会議で最初に提案された時には、「国際化を断行する大学を重点的に支援する」ことが高らかに宣言されていました。しかし、実際に採択校に対して配分された補助金額は、「重点的」な支援とはほど遠いものになっていました。

ＳＧＵ事業の公募段階で文部科学省から示された当初の構想では、年間補助金の基準額（最高額）は、トップ型（「世界ランキングトップ一〇〇を目指す力のある大学」）で一校あたり五億円、グローバル化牽引型（「わが国の社会のグローバル化を牽引する大学」）では、入学定員の規模によって三億円ないし二億円とされていました。

ところが実際には、事業が本格的に稼働しはじめた二〇一五年度でも、トップ型一三校に対して配分された額は平均で三億円足らずに過ぎませんでした。また、グローバル化牽引型二四校については、入学定員一〇〇〇人以上の大学一八校の平均は一億四〇〇〇万円前後であり、定員一〇〇〇人以下の六校の平均は一億円以下でした。

一方で採択校は、ほとんどの場合、それぞれ基準額の満額で申請していました。したがって、各大学は当初の想定から大幅に減額された補助金をなんらかの方法で工面した上で「世界レベルの教育研究」や「徹底した国際化」を目指していくことを余儀なくされることになったのでした。つまり、各大学が野心的な目標を掲げて始まった国際化事業のＰＤＣＡサイクルは、事業開始当初から計画倒れに終わることを運命づけられていたとさえ言えるのです（各大学の配分額と申請額のギャップについては、本書の姉妹編の佐藤編著［2018: 5-9］で詳しく解説しています。中には、申請額が五億円なのに対して実際の配分額［初年度］が九二〇〇万円弱という例さえありました)。

このようなあまりにも少ない補助金額については、「まるで『SGU詐欺』だ」と悲鳴をあげた採択校の関係者がいたとも言われています(『朝日新聞』二〇一六年四月二六日付夕刊)。しかも、ただでさえ少ない補助金の総額が年を追うごとに急速に目減りしていったのでした。開始年度の総予算は九九億円だったのですが、二〇一九年度にはその三分の一程度でしかない三四億円にまで目減りしています。こうしてみると、実質的な補助金額は「集中」という建前とはほど遠いものだったことが分かります。

「選択」の実態――広く薄く

それだけではありません。SGU事業は、「選択」という点でも深刻な問題を抱えていました。

文科省の当初の想定では、トップ型の採択は一〇校程度、グローバル化牽引型が二〇校程度とされていました。実際にこの範囲に収まっていたとするならば、仮に二〇一六年度までの予算規模がその後も維持されていたとしたら、トップ型一〇校と牽引型二〇校のそれぞれに「標準配分額」を支給していたとしても、支給額の合計は実際の予算総額とほぼ等しくなっていたはずでした。ところが実際には、トップ型は一三校、牽引型の場合は二四校にまで採択校は増えていきました。つまり、当初の三〇校から三七校へと七校分が「水増し」されたのです。

採択校の数が当初の想定を越えてふくれ上がっていった経緯は、必ずしも明らかではありません。しかし、採択校が増えたことによって、SGUは事業開始当初から、「選択と集中」の理念とはほど遠い「広く薄く」式の配分による改革事業になってしまったことだけは確かです。

このSGU事業のケースは、「選択と集中」政策が何らかの悪影響をもたらすのは、尾池氏のいう「スカイツリー型」、つまり過度の傾斜配分の方針がとられた場合だけに限らない、ということを示しています。実際、中途半端な方針による選択的資源配分もまた当初の政策意図とは正反対の結果を招く可能性があると言えるのです。

3　ビジネス化の定番メニュー（2）――KPI

†KPIとは？

「PDCAサイクル」と「選択と集中」という二つの用語は、それぞれ、高等教育政策関連の文書の中で頻繁にとりあげられるようになってから二〇年以上が経過しています。それに対して、KPIは、この数年あまりのあいだに比較的頻繁に使われるようになってきたものであり、ビジネス界由来の用語としては比較的「新顔」だと言えます。

KPI（Key Performance Indicator）というのは、最終的な組織目標を達成する上で重要な意味を持つ個々の業務の進捗状況を示す指標のことで、「重要業績評価指標」あるいは「業績管理指標」などと訳されてきました。たとえば製造部門の場合であれば、設備稼働率や製造原価率、マーケティング部門であれば新規顧客獲得数や顧客獲得単価などの数値指標が「KPI」すなわち重要な業務プロセスの進捗の程度を測るモノサシとして設定されます。

さまざまな指標をKPIとして組み合わせて各種業務の進捗管理をおこない、それによって最終的な企業目標の達成を目指すという発想それ自体は、かなり以前から米国の企業などで経営上の実践としておこなわれてきました。一方で、日本の公共セクターで「KPI」という言葉が盛んに使われるようになってきたのは、二〇一〇年代に入ってからだとされています（大西・福元 2016）。

†大学改革とKPI

大学改革関連の行政文書の場合も、その中にKPIが登場してくるのは二〇一〇年代に入ってからです。しかし、これについては一つ不思議な点があります。それは、目標の達成度合いを測るモノサシであるはずのＫＰＩが、目標そのものとして扱われるケースが少なくない、という点です。

この点で典型的なのは、二〇一三年四月二三日付で下村博文・文科大臣（当時）の名前で公表された「人材力強化のための教育改革プラン〜国立大学改革、グローバル人材育成、学び直しを中心として〜」という、ポンチ絵が中心の資料です。この資料では、ＫＰＩという言葉が合計で八箇所に登場していますが、その全てが「政策目標」という意味あいで使われているのです。

たとえば、以下のような具合です。

・ＫＰＩ：《日本人留学生倍増》　大学生等：六万人→一二万人
・ＫＰＩ：《外国人留学生》　三〇万人
・ＫＰＩ：五年間で大学・専門学校での社会人受講者数を倍増（一二万人→二四万人）

†目標（ゴール）と指標（モノサシ）の混同

このように本来は目標の達成度合いを測るためのモノサシ（指標）であるはずのＫＰＩを目標値そのものとして扱うというのは、明らかな誤用です。実際、特定のモノサシとそのモノサシで測られる目標値とを「ゴッチャにして」しまうことは、たとえて言えば、高熱を発している患者の治療計画の中に「水銀体温計の目標：四〇度→三六度前後」と書き込んでしまうようなものです。当然ですが、本来この場合は「指標＝水銀体温計の測定値／（体温に関する当面の）治療目標＝四〇度→三六度前後」という風に分けて記載しなければなりません。

したがって、本来の言葉の意味に忠実な形で表現するならば、右にあげた三つの例は、「指標」と「目標」とを明確に区別した上で、次のような記載にしておく必要があります。

・指標（KPI）＝日本人留学生数／目標＝六万人→一二万人（倍増）
・指標（KPI）＝外国人留学生数／目標＝三〇万人
・指標（KPI）＝大学・専門学校での社会人受講者数／目標＝一二万人→二四万人（倍増）

このようにして、KPIに関して杜《ず》撰《さん》とも思えるような用語の使い方がされてきた背景には、恐らくは、PDCAやシラバスの場合と同じような事情があると考えられます。つまり、横文字言葉を使うことによって何となく見栄えがする（「カッコ良く見える」）政策であるという雰囲気を醸し出すことをねらった一種の「印象操作」の意図があるとしか思えないのです。

†KPIと『日本再興戦略』（二〇一三）

このような誤用は、文科省が作成してきた行政文書の場合に限られません。実は、KPIを成果目標と同じ意味の言葉として使ってしまうというのは、日本の政策・行政文書にかなり広く見られる傾向なのです。行政の世界に「KPI」の誤用が普及していった重要な背景となっていると考えられるのが、二〇一三年六月に第二次安倍晋三政権下で閣議決定された「日本再興戦略―JAPAN is BACK」です。この文書は、KPIを「達成すべき成果目標」として明確に定義した上で使用している政策文書の中でも最も早い時期の例の一つです。また、「日本再興戦略」は国家の基本的な戦略を明らかにしたものであることから、各方面への影響力は甚大だったと言えます。

ただし、この二〇一三年版の『再興戦略』に限っていえば、KPIという言葉は四箇所に登場しているだけです。また、この文書の総論の部分では「KPI」ではなく「成果目標」という言葉を使って全部で二四個の目標が挙げられています（なお、その成果目標の中には、すぐ後でSGU事業として具体化することになる「今後一〇年間で世界大学ランキングトップ一〇〇に一〇校以上を入れる」というものが含まれていました）。

つまり、この時点ではKPIという用語の使い方はかなり控えめなものだったと言えるのです。

†『日本再興戦略』改訂版(二〇一四)の場合

それに対して、翌二〇一四年に出された『『日本再興戦略』改訂二〇一四――未来への挑戦――』では、KPIという言葉がより前面に出ています。何しろ、この文書でのKPIの登場は合計で一〇二箇所にものぼり、その内の五三箇所では、幾つかの政策領域について「KPIの主な進捗状況」が報告されているのです。

さらにそのまた翌年の二〇一五年に閣議決定された「平成二六年度産業競争力強化のための重点施策等に関する報告書」では、全部で一一七にものぼる「KPI」が、この場合もやはり成果目標という意味あいで使用されています。

その一一七個の「KPI」には、たとえば次のようなものが含まれています。

・失業期間六ヶ月以上の者の数を今後五年間(二〇一八年まで)で二割減少
・イノベーション(技術力)世界ランキングを五年以内(二〇一七年度末まで)に世界第一位に
・二〇二〇年までに、世界銀行のビジネス環境ランキングにおいて、日本が先進国三位以内に入るちなみに、大学関連のＫＰＩの例には次のようなものがあります。

・年俸制又は混合給与対象者を、二〇一四年度は六〇〇〇人、二〇一五年度は一万人規模とすることを目指す

・二〇一五年度末で各大学の改革の取組への配分及びその影響を受ける運営費交付金の額を三～四割とすることを目指す

・一〇年（二〇二三年まで）で二〇以上の大学発新産業創出を目指す

この成果目標としてのＫＰＩの用法は、つい最近二〇一九年六月に閣議決定された「成長戦略フォローアップ」でも踏襲されています。この文書でも、相変わらず政策領域ごとに「ＫＰＩの主な進捗状況」が報告されているのです。大学関係では、たとえば次のようなものがあげられていました――「《ＫＰＩ》大学・専門学校等での社会人受講者数を二〇二二年度までに一〇〇万人とする。⇒二〇一六年度：約五〇万人」。

†和製英語としてのＫＰＩ

これらの政策文書に見られる「ＫＰＩ」の用法は、英語の略語としてはかなり変則的なもの

です。事実、ＫＰＩの「Ｉ」すなわちIndicatorはほんらい何かを測るための指標（モノサシ）を意味します。一方、「目標」に対応する英語はGoalないしTargetであり、これらは明らかにIndicator（指標）とは別物です。実際、英語にはKey Performance GoalおよびKey Performance Targetというような言い方があります。その点からすれば、日本の政策・行政文書で使われてきたＫＰＩは、ＰＤＣＡがそうであったように一種の和製英語だということになります。

もっとも、日本で刊行されているビジネス書やウェブ上の解説の中には、『日本再興戦略』の場合と同じようにＫＰＩを成果目標として扱っている例が少なからず見受けられます。

たとえば、あるビジネス・コンサルティング企業のウェブ記事では、ＫＰＩを「目標達成に向けたプロセスにおける達成度を把握し評価するための『中間目標』」と定義した上で、次のような例をあげています――「ＫＰＩ①（レストランの）リピーターの数を二倍にする」、「ＫＰＩ②オムレツの注文率を五〇%アップさせる」（https://www.hito-link.jp/media/column/okr/kpi_kgi）。つまり、この例でも、先にあげた文科省の「人材力強化のための教育改革プラン」や安倍政権の国家戦略を示す文書である『日本再興戦略』の場合とまったく同じように、何かを測るために使われる「指標＝モノサシ」がそのモノサシで達成度を測られる対象である「目標＝ゴール」と同じ意味で扱われているのです。

その意味では、「日本再興戦略」に見られるKPIの用法は、このような日本独特の慣行を踏襲したものであり、完全な「誤用」とまでは言い切れないのかも知れません。つまり、誤用というよりは、むしろ「(日本の)ビジネス・コンサルティング系の用法」と考える方がより実態に近いと考えられるのです。

PDCAとKPIの合わせ技

ビジネス・コンサルティング系の用語法が見られるという点で「日本再興戦略」に関して注目すべきもう一つの特徴は、〈KPIとPDCAが一組(ワンセット)になって、国家戦略を推し進めていくための有力な仕掛けとして想定されている〉という点です。

この文書でこれら二つの和製英語が組み合わされているのは、冒頭に掲げられた「総論」の第四節「進化する成長戦略」の最初の見出しです。その見出しには「成果目標(KPI)のレビューによるPDCAサイクルの実施」とあります。ここでは、PDCAは個別施策の進捗管理をおこなう上で用いられる「これまでどおりのボトムアップ型」の仕組みであるとした上で、それをトップダウンで「成果目標達成の可否」という観点から検証(レビュー)する、という点が強調されています。そのトップダウン式の「これまでとは次元の異なる成果目標レビュー」の具体的な中味としては、以下の三つがあげられています——①掲げられた「成果目標」

は達成できたのか、②できなかった場合には何が足りないのか、③既存の施策の問題点は何か。

ここで不可解なのは、『日本再興戦略』にもその二〇一四年の改訂版にも、このような形でのPDCAサイクルとKPIの組み合わせ方に関する、それ以外の説明は見当たらないということです。ですので、これらの文書から得られる情報だけでは、文書の作成者が何を根拠にして「これまでどおりのボトムアップ型のPDCA」と言っているのかという点については判断しようがありません。

「ボトムアップ」という時には、通常は、「企業経営などで、下部から上層部への発議で意思決定が行われる管理方式」(『広辞苑第七版』)を指します。ところが、前章で見てきたように、PDCAという触れ込みの経営管理では、ややもすれば丸投げ式に計画(P)や目標が設定されることが少なくありません。これまで見てきたSGU事業や拠点形成事業は、まさにそのような進捗管理法の典型だと言えます。つまり、行政の現場で「これまで」しばしば採用されてきたのは、むしろトップダウン式のPDCAサイクルだったのです。

†PDCA+KPIは揺るぎない「経営の定石」?

もしかしたら『日本再興戦略』を実際に執筆した人々は、「これまでとは次元の異なる成果目標レビュー」をうたい文句にした成長戦略の新奇性(目新しさ)をことさらに強調するために、あえて「これまでどおりのＰＤＣＡ」という文言を使って平仄《ひょうそく》（つじつま）を合わせようとしたのかも知れません。また、ＫＰＩとＰＤＣＡというのは、両方ともアルファベットの頭文字ですから、「何となく語呂が良い」という判断があったとも考えられます。しかも、「日本再興戦略」が閣議決定された二〇一三年当時には、ＰＤＣＡサイクルは既に有効な進捗管理の方法であるという通念がビジネス界でも行政の世界でも形成されていたと考えられます。

しかしながら、これまで見てきたように、日本の行政文書に見られる「ＰＤＣＡサイクル」や「ＫＰＩ」の用法は必ずしもオーソドックスなものだとは言えません。そのような不確かな用語法にもとづく発想を、特に慎重な検討を加えることもなく国家全体の成長戦略に沿った戦略を進捗管理していく上での根本原理に据えるというのは、かなり不用意で迂闊《うかつ》な意思決定だったとも言えます。

いずれにせよ、この『日本再興戦略』が二〇一三年に発表されたことによって、「ＰＤＣＡとＫＰＩ」という組み合わせに対して政府（国）のお墨付きが与えられたということだけは確かなようです。またこれによって、大学の「ＰＤＣＡ漬け」を含む日本における官民挙げてのＰＤＣＡ化にさらに拍車がかかったことは想像に難くありません。つまり、ＰＤＣＡとＫＰＩの組み合わせは企業経営と行政改革の「鉄板の定石」になっていったのでした。

†経営の定石の落とし穴

小林忍氏は、日本銀行や外資系のコンサルティング企業での勤務経験がある経営コンサルタントです。小林氏は『「経営の定石」の失敗学』（二〇一六）という著書の中で、あまりにもよく知られ過ぎて陳腐な決まり文句のようになってしまった経営の定石――「現場主義」「ポートフォリオ経営」など――を一〇個とりあげて、それらの定石が経営者の思考停止に結びつく危険性について指摘しています。

その種の経営の定石の一つである「選択と集中」によって生じがちなさまざまな問題を、小林氏は以下の三点に要約しています（小林 2016: 238）。

①あまりにも有名な定石で、かつ平易な日本語のため、わかった気になりやすく、考え違いや考察の不足につながる
②あまりにも有名な定石のため、経営がキャッチフレーズに使いやすい
③経営陣からの指示に対し、巧みに骨抜き化しようとする現場の消極的な抵抗が生じがちである

右の②と③の文章に含まれている「経営（陣）」という言葉を「政府」や「（文科省などの）

府省」あるいは「大学執行部」という言葉に置き換えれば、これらは、ほぼそっくりそのまま、大学改革関連の文書であげられてきた「ビジネス化の定石」についてもあてはまるでしょう。実際、選択と集中あるいはＰＤＣＡサイクルやＫＰＩは、手頃なキャッチフレーズとして使われてきたのだと言えます。

†外来語（和製英語）の効用

もちろん、ＰＤＣＡサイクルとＫＰＩには、小林氏が右の①で述べている「平易な日本語」とは少しばかり違う面もあります。もっとも、これら一見新奇な言葉の場合も、何度となく繰り返し行政文書に登場してきたことによって、読む側と聞く側の双方が「わかった気になって」しまっているようなところがあります。その意味では、これらの言葉は今では「平易な和製英語」としての性格を持つようになっていると言えるでしょう。また一方では、前章で指摘したように、ＰＤＣＡのようにアルファベットの頭文字を使った用語は、「専門用語っぽく」見せて適度な距離感を保つ上では実に効果的です。

その点からすると、政府の「日本再興戦略」や文科省の「人材力強化のための教育改革プラン」を実際に執筆した人々は、コンサルティング企業のアドバイスを受けていたのかも知れません。もちろん、たとえ変則的用法なビジネス用語が散りばめられているとは言っても、政府が委嘱するコンサルティング企業がそれほど単純なミスを犯すはずなどないでしょう。だとしたら、そのコンサルティング企業は、重大な誤解を招きかねない「定石」を、あえて国家戦略に関わるマニフェストや大学改革プランの中に、いわば「確信犯」的に盛り込んだのかも知れません。

また、「日本再興戦略」の場合には、そのタイトルに含まれる「戦略」という言葉それ自体が、いかにも「経営戦略風」あるいは「ビジネスっぽく」見せることを意図していたのかも知れません。いずれにせよ、これらの用語は、前章で解説した「経営ごっこ」にとっては恰好の小道具だったと言えます。

4 背景としての新公共経営

†新公共経営（NPM）とは?

PDCAやKPIに限らず、近年の大学改革関連の行政文書には、ビジネス界と経営コンサルティングの世界からの借用だと思われるカタカナ言葉や経営関連用語が増えてきています。たとえば、次のようなものがあります——ガバナンス、アカウンタビリティ、ベンチマーキング、SWOT分析、見える化、ロジックツリー。これらの用語が増殖していった背景には、広い意味での「新公共経営」の考え方があると考えられます。

新公共経営については色々な考え方がありますが、最大公約数的な定義としては、次のものが分かりやすいでしょう――「民間企業における経営理念・手法、さらには成功事例などを可能なかぎり行政現場に導入することを通じて行政部門の効率化・活性化を図ること」(大住1999:1)。つまり、「民間の知恵を生かして、『お役所仕事』になりがちな行政部門をより効率的なものにしていこう」という発想です。

なお、「新公共経営」の原語はNew Public Managementです。日本では「新公共経営」以外に、「ニュー・パブリック・マネジメント」というカタカナ書きの表記も使われます。原語の頭文字をとって「NPM」という略称が使われることもよくあります。

†NPMの起源と日本の行政界への導入

NPMは、もともと一九七〇年代後半以降に英国やニュージーランドなどで行政の現場で採用されるようになっていった発想です。日本の場合に新公共経営の考え方が政策や行政の世界で明確な形を取るようになったのは、二〇〇〇年前後からであると考えられます。

この点で重要な意味を持っていたのは、二〇〇一年に総理大臣の諮問機関である経済財政諮問会議から出された答申「今後の経済財政運営及び経済社会の構造改革に関する基本方針（骨太方針）」です。当時の小泉純一郎首相のもとで出されたこの答申の中では、「ニューパブリックマネージメント」という新しい行政手法が世界的に大きな流れであるとした上で、その特徴を次の三つにまとめています――①徹底した競争原理の導入、②業績／成果による評価、③政策の企画立案と実施執行の分離。

その後、たとえば自治体に関しては、総務省から二〇〇二年に「新たな行政マネージメントの実現に向けて」が出され、翌二〇〇三年には「平成一四年度地方行政NPM導入研究会報告書」が公表されています。

†一九八〇年代以来の「行革」との関係

行財政改革を実現するために企業経営の手法や市場原理を導入しようという発想それ自体は、「新公共経営」ないしNPMが言葉として定着する以前の時期から既に見られていました。たとえば、「官業の民営化」を主要な改革手法の一つとして一九八一年に発足した第二次臨時行政調査会（第二次臨調）から出されてきた一連の答申や提言はその典型だと言えます。

この「行革」路線の一環として、一九八七年には国有鉄道が民営化され、一九九〇年代から二〇〇〇年代にかけては、郵政民営化が段階的に進められていきました。また、英国の「エージェンシー（agency）」（行政の効率化をはかるために公益的な事業の実施部門を企画部門から切り離した上で独立させた法人）を主なモデルにして一九九九年には独立行政法人通則法が制定され、翌二〇〇〇年以降は同法にもとづいてさまざまな政府関連機関が独立行政法人となっていきました。

そして、二〇〇四年には「官業」の一つでもあったとも言える全国の国立大学が、二〇〇三年七月に国会で成立した国立大学法人法にもとづいて一斉に八九校の「国立大学法人」として再出発することになったのでした。

†新公共経営の限界（一）――「効率的な民間の経営手法」という幻想

期待外れの成果　右で述べたように、後にＮＰＭという略称で知られるようになった行政手法それ自体は、英国やニュージーランドの行政現場では既に一九七〇年代後半以降から適用されていました。その意味では、現在までに四〇年以上の歴史があります。その長年にわたる各国での実践から明らかになってきた点の一つに、民間企業の経営手法は行政業務の効率化や効果性という点で必ずしも期待されていた成果を生み出すわけではない、というものがあります。

これは一つには、その「効率的な民間の経営手法」とされるものの多くが、一時期は画期的な経営手法として脚光を浴びたものの、実際にはビジネスの世界では既にほとんど効果が無いことが明らかになっていた、ということがあります。また、ビジネス界では盛んに提唱されているものの、実は一種の建前に過ぎない手法やアイディアを、行政界の人間がその実状を知らずに借用したりする例も少なくないと言われてきました。

大学セクターにおける「新機軸」のライフサイクル　同じような点は、次から次へと大学の世界に導入されていった企業経営の手法についても指摘できます。これについて参考になるのが高等教育研究者であり、また米国の幾つかの大学で副学長や総長をつとめたこともあるロバート・バーンバウムによる『高等教育における経営手法の栄枯盛衰（*Management Fads in Higher Education*）』（Birnbaum 2000）です。この本の中でバーンバウムは、一九六〇年度から一九九〇年度にかけて大学セクターに「新機軸」の発想による技法として導入されていった七つの経営手法（目標管理制度、ベンチマーキング、総合的品質管理など）を取りあげて、その導入の事情から最終的に放棄されていくまでの経緯について詳しく検証しています。

その検討の結果明らかになったのは、それぞれの経営手法は、当初多くの期待を集めていたにもかかわらず、いずれも思うような成果をあげられずに、短期間のあいだに大きな幻滅感を残して忘れ去られていったという事実でした。こうなった理由の一つには、〈それらの経営手法がビジネスや国家行政の現場で目覚ましい成果をあげていた〉という触れ込み自体がもともと思い込みに近い幻想に過ぎなかったからということがあります。またバーンバウムは、それぞれの経営手法が大学界に「周回遅れ」で導入されていった頃には、ビジネス界では既にその経営手法の効果が幻想であることが明らかになっているケースが多いのだとします。

一方でその頃には、ビジネスの世界では既に「賞味期限」が切れかかった経営手法に替わって別の手法が新たに脚光を浴びはじめています。したがって、今度はその新しい経営手法がいわば周回遅れで一定の時間差を経て「今度こそは本当に効き目がある」というふれこみで大学セクターに導入されます。そして、またしても同じような〈期待の形成→サクセスストーリーの伝播→幻滅〉というサイクルが繰り返されることになるのです。

日本の場合、「選択と集中」政策に関してはこの章でも解説したように、キャッチフレーズ化してから一〇年ほどの歳月を経て近年はその「失敗」が指摘されることが多くなっています。その意味では既に「幻滅期」に入っていると言えます。[4]

一方、PDCAやKPIに関しては、まだ明らかな幻滅期という言えるほどの段階には達していないようです。事実、大学側が作成する各種の資料には未だにこの二つの用語が盛り込まれている場合が少なくありません。しかし、これは必ずしも大学現場でこれらの経営手法が熱狂的に支持されているということを意味するわけではありません。実際には、「上からの御達し」に従って、とりあえずこれらの文言を文書に盛り込んでいるだけという可能性もあります。

この点については、次の第四章で改めて検討してみたいと思います。

†新公共経営の限界（二）――裁量権をめぐる二つの考え方のあいだの矛盾

以上のように、新公共経営には「民間のすぐれた経営実践」という点に関する基本的な誤解ないし幻想がある例が少なくありません。それに加えて、新公共経営の発想それ自体に種々雑多な要素が含まれており、その中には互いに矛盾するものが含まれている場合があるという点も指摘されてきました（Pollitt 2003）。

その種の矛盾の典型として挙げられてきたのが、行政現場に対して与えられる裁量権の範囲をめぐるものです。NPMに関する考え方の中には、〈行政現場に対して大幅な裁量権を認めるべきだ〉という発想があります。しかし、その一方には、それとは正反対に、〈現場担当者の行動を集権的に監視・指導し、またトップダウン式に業務内容を統制するべきだ〉とする発想があるのです。NPMと呼ばれる実践の中では、この二つの対照的な発想が実務の上で十分に整理されないままに共存しており、それが大きな混乱を生み出している例が少なくないと言われています。

一方の、現場に大幅な裁量権を認めようとする立場の根底には、次のような考え方がありますーー官僚制的な業務システムはとかく規則に縛られて硬直的かつ旧例墨守《ぼくしゅ》的な傾向に陥りやすい。NPMでは、それとは対照的に、現場担当者の創意や工夫を生かしてより効率的な経営を目指すべきである。それに対して、もう一方の、上からの統制を強調する立場の背景には、〈現場担当者は適切に監督・監視しておかなければとかく自己利益を追求するものだ〉と考える根本的な不信感があります。そのような見方をとる場合には、いかにして行政担当者の日和《ひより》見《み》主義的で自己利益追求型の行動を監視・抑制して本来の目的を達成させるか、という点に神経を使うことになります。

†大学不信とNPMM（マイクロマネジメント）

後者の、人間不信にもとづくトップダウン的な発想によるNPMは、半ば必然的にマイクロマネジメント的な傾向へと結びついていくことになります。つまり、現場における活動の進め方について細かな点にいたるまで指示し、またその結果については逐一報告を「上に」あげるように要求していくような指導のあり方です。この場合、NPMはNPMM、つまりNew Public *Micro*management になってしまいます。[5]

第一章と第二章でシラバスとPDCAという二つの事例を通して見てきたように、この種のマイクロマネジメント的な傾向は、まさに、文科省と日本の大学の関係に見られる顕著な特徴のうちの一つです。実際、たとえば和風シラバスの記載内容に関するさまざまな経路を通しての指導に典型的に見られるように、日本の大学は、これまで文科省からさまざまな業務について事細かな指示ないし指示らしきものを与えられてきました。一方で、それぞれの大学では、その指示に従い、あるいは指示らしきものについて文科省の方針や意向を「忖度」し、それを踏まえた上で教職員に対してそれぞれ指示を与えてきました。

そのマイクロマネジメント的な指導・指示のあり方は、自分の子どもの行動の些細《ささい》な点に至るまで、一方では「あれをやりなさい、これもやりなさい」、他方では「あれもダメ、これもダメ」と口やかましく指図する親の姿を髣髴《ほうふつ》とさせます。

子どもの場合には口答えしたり、禁止されているはずのことを親の目の届かないところで仕出かしたりしている場合も多いでしょう。それとは対照的に、日本の大学の多くは、文科省のマイクロマネジメント的な指示に対して唯々諾々と従ってきたのでした。その結果として、シラバスの例に見られるように、全国の大学において日々作成されている文書のあいだには驚くほどの類似性が見られる場合が少なくありません。

5 「士族の商法」と民間の商法のあいだ

†政策側主導のビジネス化は士族の商法？

「士族の商法」という言葉があります。徳川幕府の崩壊で世襲の家禄《かろく》（俸禄）などの特権を失ってしまった元武家の士族たちが、生計の維持のために不慣れな商売に乗り出しては失敗しがちであったことを指しています。たしかに、それ以前から自分の才覚で商売をしていた商人などから見れば、一定の家禄を主君から支給されて生活することに慣れきっていた士族が商売（ビジネス）に乗り出しては失敗していく姿は非常に危なっかしいものに見えていたことでしょう。

同じような点は、大学の関係者だけでなく文科省の官僚が慣れない経営用語を操って大学運営のビジネス化をはかろうとしている姿を目にした時に、ビジネス界の人々が持つと思われる印象についても指摘できるでしょう。

実際、「経営のプロ」であると自他共に認めてきた民間企業の経営者や経営幹部は、行政関連文書の中でPDCAサイクルやKPIあるいは選択と集中などという言葉が「経営ごっこ」的に使われているのを見て慄然《りつぜん》とするに違いありません。というのも、それは、医師免許どころか最低限の医学知識すら持ち合わせていない全くの素人が、重い症状を抱える患者に対して、深刻な副作用をもたらす可能性のある薬を処方してしまうようなものだからです。

†運営から「経営」への転換

これは特に国立大学の場合について言えます。国立大学は、二〇〇四年に法人化される以前は、主に、学生数や教職員数などを基準にして一定の公式に従って配分される「国立大学特別会計」の予算の範囲内で組織運営をしていました。しかし法人化後には、一転して、自らの才覚で政府の競争的資金や企業からの補助金や委託金あるいは個人・団体からの寄付金の獲得を目指さなければならなくなっていきました。また、政府や文科省からは、組織運営の仕方それ自体について民間企業をモデルにして効率的にしていくことを促されています。つまり、「運営」ではなく「経営」を目指すことが要求されるようになったのです。

実は、私立大学の場合にも似たような事情があります。法人化以前の国立大学が税金を原資とする国家予算の配分を受けて運営されていたのに対して、私立大学は主に授業料収入や事業収入の運用について「経営」のセンスを発揮してきました。しかし、近年は少子化の影響を受ける中で、その私立大学もこれまで以上に経営センスを磨くことが要請されているのです。

この点で示唆的なのは、公益経営学を専攻する平井孝治氏（元立命館大学教授）が、大学の世界にPDCAの発想が導入されていった当時を回想して発表したエッセイです。平井氏は、かつて日本私立大学連盟の分科会主査をつとめていましたが、同連盟による教職員向けの研修事業の際に突如ＰＤＣＡという言葉が登場してきたのを見て愕然《がくぜん》としたのだというのです。平井氏は、その当時を振り返って次のように述べています――「当該研修の講師も受講生もＰＤＣＡの意味があまり理解されておらず、要するに私大連盟に経営コンサルの考えが入ったものと思われます」（平井 2009: 92）。

こうしてみると、今や私立大学の関係者もまた、「経営コンサル」などの力を借りて「民間の知恵」をこれまで以上に積極的に取り入れて業務の効率化をはかることが要求されているのだと言えるでしょう。

†「民間の商法」は本当に優れた経営手法なのか？

たしかに、日本の大学は優れた企業の経営実践から学ぶべきことがまだまだ大量にあるようにも思えます。たとえば、政府は内閣府が中心になって二〇一九年四月に「大学改革支援産学官フォーラム（仮称）」を立ち上げています。そのフォーラムでは、国立大学の経営に「民間のノウハウ」を導入することがうたわれています。

もっとも当然ですが、「民間」の企業でありさえすれば、どこの国のどの企業の、どのような経営手法であっても構わないというわけではありません。学ぶべきは「優れた会社の優れた経営手法」なのであって、「（残念な国の）残念な会社の残念な経営手法」がモデルになるはずなどあり得ない話です。また、決してあってはならないことでしょう。[6]

そのような点を念頭において考えてみると、ある奇妙な事実がどうしても気になります。それは、日本のビジネス界から大学改革に関して寄せられる提言の中には、金科玉条のように「PDCA」を持ち出してくる例が見られる、という点です。

たとえば、前章でとりあげたように、二〇一四年当時に経済同友会の教育改革委員会委員長と国立大学評価委員会委員長を兼任していた北山禎介・三井住友銀行取締役会長は、大学改革の成否はいかにPDCAサイクルを「有効に機能させることができるかにかかって」いるとしています。同じように、経団連（日本経済団体連合会）は、二〇一八年三月に最終的な答申が出された第三期教育振興基本計画がまだ中教審で審議されている最中の二〇一七年六月には、中教審に対して次のような注文をつけています――「現実的にPDCAサイクルを回せるロジック・モデルを作成する必要がある」（経団連 2017）。

経済同友会と経団連は、言わずと知れた、日本における代表的な経済団体です。その二つの団体からこのような「経営の定石」をそのまま流用したような見解が出されているのです。この事実は、大学改革に際して「民間の知恵」ないし「民間の商法」のアイディアを借りることには、あまり多くを期待できそうではないことを示唆しているように思えてなりません。

†不思議な国の「フレームワーク病」

早稲田大学ビジネススクール教授の山田英夫氏は、三菱総合研究所でコンサルティング業務に従事した経歴があります。その山田氏は、『ビジネス・フレームワークの落とし穴』という著書の中で、四〇あまりの定番的なビジネス用語――SWOT分析、ダイバーシティ、ディシジョン・ツリーなど――を取りあげて、その有効性と限界を明らかにしています。

山田氏は、日本というのは、新奇なビジネス用語やフレームワークが次から次へと海外（主に米国）から輸入されて流行してきた「不思議な国」であるとします。また、日本のビジネスパーソン（特に若い人々）には、その流行に乗らないと取り残された気分になってしまったり、簡単に用語を使うことで分かったような気になってしまったりする傾向があるとし、それを「フレームワーク病」と呼んでいます（山田 2019: 193）。

前章とこの章では、PDCAやKPIあるいは選択と集中という発想がビジネスの世界から大学セクター（より広くは行政界全体）に導入されてきた経緯について検討しました。その検討の結果からすれば、大学が見習うべきだと言われてきた「民間の知恵」なるものの多くは、日本のビジネス界に蔓延する「フレームワーク病」をほぼそのまま引き継いでしまったものだとも言えそうです。

†業務・組織特性との相性

フレームワーク病の一つの兆候は、特定の経営手法がどのような組織のどのような業務にでも適用できる「魔法の杖」のようなものであると考えてしまうことだと考えられます。当然のことですが、どのように優れた経営手法であっても業務の性格との「相性」の良し悪しというものがあります。また、たとえ業務それ自体との相性は良かったとしても、業務がおこなわれる組織の基本的な体質や構造とその経営手法との相性が悪い場合もあります。

たとえば、前章でとりあげた山下和馬氏が以前勤めていた「ブラック企業」では、上司の丸投げ体質がPDCAサイクルの円滑な進行を阻んでいたと考えられます。また、日本の官庁というものが失敗（を失敗として認めること）を極度に恐れる無謬性神話に囚われている組織である限り、何らかのマネジメント・サイクルが行政の世界で成立するはずはありません。このように、民間の知恵と見なされてきた経営手法を公共セクターに導入しようとする際には、業務の性格だけでなく「組織風土」との相性についても慎重な検討を重ねておく必要があります。

しかし、どう考えてみても文科省や政府の関係者は、彼らがすぐれた民間の知恵の典型例であると考えているらしいPDCAやKPIを大学改革に適用しようとする際に、次のような点について慎重な検討を重ねていたとは言えそうもありません。

・優れた経営手法が適用されているとされるモデル企業——たとえば、経営者が教育改革関連の審議会や委員会のメンバーとして名を連ねている企業——は、具体的にその手法をどのように生かし、またどのような経営業績をあげてきたのか

・その経営手法の適用にあたって、どのような問題に直面してきたのか。また、その問題をどのようにして解決したのか

・その企業は、顧客や株主、従業員、取引先、政府そして社会全体に対してどのように向き合ってきたのか

・営利企業のモデルは、どのような点でどの程度大学の運営にとって有効であるか

・企業の「ビジネス（の）モデル」はどのような点で大学の運営（経営）にとって有効ではないのか。

このような点に関する慎重な検討を抜きにして「民間の知恵」を安易に借用して大学経営に適用してしまった場合、それは単なる「経営ごっこ」に終わってしまうに違いありません。

6　破滅的誤解と創造的誤解

†稚拙な模倣と不純な動機？――シラバスごっこと経営ごっこの背景

日本における大学改革の不幸は、政府あるいは内閣府や文科省などの府省が、外来のモデル（と一見そのように見えるもの）を付け焼き刃的に借用した上で大学現場に対して押しつけてきた、というところにあります。大学改革に関連する文書の中に次から次へとカタカナ言葉やアルファベットの頭文字が登場してくるのも、大学改革がいわば「借り物競走」としての一面を持っていたからに他なりません。

たとえば、第一章と第二章で見てきた二つの事例は、世界級《ワールドクラス》の一流の教育と研究を看板に掲げておこなわれてきたはずの大学「改革」が、実際には（ある教育関係者の言葉を借りれば）、二流のsyllabusである和風シラバスの氾濫と三流の経営術による「PDCA漬け」を引き起こしてきたということを示しています。これは取りも直さず、これらの小道具や経営法が、オリジナルのモデルとは似ても似つかぬ「劣化コピー」のようなものだったからに他なりません。その結果として生じてきたのが、「シラバスごっこ」や「経営ごっこ」とでも呼ぶべき状況です。

子どもたちが「ごっこ遊び」に興じている姿はそばで見ていて微笑《ほほえ》ましく、また時に（良い意味で）心を揺さぶられるものがあります。それに対して、大学関係者が関わってきたシラバスごっこや経営ごっこは、当事者としても観察者としてもあまり良い気持ちはしません。というのも、その動機が不純なもの——自己目的化した「改革」の実施、補助金の獲得など——である場合が多いとしか思えないからです。

†外来モデルの直輸入から積極的な「翻案」へ

ごっこ遊びの本質は、何らかのモデルを前提として、その「本物」のモデルの「フリをする」ことにあります。米国の大学の実践をモデルにして導入された和風シラバスは「シラバスごっこ」に終わっています。またビジネス界をモデルにして大学の世界に導入されたＰＤＣＡ、ＫＰＩ、選択と集中などの用語を散りばめた施策は、多くの場合は「経営ごっこ」になっています。これは、取りも直さず、それらのモデルを現場の状況を考慮に入れずに、いわば直輸入的に導入して、その外形だけをなぞってきたからに他なりません。

そのような安易な借用である限り、大学現場からは、「学校は会社じゃないんだよ！」あるいは「日本はアメリカじゃないんだよ！」と反発を買うだけに終わるでしょう。

言うまでもありませんが、問題は、外来のモデルを参考にすることそれ自体にはありません。

借用の仕方が拙劣だったという点にこそ本質的な問題があるのです。外来のモデルを参考にする場合は、現場の状況を踏まえた上でモデルを「翻案」していく必要があると言えます。

†PDCAサイクルの端緒としてのエドワーズ・デミングによる講義

一九五〇年に東京でエドワーズ・デミングがおこなった講義は、その積極的な翻案ないし翻訳の方向性について考えていく上で一つの重要なヒントを提供しています。その講義は、後に日本の工学者たちによってPDCAサイクルという発想が生み出れる重要なきっかけになったものでもあります。

左にあげた二葉の写真は、一九五二年に刊行されたデミングの講義録に収録されていたものです。これらの写真は、どちらも一九五〇年にお茶の水の日本医師会館講堂で開催された講義の時のものです。前章でも解説したように、PDCAサイクルという図式は、デミングによるこの講義の内容などをもとにして後に石川馨氏や水野滋氏などの日本の工学者によって考案されたものでした。

†一九五〇年当時の日本と日本人

左の写真に映っているのは当時四九歳のデミングその人です。一方、右の写真には、日本全

図表3-3　講壇に立つデミングと、講義に聴き入る聴衆たち
出所：Deming (1952)

国から、デミングの講義を聴くために集まった二三〇名の受講生が熱心にノートを取っている姿が写し出されています。彼（女）らは、一人あたり一万五千円（二〇一九年時点では一〇万円以上に相当）という、当時としてはかなり高額の受講料を支払った上で、会場となったお茶の水の日本医師会館講堂で開催された八日間の講義に参加していたのでした。

講義自体は、八日間とも午前中に四時間にわたって連続しておこなわれました。当時の医師会館講堂には扇風機しか備え付けられておらず、デミング自身も受講生たちも汗みずくになって講義がおこなわれたと言われています。

その講義の前後にデミングが日本の労働者や経営者・経営幹部から受けた印象について、米国人ジャーナリストのディビッド・ハルバースタムは、デミング本人へのインタビューなどをもとにして次のように書いています。

目標の一貫性——国中の皆が上から下まで同じ目標を共有している

ということ――はデミングにとって衝撃的であった。日本の労働者は、経営者が夢に思い描くような理想的な特徴を兼ね備えていた。尊敬すべき人々であり、我慢強く、勤勉であり、かつ邪心が無かった。彼らはまた、数学的素養が必要となるデミングのやり方を実践していく上で完璧な存在だった。ごく普通の工員でさえ基礎的な数学の知識を持っていたのである。……また、経営者は真っ当な事をおこなうことに対していじらしいほどに真摯であった（Halberstam 1986: 317）。

†七〇年後の日本と日本人――劣化コピーの果てに

さて、その後およそ七〇年のあいだに日本企業の経営者や労働者、そしてまた日本の産業界はどのような変遷を遂げてきたでしょうか。また、優れた品質の工業製品で一時世界の市場を席巻した日本独自の生産管理手法であるとも言われるＰＤＣＡサイクルの発想は、日本の行政と大学を舞台にして展開されてきた業務改革と「カイゼン」に対してどのような貢献を果たしてきたのでしょうか。

この本におけるこれまでの検討から浮かび上がってきたのは、文科省や中教審および一部の認証評価機関は、企業の生産現場において絶大の効果をあげてきたとされるＰＤＣＡの起源や原理について根本的な誤解をし、また「真意不在」（由井 2012）の対応をしてきた、という事実です。つまり、それらの組織や機関は、安易な借用の危険性について深く認識することもなく、PDCAサイクルを「民間の優れた経営手法」として紹介し、また大学に対してその履行を要請してきたのです。

一方で、大学の側といえば、多くはその民間の経営手法の「劣化コピー」とも言えるバージョンを丸呑みにしてPDCA化にひたすら邁進してきました。もちろん、中には、その場しのぎに「PDCAを回しているフリをする」ことを通して、マイナスの影響が教育や研究の現場に及ばないようにつとめてきた例も少なくないでしょう。

いずれの場合にせよ、少なくとも日本の大学に導入されてきたPDCAに関しては、「スパイラルアップ」という好循環を生み出すどころか、むしろ結果として不幸な誤解の連鎖を生じさせてきたことは確実であるように思われます。そして、全く同じことが、シラバスやKPIあるいは「選択と集中」などについても言えます。

†外来モデルの翻案による「創造的誤解」

もっとも、あらゆる種類の誤解や思い違いが負の結果を生み出すわけではありません。実際、海外で生まれたビジネス上の発想や技法は、「丸ごとコピー」ないし直訳的な形ではなく、むしろ現場の状況に応じた改変ないし「翻案」を加えて導入された時にこそ、真の意味で効果的なものになることが少なくありません。

当然ですが、その翻案の過程では、ある種の「誤訳」ないし誤解が生じる場合もあります。先にふれた、デミングのオリジナルなアイディアが日本においてPDCAサイクルに翻案されていった経緯は、まさにその典型だと言えます。

このような翻案プロセスとその実際の効果について理解する上で示唆に富むのが、米国の社会学者ロバート・コールの言う「創造的誤解」です。コールは、日本の二つの工場でのべ三か月半のあいだ実際に工員として就労し、またその後一年近くにわたってフィールドワークをおこなって『日本のブルーカラー（*Japanese Blue Collar*）』（Cole 1973）を書き上げました。

コールによれば、日本企業の経営幹部たちは、米国で刊行された学術文献の中ではほとんど理想的な姿に描かれていた従業員参加型の経営を手本にして、それを日本に根付かせていったのだということです。コールはまた、日本の企業はそれによって効果的で効率的な工業生産と工場管理の方法を編み出していくことに成功したのだとしています。つまり、モデルとして採用されていたのは、実際に米国で実践されていた経営手法ではなく、日本人がそのイメージを「誤解」したものだったのです。コールはそのいわば「瓢箪から駒」とも言うべき経緯に着目して、それを、「創造的誤解（creative misunderstanding）」と呼んだのでした（Whyte 1987）。

†無際限の劣化コピーと破滅的誤解

同じような点は、ＰＤＣＡサイクルという考え方についても指摘できます。前章でも解説したように、ＰＤＣＡサイクルそれ自体は和製の概念であり、デミングのオリジナルの発想とはかなり異なる面があります。その意味では、この発想はデミングの発想を換骨奪胎したもの、あるいはデミングの真意をまさに「創造的に誤解」したことによって作りあげられてきたものだと言えます。

その意味で、それは「誤解」というよりはむしろ「翻案」と言った方がふさわしいものでしょう。実際、仮にもしＰＤＣＡサイクルの発想を取り入れた品質管理なり企業経営なりが本当の意味で効果的であったとするならば、それは、技術担当者やその上司が単なる借り物の利用や安易な真似事などではなく、現場の事情を踏まえて独自の工夫をこらしてきたからこそであると考えられます。また、上司や経営トップは、そのような現場における実践に対して企業経営上の全体最適の観点から全面的な支持を表明していたと思われます。

その場合、経営層は決して「丸投げ」のような形でなく、むしろ自ら複数の部署間の利害調整にあたってきたに違いありません。実際、ＰＤＣＡサイクルの発想を生かした組織運営は、そのような総合的な組織力が背景にあってこそ実質的な効果を持ちうるものだと思われます。

†自分の頭で考え抜いていくこと

そのためには、当然のことながら、ＰＤＣＡのそれぞれの局面において、どの時点でどのような資源の獲得・配分・投入が必要になるかを自分自身の頭で考え抜いた上で実践に移すという作業が必要になります。また、現場での実践と反省を通して考案された対応の中には、特定の業務に対しては一般に理解されているようなＰＤＣＡサイクルを適用しないという選択も含まれているはずです。

言うまでもなく、それは、ただ単にＰＤＣＡをお題目のように唱えたり、上司が無謀な計画を立てて部下にその実行を押しつけたりするような「丸投げ式ＰＤＣＡ」とは対極の発想にもとづくマネジメントです。実際、丸投げ式のＰＤＣＡの結果として生み出されてくるのは、「ＰＤＣＡを回しているフリ」や「ウソ」が横行するＰｄＣａでしかないでしょう。つまり、それは「ＰＤＣＡごっこ」に過ぎないのです。

ひるがえって、行政や大学を含む日本の公共セクターにおいて二〇〇〇年前後から盛んに喧《けん》伝《でん》されてきたＰＤＣＡサイクルの場合はどうでしょうか。また、一九九〇年代初めから全国の大学で三〇年近くにわたって作成されてきた和風シラバスの場合はどうでしょうか。

この本でこれまで見てきたことからすれば、どうやらその大半は、創造的誤解であるどころか「残念な破滅的誤解」であったように思われます。というのも、行政関連文書や審議会の答申に登場してくるPDCAは、安直な借り物ないし真似事としての「コピー&ペースト」あるいは一種のお題目のようなものに留まってきた例が少なくなかったからです。

そして高等教育の世界では、文科省や中教審あるいは一部の認証評価機関が、それ自体が単なる受け売りでしかないPDCAサイクルなる概念を鵜呑みにして、大学に対してそれを「コピペ」することを強要してきました。オリジナル自体が安易な受け売りである以上、その際限のないコピー&ペーストが結果として一種の「劣化コピー」を生み出していくことはどうしても避けられないことだったでしょう。

†現場発の発想とボトムアップの努力の必要性

これまで見てきたように、大学改革政策の多くが明らかな失敗に終わってきた根本的な原因の一つには、大学現場の実情を度外視した借り物の発想がトップダウン式に押しつけられてきたことにあると思われます。もし実際にそうであるならば、その種のミスマネジメント・サイクルの悪循環を断ち切るためには、現場発のボトムアップの発想とそれにもとづく自主的な改革努力が不可欠になってきます。

まず改革施策のモデルについては、単なる上からの押しつけなどではなく、内在的な必要性と必然性を踏まえた上で独自の工夫をこらしていくことが必要になるでしょう。繰り返しになりますが、モデルそれ自体は外来のものであったとしても一向に構いません。出所以上に重要なのは、そのモデルの適用が現場の状況を確実に踏まえたものであり、かつ他の施策との整合性について慎重な検討が重ねられた末のものであるかどうか、という点です。

和風シラバスやPDCA化が「失敗パターン」に分類できるのは、取りも直さずそれらの施策が現場の実状を無視した、上からの押しつけでしかなかったからに他なりません。実際、そのような「お仕着せ」の施策である限り、改革の実をあげることはとうてい望めないでしょう。

この点については、次の章で、大学現場にいる人々が改革施策に対して現実に示してきた対応について検討していく中で明らかにしていきたいと思います。

第四章

面従腹背と過剰同調の大学現場

――実質化と形骸化のミスマネジメント・サイクル

上からの改革に対して現場の人々が示してきた典型的な対応の一つに「面従腹背」というものがあります。大学関係者がその種の消極的な抵抗の姿勢に終始せざるを得なかったこともあって、改革施策の中には結果として形骸化していったものが少なくありません。しかし、それがまた一方では、改革の「実質化」を目指す施策の新たな提案へと結びついてきたのでした。このいたちごっことも言える状況から生み出されてきたのが、実質化と形骸化のミスマネジメント・サイクルという悪循環の構造です。

1　慢性改革病との正しいつき合い方

†御達しに依り……

その少しばかりショッキングな注意書きを初めて目にしたのは、今から十数年前、二〇〇六年五月三日のことです。場所は、東京都小金井市にある江戸東京たてもの園。江戸時代から昭和期までに建てられた各種の貴重な建築物を集めて保存・展示している野外博物館の一角にあったのが「子宝湯」という銭湯です。

子宝湯内部の板壁には、昭和の時代を思い起こさせる数々の昔懐かしい映画やプロレスのポスター、商店の広告などが貼り出されています。それらと並んで、脱衣所に掲げられていたのが図表4-1の「保健所よりの御達し……」で始まるプラスチック製の注意書きでした。

†時代錯誤はどっち?

その頃の私には、「御達し」といえばテレビや映画の時代劇のイメージしかありませんでした。たとえば、「幕府(御上)よりの御達し」「お代官様(代官所)からの御達し」というような言い方です。一方で、たてもの園のパンフレットによれば、子宝湯の開業は一九二九年、つまり昭和四年ということです。となると、少なくとも銭湯が営業していた昭和の時代には、「御達し」は何らかの（少し趣味の悪い）冗談などではなく、子宝湯の主人《オーナー》だけでなく入浴客たちにもごく自然に理解できる普通の言葉として使われていたと考えられます。

いずれにせよ、その注意書きを初めて見た時には、私には「御達し」というのが時代錯誤的で非常に奇妙な言葉にしか思えませんでした。しかし、その後、当時在籍していた大学でさまざまな委員の仕事に翻弄されていく中で次第に考えが変わってきました。というのも、大学改革に関連して文科省から出される告示や「通達」などの中に含まれる文章には、この大時代《おおじだい》的な響きを持つ「御達し」とあまり変わらない性格のものが含まれていたからです。

一方で大学側の対応にも、「御上からの御達し」に対して江戸時代の人々が示した対応に似たものが少なくありません。たとえば、「中教審（認証評価機関）よりの御達しに依りシラバスの点検・修正をいたします」、あるいは「文科省の御達しに依りKPIの達成を目指してPDCAサイクルの高速回転に邁進いたします」というような感じです。

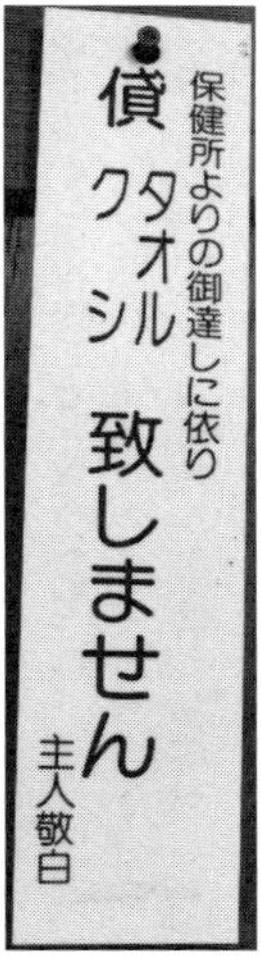

図表4-1 保健所よりの「御達し」

†中教審からの御達しと「改革疲れ」

もっとも、そのような「御達し」に対して大学側がどれほど真摯に対応しようと思っても、おのずから限度というものがあります。というのも、大綱化の答申が一九九一年に出されて以来、中教審や文科省からは次から次へと「改革」に関連する指示や示唆が繰り出されてくるからです。また大学当局も、その「御上」からの指示の具体的な中身や「真意」について忖度しながら現場の教職員に対してさまざまな要求を突きつけてきました。

第一章でも取りあげた川嶋太津夫氏は、そのあたりの事情について次のように述べています。

もちろん、「現場」で大学教育に携わっている者から見れば、この間、とりわけ平成時代の三〇年間は、一九九一（平成三）年の大学設置基準の改正、つまりいわゆる「大綱化」以降の怒濤のような大学（教育）改革の波を経験しており、中教審の現状認識には憤りを感じているに違いない。実際、毎年のように次から次へと新しい改革課題が大学本部から指示され、一五回分のシラバスの記述を書き直せ、シラバスに予習・復習の課題を明記しろ、成績評価基準を詳しく明記しろ、あるいは、授業は、一方的な講義ではなく、グループ・ディスカッションや意見発表を取り入れたアクティブ・ラーニングに変えろ、などなど、教育改革への要求は枚挙にいとまがない。「何をこれ以上

『改革』しろというのか」「もう『改革』に疲れてしまった」というのが多くの大学教員と職員の本音でもあろう（川嶋　2018: 109）。

ここで川嶋氏が指摘しているように、矢継ぎ早に繰り出されてくる改革要請に振り回されてきた結果として、大学現場には深刻な改革疲れが生じている例が少なくありません。

†慢性改革病（文科省）

大学現場に蔓延する改革疲れの主な「病因」となっているのが、鳥飼玖美子氏（立教大学名誉教授）が「慢性改革病」と名づけた文部省・文科省の姿勢です。鳥飼氏は、『英語教育の危機』という本の中で、この言葉によって文部省・文科省が一九八九年告示の「学習指導要領」以来、あたかも強迫観念に取り憑かれたように英語教育の改革を進めてきたことについて端的に表現しています。また鳥飼氏は、英語教育のあり方に関する「改革」があやふやな根拠にもとづいて場当たり的におこなわれてきたことを明らかにします（鳥飼 2018: 26）。

この鳥飼氏の「慢性改革病」という指摘は、大学改革についても当てはまります。実際、この三〇年ほどのあいだ中教審や文科省は何度となく改革案を示してきました。そして、その改革案に関連して提示されてきた具体的な施策は、改革で何かの問題（症状）を解決するというよりは、むしろ強迫的に「改革をおこなう」ということそれ自体が目的になっていたとしか思えない部分が少なくありません[1]。

†改革源病（大学現場）

改革が自己目的化することによって慢性改革病が生じているということは、取りも直さず、病いを抱えた改革施策それ自体が新たな原因（病源）となって別種の病いを引き起こす可能性がある、ということを意味します。大学現場に蔓延する改革疲れが、その「改革源病」の典型的な症状であることは言うまでもありません。

もし大学当局や教職員たちが改革施策で提案されているものとは違った形で教育や研究のあるべき姿を追求していきたいと考えているのならば、当然のことながら、彼（女）らは改革源病の治療や予防のために何らかの対応をとらなければなりません。実際、大学現場にある人々はさまざまな手段を駆使して、改革源病の影響を軽減しようとしてきました。その典型的な対応手段の一つがこれからこの章で見ていく「脱連結（decoupling）」（面従腹背）です。

もっともその一方で、大学関係者の中には、中教審や文科省からの「御達し」を鵜《う》呑《の》みにして、その指示通りに改革を進めてくことを目指す人々も少なからず存在します。そのような人々の対応のあり方を「被植民地化（colonization）」（過剰同調）と呼ぶことができます。

2 「御達し」を徹底させるための仕組み

†君雖不君臣不可以不臣

前章までに見てきたように、大学改革に関する施策の中には、政府や文科省などの府省が、大学現場の実状について考慮することなく外来のモデルを付け焼き刃式で押しつけてきたものが少なくありません。しかしながら、たとえどれだけ理不尽で不合理なものではあっても、監督官庁である文科省が各種の補助金の配分や許認可権を掌握している以上、大学側としては「上から降ってくる御達し」に対してとりあえず何らかの形で対応しなければなりません。

かなり古めかしい言い方になってしまいますが、大学現場にある者の実感としては、まさに「君君《きみきみ》たらずといえども臣臣《しんしん》たらざるべからず」なのです。

これは江戸時代の儒学者の教えでもあり「主君に主君としての徳がなく、主君としての道を尽くさなくても、臣下は臣下としての道を守って忠義を尽くさなければならない」という戒めです[2]（小学館『日本国語大辞典第二版』）。「御達し」という言葉には、それと同じような封建道徳的な響きがありますが、大学関係者にとってはそれが正直な実感である場合が少なくないのです。

†大学側に選択の余地はほとんど無い

この点については、立命館大学でPDCA化を担当してきた安岡高志教授が同大学のニュースレターに寄せた解説が参考になります。

安岡氏は、まず中教審の二〇〇八年の答申（学士課程答申）の中でPDCAサイクルという言葉が登場しているという事実を引き合いに出します。ついで、PDCAサイクルという用語こそ使われてはいないものの、二〇〇八年度に開始された文科省の補助金事業である「質の高い大学教育推進プログラム（教育GP）」の採択条件には実質的にPDCAと同じ内容の発想が盛り込まれていると主張した上で、次のように述べているのです。

さらに、二〇一一年度以降の大学基準協会の改革方向としては、「申請大学におけるPDCAサイクルを十全に機能させるため…」（大学基準協会、ジュア［JUAA］2008, No. 41）となっており、文部科学省主導とは言え、ＰＤＣＡサイクルを運用せざるを得ない状態であり、運用できるか否かという状態はとうに過ぎているようです（安岡 2009: 12）。

ここで安岡氏が述べているように、改革施策が認証評価の受審や各種補助金への申請に関わる内容を含んでいるのであれば、その是非はともかく、少しでも自大学にとって有利な評価が得られるように心がけなければならないでしょう。あるいは、少なくともそれほど不利にならないように配慮しながら対応していく必要があります。その意味では、たとえ補助金の申請条件が余りにもあからさまで時に見当違いの政策誘導であり、また大学の独自性や独立性を損なう可能性があったとしても、大学側に選択の余地はほとんど無いのです（この点でも、近年の改革施策は大綱化答申の建前、つまり規制緩和の理念に逆行していると言えます）。

†異動官職と「天下り」職員が果たしてきた役割

文科省の指示や指導が「御上からの御達し」としての性格を持つことになる重要な理由の一つには、国立大学の場合の「異動官職」、私立大学の場合には文科省職員の再就職（「天下り」）という人事上の慣行があります。

異動官職というのは、各大学に直接採用された生え抜きの職員（「プロパー職員」）と対になる呼び方であり、文科省の本省と国立大学（法人）のあいだを出向のような形で行き来する職員のことです。多くは課長、部長、事務局長などの幹部職員として二年から三年の間隔で、複数の国立大学あるいは本省と大学のあいだを渡り歩くことで経歴を積み重ねていきます。中には、大学の理事や副学長あるいは学長にまで「キャリアアップ」していく場合もあります。

一方、異動官職者の中には、本省や国立大学での昇進を経て最終的に私立大学の幹部職員や役員として再就職していく人々もいます。また、文科省の幹部職員などの場合には、そのようなキャリアを経ずに、直接私立大学の役員などに再就職していくケースもあります。

国立大学が二〇〇四年に法人化して以降は若干事情が変わっていますが、異動官職の人事権については文科省が事実上握ってきました。それもあって、多くの場合、異動官職者や再就職者は、文科省からの「お目付役」として大学に対して政府や文科省の影響力を行使する上で重要な役割を果たしてきたのでした（山本 2018）。（中には、組織の枠を越えた豊富な知識と体験を通して、ある意味では生え抜き職員以上に在籍大学に対して貢献する異動官職者もいます［黒木 2009：244-256］）。また、大学側も、異動官職や「天下り」職員については文科省との「パイプ役」や貴重な情報源になってくれるという期待を持つ場合も少なくありませんでした（実際には、法令や規定などに関する知識が満足なものではなかったり、独特のフィルターを通して情報を伝えたりするという例もあります［本間 2014］）。

いずれにせよ、異動官職や天下りという人事慣行は、上からの御達しを徹底させていく上で実に効果的な仕組みだったと言えます。

3　脱連結

†上有政策、下有対策

何らかの形で「御達し」に従うしか選択の余地が無い場合に大学の側がとることができる対応の種類にはおのずから制約があります。その少ない選択肢のうちの一つが「脱連結」です。この言葉自体は、社会学系の組織理論などで盛んに使われてきた用語ですが、日常的な言い方としては「やり過ごし」ないし「面従腹背」の方が分かりやすいと思います。つまり、表向きは「御達し」に従ったという体裁を整えた上で、実際の業務については従来とほとんど変わらない形で進めていく、というような対応の仕方です。

現在の中国では、国家から下ろされてくる政策への典型的な対応として「上有政策、下有対策（上に政策あれば下に対策あり）」というものがあるそうです。つまり、中央政府などが決定した政策を出し抜いて、現場レベルで骨抜きにしてしまうというやり方です。脱連結は、まさにこれに近い対応の仕方だと言えます。

†PDCA化の場合

このような特徴を持つ脱連結的対応の具体例については、関西大学の学長補佐である堀潤之氏による次のコメントが参考になります。

> 大学執行部に属する者として、わたしもPDCAサイクルを廻すことに一定の意義を見出さないわけではない。しかし同時に、この言葉にはどうしても根本的な違和感を抱いてしまう。**PDCAを廻せ廻せと喧しく言われる**と、つい、映画『モダン・タイムス』(一九三六)でベルトコンベアに流れる部品をひたすらスパナで廻し続けたあまり、精神に異常を来して周りのものを手当たり次第に廻し始めるチャップリンの姿を思い浮かべてしまう。**PDCAを廻すこと、あるいは廻すふりをすることが自己目的化**するという、チャップリンの狂ったダンスを嗤うに嗤えない状況は、実のところ至る所に生じているのではあるまいか(堀 2017)。

右の引用で堀氏が「PDCAを廻せ廻せと喧《やかま》しく言われる」と述べているように、今や補助金の申請や大学の認証評価の際に「PDCA」が必須だということは、第二章で見てきた通りです。つまり、そのような文言を盛り込むことは、大学に対して加えられる、ほとんど抵抗不能なほどに強力なプレッシャーなのです。実際それは、先に引用した文章で安岡氏が「PDCAサイクルを運用せざるを得ない状態」と指摘している点でもあります。

一方で堀氏は、そのような抵抗し得ないプレッシャーへの大学現場の対応の一つとしてPDCAを「廻すふりをすること」をあげています。このように、見かけ上はPDCAサイクルを廻しているふりをするということこそが、脱連結的対応のエッセンスなのです。

第二章ではPdCaという造語を使って、計画書（P）と事業成果報告書（C）だけが立派で、実行（D）と改善（A）の実質がともなっていないマネジメント・サイクルのことを説明しました。これは、二〇〇〇年前後から盛んになってきた官民挙げての「PDCA化キャンペーン」に対する、まさに脱連結的な対応の典型だと言えます。

†ほどほどのお付き合い

この脱連結的対応には、個人レベルのものと組織レベルのものがあります。つまり、大学全体でいわば組織ぐるみで「回して（廻して）いるふり」をするか、それとも個人レベルでそれをおこなうかという点の違いです。PDCAサイクルの場合には、この二つのうち、組織レベルでの対応が中心になるでしょう。

組織レベルでの脱連結の典型としては、PDCAサイクルの実際の「効能」については疑問を感じていたとしても、とりあえずは認証評価の様式や事業計画書に「PDCAを回(廻)す」ないし「PDCA化」などの文言を必要に応じて書き入れておく、というものがあります。また、計画・実行・評価・改善というそれぞれの業務を担当する部署を決めたり大学全体のPDCAサイクルを統括する委員会を立ち上げておくことも効果的でしょう。それに加えて、それらの部署や委員会の任務と権限に関する内規を定めておく必要があります。当然ですが、それらの部署が実際におこなった活動については、PDCAないしその類義語である「マネジメント・サイクル」や「改善サイクル」を盛り込んだ書類を作成しておかなければなりません。

極端な脱連結の場合には、これらの文言や組織構成は、何ら実体がともなわない、あくまでも外見を取りつくろうだけの表看板、つまり「ショーウィンドウ用の陳列物」に過ぎません。その外見の裏側では、実質的に以前とほとんど変わるところがない各種の業務が滞りなくおこなわれることになります。こうして、通常の業務に差し支えがない程度に体裁だけを整えることによって、いわば消極的な抵抗を試みているのです。

したがって、この点に関して言えば、脱連結の同意語としては面従腹背という言葉はあまりふさわしくない場合が多いのかも知れません。むしろ、文科省や中教審あるいは認証評価機関の「顔を立てる」ために「ほどほどのお付き合い」をしている、という言い方のほうが現実に近いでしょう。

†組織レベルの脱連結と「相互忖度」——SGU事業の場合

この「顔を立てる」ための脱連結の典型と言えるのが、これまでも何度か取りあげてきたSGU事業、つまりスーパーグローバル大学創成支援事業のケースです。なお、この場合は、文科省と大学側の双方が互いに顔を立てようとする配慮の末に脱連結をおこなったという点では面従腹背というよりは「相互忖度」という言い方がふさわしいかも知れません。

政策目標と現場のギャップ　ここで相互忖度というのは、表向きにアナウンスされた政策目標と大学現場の事情とのあいだに余りにも大きなギャップがあるために、関係者がお互いの事情や真意を読みあいながら一定の妥協点（「落としどころ」）を探りあっていくプロセスのことです。

SGU事業でこのような意味での相互忖度が最も明白な形で表れていたのは、外国語による授業の実施率とその授業を担う教員の資格条件に関する項目です。これらの点については、苅谷剛彦氏が、SGU事業の採択校の構想調書や大学側からの問合せに対する文科省の回答などを詳しく検討した上で明らかにしています（苅谷 2017）。

SGU事業が最初に提案されていた時の政策目標としては、次のようなものが掲げられていました——「英語で授業を実施（五年で三割、一〇年で五割超）」。一方で、最終的に事業に採択された三七大学における学部レベルでの英語による授業の実施率は、事業申請時の二〇一四年度段階では、トップ型で四・四％、牽引型の場合でも六・二％に過ぎませんでした。

もしこれらの大学が、当初掲げられていた政策目標の達成に対して真剣に取り組んでいたとしたら、それぞれの大学における他の教育活動や研究活動には重大な支障が生じていたかも知れません。というのも、そのような野心的な取組を実施するために必要となる巨額の経費を、最高でも毎年二億円から五億円程度でしかない補助金だけでまかなうことなど、とうていできないはずだからです。

もっとも実際には、現場に近くなるほど、当初の「無理難題」とも言える過大な政策目標の実質的な意味あいは目に見えてトーンダウンしています。[3] 苅谷氏は、これが、構想調書に記載された数字の「からくり」によって可能になったものだとしています。

英語事業の実施率と「外国人教員等」 苅谷氏の分析によれば、まず、英語による授業の実施率は、文科省から示された「一〇年で五割超」という目標からは確実にレベルダウンしています。つまり、構想調書段階ではトップ型の場合、学部レベルで一〇年後に平均で一三・九％と事業開始時点から三倍という程度に、牽引型については二五・四％と四倍程度に増加という具合にして、より「穏当」なものになっているのです。

さらに苅谷氏は、実際に「スーパーグローバル大学」で授業の国際化（ないし英語化）を担うことが想定されているのは、多くの場合は、外国籍教員という意味での「外国人教員」ではなく「外国人教員等」であった、という事実を明らかにしています。しかも、この外国人教員等の大半を占めていたのは、外国で学位を取ったわけではない、日本人教員なのです。その日本人教員たちは、サバティカル（研究休暇）などで一年から三年程度の海外経験がありさえすれば「外国人教員等」として認められていたのでした。

苅谷氏が指摘するように、サバティカルで海外の大学に滞在した場合に、日本人教員が受け入れ先で正規の授業を担当することは、ほとんどありません。そのような、「外国人教員等という名の日本人教員」で水増しされた状態でおこなわれる、英語を教授言語とする大学教育が実質的な効果をあげることは、ほとんど期待できそうにありません。

落としどころの探り合い　苅谷氏は、このような政策目標のレベルダウンの背後には、政策立案者および行政担当者の側と大学側の双方が互いの実情や事情を読み合った上で一種の相互忖度をおこなったという事情があると見ています。

実際、政策側としては、外向けには一応華々しい目標を掲げておきます。しかし、厳しい財政事情を考えれば、外国人の専任教育を大幅に増やす上で十分なだけの予算の手当ができるわけもありません。一方で、大学側は、そのような政策側の「大人の事情」を承知しつつ、何とか限られた補助金の予算の範囲内で形の上だけでも、政策側が打ち上げた遠大な数値目標——あるいは文科省の担当者から内々に示された目標——に対して応えようとしたのだと考えられます。

つまり、改革事業全体が、政策側と大学側が互いの真意を読みあいながら「落としどころ」を探っていくという意味では、一種の暗号解読ゲームないし「相互忖度ゲーム」のような様相を呈していたと考えられるのです。

そして、このような相互忖度は、高等教育政策に限らず恐らく他の政策領域でも生じていたと思われます。というのも、前章でふれた成果目標としての「KPI」には、SGU事業の場合と同じように日本の財政事情や行政現場の実力からしてあまりにも過大なものが少なくないからです。このギャップを埋めるためには、どうしても互いに真意を読みあいながら落としどころを探っていく必要が出てくるに違いありません。

†個人レベルの脱連結——シラバスの場合

PDCAサイクルやSGU事業の場合には、以上のように組織レベルでの脱連結が中心になっています。それに対して、シラバスについては個人レベルでの対応が中心になると思われます。この点については、私自身がこれまで幾つかの大学でとってきた対応がその典型です。その点については既に第一章で解説してあるため繰り返しになってしまいますが、ここで改めて簡単に説明してみたいと思います。

脱連結の場合、シラバスを作成して大学当局にデータを提出することは、あくまでも外向けの体裁を整えるための方便です。たとえ和風シラバスが syllabus とはまったく違う「偽物」だと思っていたとしても、割り切って対応するのです。つまり、この場合は、シラバスへの対応は組織人としての「大人の対応」だということになります。

一方で、実際の授業の際には、杓子定規《しゃくしじょうぎ》な規定にしたがって作成させられたシラバスをほとんど無視して、自分なりにもっと教育効果が高いと確信している従来どおりの方式で講義をおこないます。あるいは、シラバスを一応準備して学生に配布はするものの、実質的な教育効果を念頭において、学生の反応を見ながらその内容を柔軟に変えていく、という対応もあるでしょう。つまり、これらの場合には表面（仮面）的な対応と実際の講義内容とのあいだの関係（連結）は非常にゆるやかなものになります。場合によっては、完全に断絶したものになっていきます。

4 被植民地化

脱連結は、外見だけを文科省や中教審からの「御達し」に合わせる形に取りつくろって実際におこなわれる業務の内容はほとんど変えない、という点では「確信犯」的な対応だと言えます。それとは対照的に、「被植民地化」[4]の場合には、文科省や中教審の指示を正当なものとしてとらえて、その方針に忠実にしたがって業務を進めていきます。時には、その忠実な対応が関係者の想定を越えた過剰同調気味のものになることさえあります。

†PDCA化の場合

被植民地化的な対応をとる場合、PDCAサイクルの発想に従った進捗管理は、決して「御上からの御達し」に対する単なる方便などではありません。むしろ教育の質保証だけでなく研究活動、人事管理あるいは予算管理など、あらゆる大学業務において実質的な効果がある改革サイクルという風にとらえられることになります。

したがって、大学内のPDCA唱道者にとっての究極の目標は、大学組織の各階層におけるすべての活動をPDCAサイクルで「高速回転」させることに置かれます。また、彼らは個々のPDCAサイクルの歯車が互いに緊密に嚙み合って、大学全体のマネジメント・サイクルを形成していくことを理想として掲げます。そのためには、たとえば、PDCAサイクルの構築と運用を担当する全学的な委員会を学長直属などの形で立ち上げていく必要があります。

このようにPDCA化の徹底を目指す大学では、民間企業の「PDCAマネジメント」に精通した経営コンサルタントによる指導を受けようとするかも知れません。場合によっては、その大学の関係者がみずから率先して、他大学を巻き込んで大学業務に特化したPDCA研修プログラムを企画し、そのスーパーバイザーとしての役目を果たすことだってあるでしょう。また、それらの「PDCA唱道者《イデオローグ》」とでも呼ぶことができる大学関係者は、教職員研修（FD・SD）の講師として重宝されるに違いありません。

そして、もしかしたら近い将来には、その種の研修業務との関連で、たとえば「PDCA内部質保証規格」というような名称の認証規格が新たに創設されるようになるかも知れません。それに付随して、大学のPDCA化に関するコンサルティング業務が事業化されていくことだってありうるでしょう。

†シラバスの場合（1）――国立TKB大学のケース

PDCAの場合と同じように、和風シラバスについても唱道者《イデオローグ》のような教職員は存在します。

それらの人々は、統一的な様式によるシラバスの作成こそが教育の質の向上にとって有効であるという強固な信念を持つ伝道者でもあります。最近まで日本各地の大学が学生に配布していた電話帳式の和風シラバスは、まさにそのようなシラバス伝道者がリーダーシップをとって「出版」していたのかも知れません。

二〇〇八年版ガイドラインと「良い例」「悪い例」　シラバス伝道者の主な活動の中には、シラバス作成のためのマニュアルを作成していく作業が含まれています。その種の学内向けマニュアルの中でも典型的なのが、二〇〇八年に国立ＴＫＢ大学で作成された「シラバス作成のためのガイドライン」です。

ＴＫＢ大学のウェブサイトに最近まで掲載されていた解説によれば、このガイドラインは、二〇〇七年七月に大学設置基準が改正されて成績評価基準をシラバスに明示することが義務化されたことを受けて作成されたものだということです。同ガイドラインは、二〇一九年初めまで同大学のホームページに掲載されていました。つまり、ＴＫＢ大ではこのようなガイドラインが一〇年あまりのあいだ使われてきたらしいのです。

そのガイドラインでは、Ａ４判の用紙で九ページにわたって、「シラバスに記載することが望ましい項目」について、主要な六項目、それぞれの項目の下位項目を含めれば合計一八項目

① 現実的な表現で、学生を主体として書く

学生が、授業終了後「こんなことができる」、「こんなことを知ることができる」というような身に付く能力をイメージできるよう、記入することが重要です。また、学生がこのイメージを見て、「自分でも達成できそう」と思えるものにする必要があります。

(良い例：学生を主体とする文)

・「○○について知り、説明できるようになることを目的とする」
・「○○について学び、××について考察することにより、△△できるようになる」

(悪い例：教員を主体とする文)

・「○○について説明する（概説する）ことを目的とする」

② 内容は可能であれば知識・能力などに分けて書く

可能であれば、「到達目標」は達成されるべき内容を、知識・能力などの分野にて記載します。

図表4-2　シラバスの書き方：「良い例」「悪い例」
出所：国立TKB大学ウェブサイト

についてかなり詳しく解説されています。それらの項目を見ると、このガイドラインには第一章で解説した、文科省が作成した「大学における教育内容等の改革状況について」という調査票（七一頁）に含まれる項目がほとんど全て網羅されていることが分かります。その意味では、実に模範的なガイドラインだったと言えます。

そのガイドラインにおける「授業の到達目標」に関する解説の一部には、図表4-2にその一部を示したような記述があります。

新ガイドライン（二〇一九）　実際には、日本各地の大学で提供されているシラバス作成に関するマニュアルの場合、図表4-2に示したTKB大学の例と同じような形で「良い例」と「悪い例」まで示されている例は、それほど多くはないのかも

知れません。

　しかし一方で、日本の多くの大学ではシラバスが電子データベースとして一括管理されており、教員が原稿を作成する際にもそのデータベースを使って入力することが求められています。したがって、データベースの記入項目に沿った、画一的なシラバスが出来上がってくることは避け得ない事態であると言えます。また、文科省はシラバスの内容について「第三者によるチェック」をおこなうことを奨励してきたことからも、均質化と画一化は今後ますます進んでいくことになることが予想できます。

　たとえば、TKB大学では、二〇一九年三月初めになって、それまで一〇年以上にわたって使われてきたガイドラインが改訂されています。今回は、全体で一九ページと分量的に二〇〇八年版の二倍以上になっており、それまで以上に懇切丁寧な形でシラバスの書き方についての指示が与えられています。

　実は、それだけではありません。この新バージョンのガイドラインでは、各教員が自分で記載内容について点検するためのチェックリストが資料の一つとして添付されているのです。そのチェック項目の数は一四項目にも及び、さらに、その資料の下側には担当教員以外の「カリキュラム委員等」が確認をおこなうための欄まで設けられています。

　こうしてみると、少なくともTKB大学については、このような二重三重の点検体制が整備されることによって、今後も文科省の想定からすれば非常に模範的な形でシラバスの作成がおこなわれていくものと思われます。

†シラバスの場合（2）――国立KGW大学医学部のケース

ある意味では、TKB大学のガイドライン以上に興味深いところがあるのは、国立KGW大学の医学部で現在も使用されている「シラバス作成ガイドライン」です。

このガイドラインの場合は全体で八ページであり、右で解説したTKB大学の最新版（一九ページ）にくらべれば相対的に小ぶりなものになっています。それでも、その一〇ページたらずのガイドラインの中には、TKB大学の場合と同じように「大学における教育内容等の改革状況について」という調査票に盛り込まれた内容がほとんど全て網羅されています。

それ以外の点で、このKGW大学のガイドラインについて注目すべきなのは、授業の目的と到達目標という二つの項目に関して使用すべき動詞の例が列挙されているという点です。

たとえば、授業の目的については、次にあげる一五の動詞を、学生が主語となる文章で使うべき述語の例としてあげています。

知る　認識する　理解する　感じる　判断する　価値を認める　評価する

位置付ける　考察する　使用する　実施する　適用する　示す　創造する
身につける

一方、授業の到達目標については、「知識」「態度・習慣」「技能」という三つの領域が分けられた上で、次のようにそれぞれかなりの数にのぼる動詞の例が示されています——知識—七一例、態度・習慣—二二例、技能—四八例。[5]

†シラバス自動生成システムの近未来

こうしてみると、KGW大学の医学部の場合はTKB大学よりもさらに徹底した形で、シラバスのマニュアル化を目指していると考えることができます。

このようなマニュアルは、文科省推奨の（あるいはそのように忖度される）フォーマットから逸脱したシラバスを教員が作ってしまうことを未然に防ぐ上では非常に効果的なものでしょう。また、認証評価の受審や補助金の申請の際に不利にならないようにするためにも、シラバスの標準化やマニュアル化は不可欠の対応だと言えます。

そして、このようにしてシラバスのマニュアル化が動詞のラインナップや文章全体の文体に至るまで詳細をきわめたものになっていくことによって、日本の大学の教学マネジメントは、飛躍的な効率化と省力化が望めるようになるかも知れません。というのも、その場合には、AI（人工知能）を活用したシラバスの自動作成システムが構築できるようになるかも知れないからです。実際、そのようなシステムが完成されたあかつきには、第一章で解説したようなシラバス原稿の点検と監視にかかる労力や時間は大幅に削減できるようになるでしょう。

もっとも、その種の「AI教務システム」によって作成されたシラバスを使っておこなわれる講義が学生たちの学修や教師の自己研鑽にとって真の意味で効果的なものであるかどうかは全く別の問題なのですが。

5　実質化と形骸化のミスマネジメント・サイクル

†隠れ脱連結

これまで解説してきた脱連結と被植民地化は、両方とも一種の理念型（本質的な要素だけを抜き出して抽象化した類型的なパターン）に過ぎません。実際には、この二つのタイプが混在している場合が少なくありません。特に、一見して被植民地化的な対応に見えるケースの場合でも、実際には何らかの形で脱連結的な要素が入り混じっている場合が少なくありません。

この点に関して示唆的なのは、認証評価基準に関するガイドブックで、PDCA化の模範例として取り上げられていた某私立大学の例です。そのガイドブックによれば、その大学ではPDCAサイクルによる内部質保証の発想が全学的に浸透しているとされていました。しかし、その大学の関係者にインタビューしてみた結果によれば、実際にはガイドブックの記述とはかなり違った事情があったようです。

彼が匿名を条件にして私に話してくれたところによれば、実状は次のようなものだったというのです。

……「作文」のためだけですね。あるとき急に、教授会の席で、「あらゆる書類にとりあえずそういう言葉［PDCA］が入った一文を入れておくように」という指示が出たんです。事前に何の説明も無く、決定事項だから、文科省とか○○［認証評価機関の名称］がそう言っているんだからということでね。ああいう何の意味もない言葉を使うよりも、もっと本当に学生のためになることを真剣に考えればいいと思うんだけど。

この証言から浮かび上がってくるのは、大学の上層部と他の部署では対応の仕方が異なる場合があるという可能性です。つまり、大学執行部の側では、文科省ないし認証機関の要請に対して被植民地化的な対応をとって全学的に「PDCA励行」の号令を出します。しかし、大学の各部署のレベルでは、とりあえず「PDCA」という文言を大量に盛り込んだ計画書や報告書を提出するものの、これまで通りに業務をおこなっていく、というわけです。これは、大学組織の上位層では被植民地化、下位層では脱連結の対応となっている例だと言えるでしょう。

同じような点は、シラバスについても指摘できます。たとえば、TKB大学やKGW大学のケースでは、シラバス作成用のマニュアルを使って教員に細かな指示を与えていたという点では被植民地化的な対応だったと言えます。しかし、これらの大学でも個人レベルでは、脱連結的な対応が生じている可能性は十分にあると言えるでしょう。

いずれにせよ、大学組織の（運営面での）下位階層になればなるほど、上位の階層の対応とは異なる「隠れ脱連結」の対応が主流になる例は少なくないと思われます。

†脱連結と「形骸化」

隠れ脱連結の存在は、外来モデルを借用しておこなわれる改革施策の多くが、大学現場では「上からの御達し」としか受け取られず、最終的には形骸化していく可能性を示しています。

PDCAサイクル化の例にせよ和風シラバスの場合にせよ、文科省・中教審・認証評価機関からの指示は、現場の実情をほとんど考慮に入れずにトップダウン式に下ろされてくる、いわば「無理難題の御達し」としての性格が濃厚です。ですので、大学現場の関係者がそれを鵜呑みにして受け入れることは、大学業務を効率化させるどころか、むしろ円滑な業務運営に重大な支障をきたす事態を招く結果に終わる恐れさえあります。

たとえば、第二章で指摘したように、企業の場合ですらPDCAサイクルをあらゆる業務に対して適用し、かつ複数の改革サイクルを「有機的」に連携させることは、ほとんど不可能です。同じように、一つの講義が週に一回九〇分でおこなわれ、また、それぞれの学生が週に一〇コマ（科目）あるいはそれ以上の科目を登録しているような状況にあって、それぞれの講義について大量の読書課題が前提とされる米国式の syllabus を導入しようとしたら、大学の教育体制は即座に破綻してしまうでしょう。それは、決して学生たち自身にとっての利益にはなりません。

もっとも、大学側としては、その一方で文科省や認証評価機関やそれらの機関の担当者の「顔を立てて」おかなければなりません。実際、そうしておかなければ、どんな災厄、たとえば補助金の削減や全面的なカット、認証評価における不利な判定などが降りかかってくるか分かったものではありません。

このような場合に当面の安全策として考えられるのが、他ならぬ脱連結的対応なのです。すなわち、それらの「理不尽」とも言える要請に沿った形でとりあえず形式的な要件だけは整備する。また、それにあわせて計画書や自己評価報告書を「作文」しておく。そうやって表向きの体裁を整えておいた上で、実質的な活動は従来と同じようなやり方で進行させていくのです。つまり、「やり過ごし」ないし「面従腹背」的な対応ということになります。

†改革施策の形骸化

「面従腹背」ということは取りも直さず、シラバスの整備やPDCA化が名目だけの改革に終わり、また自己目的化していくということを意味します。

シラバスの場合、そのような自己目的化の傾向は、第一章で解説した和風シラバスという「偽物」の形で典型的に現れていました。一方、PDCA化の場合、自己目的化はPdCaという形で示されます。つまり、「計画のための計画（PのためのP）」と「評価のための評価（CのためのC）」だけが突出したミスマネジメント・サイクルが形成されてきたのです。

このように、脱連結的な対応を中心とする自己目的化ばかりが目につく改革、つまり見せかけだけ、名前だけの改革になっているということは、取りも直さず、改革施策が「形骸化」しているということを意味します。考えてみれば、これは実に奇妙なことです。というのも、一九九一年の大綱化答申以来の大学改革の中で繰り返し強調されてきたのは、大学に関わるさまざまな制度や業務の「実質化」だったからです。

†「実質化」を目指す大学改革における悪循環の構造

かなり皮肉なことですが、実は、シラバスの場合もPDCA化の場合も、形骸化してしまった理念や理想を「実質化」させる上で即効性のある施策として期待されていた、という面があります。この実質化をはかる上での一種の「特効薬」としての期待を背負った発想や技法それ自体が形骸化してしまっているという事実は、大学改革の一連の動向の中で、「実質化と形骸化の悪循環」とでも呼ぶべき現象が生じているという可能性を示しています。

実際、実質化を意図して導入された施策それ自体が形骸化してしまったのならば、今度はあらためてそれを実質化するための対策を練らなければなりません。しかしながら、もしその新たに導入された、実質化を目的とする施策が形骸化してしまったとするならば……。

大学改革をめぐる議論の中で「実質化」という言葉が最初に登場したのは、一九九八年に大学審から出された答申「二一世紀の大学像と今後の改革方策について」だと思われます。この「二一世紀答申」では、「実質化」という文言は合計で一一箇所に登場しており、その対象として想定されていたのは、次の四つでした——単位（ないし単位制度）、教員選考基準、参与会、教育研究活動の評価システム。それから一〇年後の二〇〇八年に出された中教審の学士課程答申では、実質化という文言の使用箇所は一六箇所にまで増えています。また、その対象には単位制度の他に、高大連携（高校と大学が連携しておこなう教育活動）やFDなどが加わっています。

†「実質化の実質化」の破綻

これらの審議会の答申やそれと関連する文科省発の文書の影響を受けてなのでしょうか、近年は大学や認証評価機関が作成する文書の中にも「実質化」という文言が頻繁に見られるようになっています。

たとえば、前節で紹介した国立TKB大学の「シラバス作成のためのガイドライン」の前文には次のような一節がありました。

さらに、［シラバスのWeb公開の］副次的なメリットとして、授業担当教員が授業科目の内容を理解し授業内容を改善することなどによってPDCAサイクルの**実質化**が挙げられます。

この他にも、文科省や中教審だけでなく大学自身が作成してきた文書の中では、非常に多くのものが「実質化」の対象とされてきました。それにはたとえば次のようなものがあります――学位、内部質保証システム、自己点検・評価、大学制度、大学院教育、三ポリシー（A

P・DP・CP)、アクティブ・ラーニング、ガバナンス。

ここで一つの疑問がわいてきます。つまり、実質化という言葉がこれだけ頻繁に使用されているという事実は、逆に大学改革を目指して提案されてきた施策の多くが形骸化してきたことを暗に示しているのではないだろうか、という疑問です。

「実質化」はそもそも、〈形式だけ整っていてその中味がともなわない状態を改善するために実質的な内容を充実させていくこと〉という意味を持つ言葉であったはずです。つまり、実質化というのは、容《い》れ物だけあって中味が無い状態を解消するために、そのほとんど「空っぽ」の容れ物に対して実質的な内容を詰め込んで充実させていくことに他なりません。

その意味では、単位制度にせよ学位が対象である場合にせよ、大学改革とは、本来制度的な枠組みという容れ物だけがあったものを名実ともに充実したものに変えていくことが主な目標の一つだったはずです。つまり「大学改革」とは、本来、「名ありて実無し」の状態であった高等教育制度という容れ物の実質化を目指す試みだったと言えるのです。

ところが、二〇〇八年の学士課程答申では「いまだ改革が実質化していない」という指摘がなされています。これは、取りも直さず、一九九一年以来二〇年近くに及ぶ大学改革の歴史それ自体が「『実質化の実質化』の失敗」の繰り返しであったという事実をこの答申の作成者が認めている、ということを示しているのではないかと思われます。

†実質化と形骸化のミスマネジメント・サイクル

もし実際にそうだとするならば、つまり、「実質化としての改革」の努力が何ら実質的な成果をともなわないものだったとするならば、その失敗を引き起こしてきた主な原因の一つは明らかでしょう。つまり、改革の形骸化は、そのための施策として提案されてきた制度の多くが外からの借り物に過ぎず、大学現場の内在的な要請や必然性とはかけ離れたところからトップダウンで押しつけられてきたことによると考えられるのです。

第二章でPDCA化の例をあげて解説したように、そのような、現場の実情を無視したトップダウン式のマネジメントは、ともすれば、「実質化と形骸化のミスマネジメント・サイクル」とでも呼ぶべき状況を生み出してきたのだと言えます。

実際、「実質化」のための指示が大学現場の内在的な要請や必然性とはかけ離れたところから「降って」くる、無理難題とも言えるようなものである場合には、現場の人間としては表面的な服従を示す一方で、何とかそのプレッシャーをやり過ごすしかありません。その場合、実質化に向けたプレッシャーは改革の実をあげるどころか、むしろ新たな形骸化を引き起こすことになるでしょう。そして、その形骸化がまた、新たな改革の必要性ないし「需要」を生み出す……という具合にして、改革は行き着く先が見通せないエンドレスゲームになってきたのだと言えます。

6 形骸化の背景──過剰期待と過少支援のパラドックス

†高等教育に対する公財政支出の乏しさ

「改革」がエンドレスゲームになってきた背景には、外来モデルの安易な借用という点に加えてもう一つ、ある意味ではそれ以上に重要な理由があります。それは、日本における大学に対する公的支援の極端なまでの少なさです。

図表4-3は、この点に関連してよく引用されるOECD（経済協力開発機構）のデータ（二〇一五年）を元にして作成したグラフです。

このグラフからは、GDPに対する比率で見た場合、日本の高等教育への公財政支出は、OECD加盟国の平均からすれば半分以下でしかない〇・四％程度という最低水準にあることが分かります。しかも、日本の場合、このような状況は過去三〇年以上にわたってほとんど変化しておらず、GDP比で〇・四％から〇・五％前後を行き来しながら低迷を続けてきたのでした。

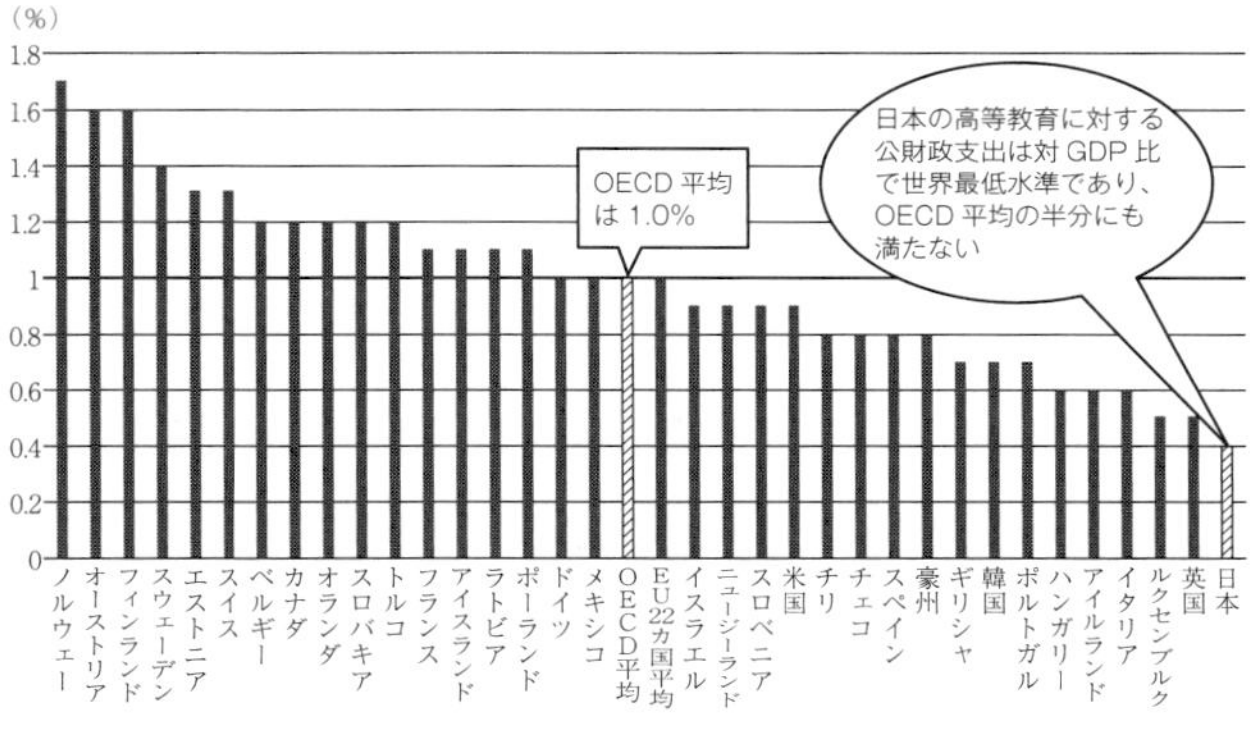

図表 4-3　対ＧＤＰ比で見た高等教育への公財政支出（2015 年）
出所：Education at a Glance 2018（OECD）より作成

要するに、日本はシラバスやＦＤなどをはじめとして海外（欧米）の大学における実践を盛んにモデルとしてとりあげて模倣しようとしてきた一方で、教育に対する公的支援という点については海外の「お手本」に学ぶことは無かったと言えるのです。

†「大和魂」が全てを解決？

もっとも日本の場合の対ＧＤＰ比で見た大学関連予算の少なさの重要な背景には、世界的に見て相対的に低い国民負担率があります。また、その点に関して言えば、高等教育だけでなく初等・中等教育についても同じように日本では公財政支出が諸外国にくらべて低い水準にあることも忘れてはならないでしょう（中澤2014）。

そのような事情からすれば、日本の高等教育予算は世界的な基準と比べて乏しいものにならざるを得ないのかも知れません。しかし、その一方で政府はしばしば大学側に対して、大学の力量というだけでなく「国力」という点から見ても身の丈をはるかに越える過大な要求を突きつけてきました。

たとえば第三章で見たように、政府や文科省は「世界大学ランキング一〇〇位以内に一〇校以上」というものを「KPI（成果目標）」として掲げてきました。その一方で、第二章で解説したように、その目標を実現するために創設されたSGU事業の補助金といえば、最も多い場合でも一校につき三億六〇〇〇万円程度でした。これは、世界ランキングで上位を占める海外の有力大学の学長数人分の年俸にも満たない額に過ぎません。

これは、第二次世界大戦中に日本で繰り返し強調されていた「大和魂《やまとだましい》」という言葉を思い起こさせます。

たとえば、スーパーマーケット・ダイエーの創業者であった中内㓛氏は、第二次世界大戦中に関東軍の砲兵として入隊した当時、上官から「砲の不足は大和魂で補え」と言われたそうです。同じように、作家の司馬遼太郎氏は、戦車兵だった頃に「[戦車の]装甲の薄さは大和魂で補え」と一喝されたと言います（中内 2004：402）。

実際、SGUのような事業の場合に、一校あたり二〜三億円程度の補助金——しかも、その額は年々大幅に減額されています——で「世界で戦え」というのは、「大和魂があればどんな敵にだって勝てる」という精神主義とほとんど変わるところが無い暴論だと言えるでしょう。

要するに、日本の大学は、他の国とくらべて極端に見劣りする公的支援しか提供されていない中で、世界水準の研究と教育をおこなうという過剰期待を負わされてきたのです。このような「口は出すがカネは出さない」という基本的な政策のもとで進めることができる改革には限界があることは火を見るより明らかでしょう。

†「高等教育財政の充実」に関する審議会の提言

改革政策に関して不思議に思われるのは、この、過剰期待と過少支援のあいだに存在する極端なギャップという点にとどまりません。実は、高等教育に対する公的支援の拡充の必要性は、一九九一年に「大綱化答申」が出されて以来現在にいたるまで何度となく大学審議会や中教審の答申で繰り返されてきた「常連的」な政策課題の一つなのです。

図表4-4は、それをリストアップしてみたものです。

この表からは、「高等教育財政の充実」や「公的支出を欧米諸国並みに近づけていく」ことについては、「十年一日」どころか三〇年近くにわたってほとんど同じ指摘が繰り返されてきたことが分かります。しかも、一九九八年、二〇〇〇年、二〇〇五年の答申では、まるで「コピー&ペースト」のように、まったく同じ文言が繰り返されています。

1991年（大綱化答申）「我が国の高等教育に対する公的財政支出は、先進諸国に較べ国全体の経済規模から見ても十分なものではなく、関係当局においては、大学の実状を踏まえ、**高等教育財政の充実**に努力することが望まれる」
1998年（21世紀答申）「高等教育に対する**公的支出を欧米諸国並みに近づけ**ていくよう最大限の努力が払われる必要がある」
2000年（グローバル化答申）「高等教育に対する**公的支出を欧米諸国並みに近づけ**ていくよう最大限の努力が払われる必要がある」
2005年（将来像答申）「高等教育に対する**公的支出を欧米諸国並みに近づけ**ていくよう最大限の努力が払われる必要がある」
2012年（質的転換答申）「高等教育に対する**公財政措置**や税制改正等により企業等からの大学への支援を促す仕組みの充実を図る」
2018年（2040年答申）「高等教育への公的支援の在り方については……将来世代への投資として、**必要な公的支援を確保**していく必要がある」

図表4-4　公的支援の充実の必要性について繰り返された指摘

†三〇年にわたるリップサービス（空手形）の顛末

　ところがその一方で、このような政策提言が実際の予算措置として生かされることはありませんでした。それどころか、この二〇年あまりのあいだに国の教育支出はむしろ相対的なレベルでは逆に減り続けてきました。つまり、実際には審議会の提言とは正反対のことが起きてきたのでした。

　その一つの結果として生じてきたのが、学生一人あたりの高等教育費負担における家計負担の増大です。それを示したのが、図表4-5です。

　この図の横軸の下には、図表4-4にリストアップした幾つかの答申の要点を吹き出しの形で示しておきました。これからすると、審議会の答申が公的支援の増加を何度も繰り返し提言してきた三〇年のあいだに状況はむしろ悪化の一途をたどっていたこ

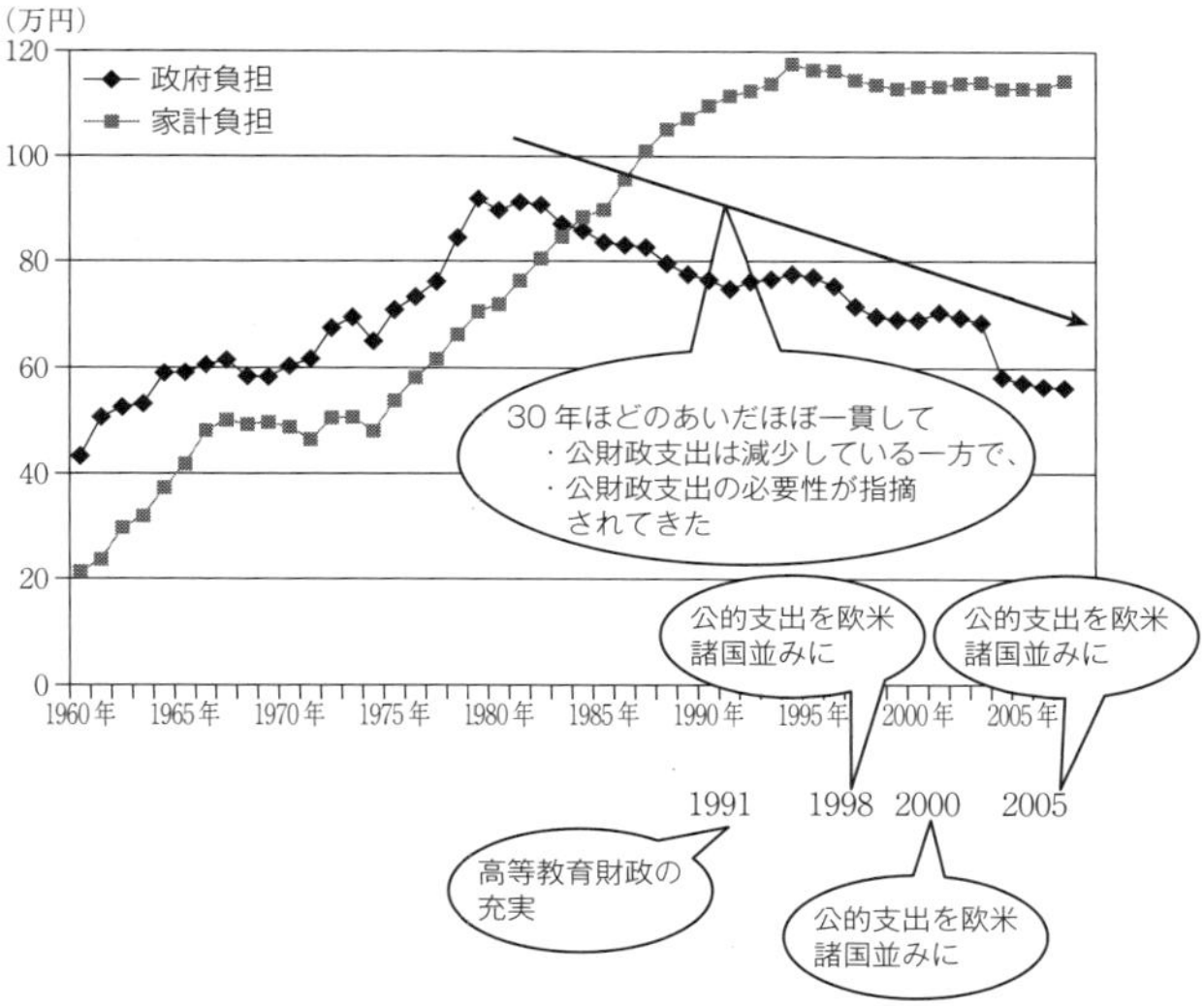

図表4-5　減り続ける政府負担：学生一人あたりの高等教育費負担：2008年価格

出所：丸山（2009）をもとに作成

とが分かります。

実際、学生一人当たりの高等教育費負担における政府による「公的支援」は、一九八〇年代初めにピークに達した後にほぼ一貫して下降を続け、二〇〇五年には六〇万円以下にまで落ち込んでいます。一方、家計負担の方は一九八四年には公財政負担額を越え、九〇年代半ば以降は一二〇万円台に近い水準になっています。

つまり、大学審・中教審は、結果として、三〇年近くにわたって、学生たちとその保護者を含む日本の大学関係者たちに対して「空手形」を切り続けてきたと言えるのです。

†私立大学の場合

これは特に、学部の学生数で七割から八割前後を占めてきた私立大学に在籍する学生たちとその保護者たちにとって重要な意味を持っています。

実は、一九七五年に私立学校振興助成法が成立した際には（施行は一九七六年から）、その第四条で、国は私立学校の経常費についてその二分の一を限度として補助できるとしていました。また、参議院文教委員会での付帯決議には「できるだけ速やかに二分の一とするよう努めること」とあります。しかし、実際には、経常費補助金の割合は一九八二年に二九・五％に達した後は減少傾向を示しており、二〇一五年には九・九％とついに一割を切るにまで落ち込んでいるのです。

さらに、私立学校振興助成法について注目に値するのは、この法律が経常費に対する補助といわば引き替えのようにして、私学に対する各種の規制を新設したものになっているという点です（大﨑 1999：285-289）。つまり、政府は、私立大学に対する補助金の比率を減らす一方で規制の方は着々と強化してきたのです。

†対症療法の繰り返し

一方では本来必要なはずの予算措置を怠りながら、他方では大学現場に対して教育や研究の改善を迫ってきた改革政策は、それ自体が矛盾の塊《かたまり》だと言えるでしょう。これは医療の場合で言えば、根本治療をおこなうためには確実な治療効果が見込める薬品の投与や増量が不可欠だという明確な診断が下されているのにもかかわらず、逆にその薬の量を意図的に減らしていったという事態にも喩えられます。これでは容態が回復するどころか、症状がますます深刻なものになってしまうことは避けられないでしょう。

もっとも大学改革の場合には、抜本的な対策が打てないからこそ、実際に効果があるかどうかすら疑わしい小手先の施策をいわば対症療法的に繰り出してきたのだとも思われます。実際、それによって、少なくとも外向きには「改革をおこなっている」というポーズを取りつくろうことができます。

また、その「外向きには改革ポーズを取らなければならない」という必要こそが、改革を主導する側である中教審や文科省を「慢性改革病」に陥らせてきたのかも知れません。

この点について、天野郁夫・東京大学名誉教授は、『大学改革を問い直す』という著書の前書きで次のように述べています。

こうして「中長期」の明確な見取り図や将来像を持たぬまま、大学・高等教育を取り巻く社会・政治・経済的な環境の激変に揺さぶられて、**課題解決型・対症療法型の部分的な改革**が、財政的な措置による「政策誘導」の形で次々に実施されているのが、大学改革の現状です。設置認可行政を中心に、大学や高等教育システムに対する規制が大幅に緩和される一方で、課題相互の関連性や、これまでの歴史的な経緯に対する思慮や配慮を欠いた、**「拙速」のそしりを免れない個別的な政策が、目まぐるしく打ち出され、それが混乱を招き、予期せぬ二次効果を生み、新たな対症療法的な措置を求めるという悪循環**が、新しい世紀を迎えて以後の高等教育・大学の世界を支配しているように思えてなりません（天野 2013: v）。

天野氏は、このような手厳しい見解を傍観者的あるいは評論家的な立場から述べているわけでは決してありません。それどころか、天野氏は、一九九〇年代半ばから二〇〇〇年代前半までの一〇年以上にわたって大学審議会およびその後継である中央教育審議会大学分科会の委員を高等教育研究の第一人者としてつとめていました。つまり、天野氏は、審議会の委員としての現場経験にもとづいてこのような指摘をおこなっているのです。

†「足らぬ足らぬは工夫が足らぬ」？

国立大学の自助努力の必要性　本書で見てきた和風シラバスやPDCA化あるいはビジネス化という事例は、右の引用で天野氏が指摘している「課題解決型・対症療法型の部分的な改革」こそが、日本の大学が抱えている「症状」をこじらせてきたという可能性を示しています。

最近内閣府や経産省あるいは旧科学技術庁系の機関などの政府機関を中心にして盛んに取りあげられるようになってきた、国立大学の財源確保に関する提案は、まさに事態をさらに悪化させる可能性を持つ小手先の改革プランだと言えます。たとえば、二〇一九年六月二一日付で閣議決定として出された一連の文書（「経済財政運営と改革の基本方針」「成長戦略実行計画」「統合イノベーション戦略二〇一九」）では、「国立大学が自らの努力による財源を確保」するための施策として次のような改革メニューが提示されています。

・留学生対象の授業料に関する規制緩和
・大型共同研究の促進
・寄附の拡大
・民間資金等による研究資金確保のための基金の形成

これらの改革案の背景にある基本的な論法は、次のようなものです――日本の国立大学もハーバード大学やスタンフォード大学などのように、積極的に寄付金を募ったり、企業との共同研究による事業収入を増やしたりすることによって自力で世界級《ワールドクラス》の大学を目指すべきだ（上山2015）。

米国モデルの有効性　ここではまたしても、「アメリカではこうだから日本でも……」ということで、外来モデルが、日本の大学が抱えている問題をたちどころに解決する妙案として提示されているわけです。文部省高等教育局長をつとめたことのある大﨑仁氏は、このような、米国の大学をモデルにして国立大学に「自助努力」をうながす改革案は、国情の違いを無視した暴論であることを明らかにしています（大﨑2018）。

大﨑氏が米国の国立教育統計センターの二〇一六年の資料を元にして分析してみた結果明らかになったのは、米国の有力私大の収入で最も大きな部分を占めているのは連邦政府の資金であり、全体の収入のうちの二割以上を越えているという事実でした。一方で、日本で見習うべきモデルとして取りあげられている企業等からの補助・委託金の比率は、米国でも四・六％に過ぎず、しかも「その他」という分類に入っていました。

大﨑氏は、この他にも米国の主要私大が日本の大学にとってはモデルになりにくい点を幾つかあげています。たとえば、学生納付金に関しては、米国の私大は年額平均で三〇〇万円を越え、また学生数は大学の自由裁量に任されています。これに対して、日本の国立大学は両方とも厳しい制限が掛けられています。また投資利益についても、大﨑氏は、米国では原資となる基金が一兆円を越す大学が七校もあるというきわめて特殊な状況があり、日本の大学がすぐモデルにできるはずなどあり得ないとしています。

無根拠の精神論と責任転嫁　日本の国立大学に対して米国をモデルにして自助努力による財源確保をうながすような政策提言は、日米両国における高等教育の歴史的背景や国情の違いを無視した粗雑な主張に他なりません。しかしその背景には、高齢化にともなう社会保障費の急激な増加をはじめとする国家財政の逼迫によって、日本では高等教育に対する予算の増額がきわめて困難であるという事情があります。つまり、「無い袖は振れぬ」というわけです。

だからこそ、自助努力をうながす提案が登場してくるわけなのですが、このような政策提案は、第二次世界大戦中の「足らぬ足らぬは工夫が足らぬ」という標語を思い起こさせます。つまり、大政翼賛会《たいせいよくさんかい》が、戦時体制における耐乏生活に対する国民の不満を抑えつけることを意図して採用した標語のことです。

この戦時中の標語には、先にあげた「砲の不足は大和魂で補え」とまったく同じ精神論を見ることができます。つまり、実証的な根拠にもとづく合理的な思考法とは正反対の考え方です。

こうしてみると、少なくとも大学改革をめぐる議論における精神主義や現場に対する責任転嫁という点に限って言えば、日本の指導者たちの精神構造は、基本的なところでは戦前・戦中のそれとそれほど変わっていないようにも思えてきます。

7 「改革ごっこ」の行き着く先にあるもの

†小道具偏重主義

大学改革が精神論に陥りがちであるという傾向とコインの裏表のような関係にあるのが「小道具偏重主義」とでも言うべき発想です。

ここで小道具偏重主義と呼ぶのは、日本における大学改革の評価がもっぱら目につきやすい「改革小道具」——シラバス、授業評価、ＰＤＣＡサイクルなど——に関する外形的な指標を中心に進められてきたことを指します。この点で典型的なのは、この本でも何度かとりあげてきた「私立大学等改革総合支援事業」のケースです。

文科省のウェブサイトには「私立大学等改革総合支援事業の成果」というページがあります。その中では、各種の改革施策の実施比率の二〇一三年以来の推移が、事業に申請してきた全大学と最終的に採択された大学とに分けて、それぞれ折れ線グラフ形式で示されています。[6] その施策には、たとえば次のようなものが含まれています――履修系統図、GPA（成績評価点平均）制度、海外でのインターンシップ、教員を対象とする評価制度。これらの施策の推移を見ると、申請校全体と採択校のそれぞれについて、施策の実施率は年を追うごとに増えていることが分かります（当然、採択校の方が実施率は高くなっています）。

この集計結果について、事業委員会の委員長は、その所見で次のように述べています――「評価項目（設問）への回答状況を経年比較してみると、概ね実施率の上昇が見て取れるが、一部実施率が低い設問もあり、引き続き、各大学等の取組に期待したい」。また、実施率がほぼ一〇〇％になった項目については削除ないし見直しをおこなったとしています。これらの点からすれば、どうやら文科省と事業委員会は、〈改革施策の実施率が高ければ高いほど、実際の改革が進展している〉と判断していると考えることができます。

これは少しおかしな話です。というのも、これは、ある症状に対して特定の薬品を処方した量を実際の治療効果をはかるためのモノサシにするようなものだからです。当然のことですが、薬を飲む量が多ければ多いほど病気が治るわけではありません。それと同じように、GPA制度や教員に対する評価制度が浸透すればするほど、日本の大学における教育の質が良くなるわけではないでしょう。それは、第一章で見たように、既に一〇〇％近い普及率となっているシラバスの例を見ても明らかだと言えます。

†改革の自己目的化

文科省が補助金事業の成果、ひいては改革の成果に関してこのような外形的な特徴によって評価せざるを得なかったのは、取りも直さず、実際の教育効果となると、それを厳密かつ正確に測定するというのは非常に難しいからだと思われます。それに対して、たとえば「ＧＰＡ制度が導入されているか」などという点については、百分率（％）の数値などで簡便に示すことができます。したがって、大学改革を推進する側にとっては、それらの外形的特徴は、実際の教育の内容や質に直接ふれることなく、改革の進展度を外部に向けて示してみせる上では非常に好都合だと言えるのです。

しかし、このように形式的な指標が中心になっている小道具偏重主義は、ともすれば改革小道具の自己目的化に結びつきかねません。つまり、「特定の小道具（シラバス、ＧＰＡ、教員評価制度など）で改革を実現する」という建前であったはずが、いつの間にか、「特定の小道具（の整備）を実現する」ことそれ自体が目的になってしまいがちなのです。

第一章でも述べたように、この自己目的化という傾向は、個々の改革小道具だけでなく、大学改革政策それ自体についても指摘できます。つまり、「大学改革で何か（国際化、イノベーション、学生たちの人間としての成長等）を実現する」というよりは、「大学改革を実現する」ないし「改革をおこなっているという体裁を整える」ことそれ自体が目的になってしまうのです。事実、文科省と大学が暗黙の了解の上で関わってきた「相互忖度ゲーム」は、そのような改革の自己目的化を象徴するものだと言えるでしょう。

そして、この本末転倒的な状況は、病気の治療の例で言えば、「薬で病気を治す」というよりは、「薬を使う」ことそれ自体が目的になってしまっている状態に喩えることができます。

†大道具と小道具

これは取りも直さず、大学という舞台の「大道具」に関する抜本的な見直しとそれにもとづく改革が置き去りにされてきたからだと言えます。事実、シラバスや授業評価などといった教育実践上の小道具は、全体的なカリキュラム編成や学位規程などとの整合性を欠いている場合には何の意味もありません。さらに、それらの教育編成の重要な条件となる教員一人あたりの学生数、そしてまた、その前提となる大学の財務、さらにその前提となる高等教育機関と学生に対する国庫補助という構造的問題があります。

これらの大道具、つまり制度的・構造的問題に関する抜本的な改革が非常に困難であるからこそ、中教審や文科省は、それらの問題をいったん棚上げにした上で、それにかわって、もっぱら目につきやすい小手先の「小道具」の整備を大学に対して要求してきたのかも知れません。また、それによって、改革をおこなっているというポーズを示してきたのです。それが、日本では宿痾《しゅくあ》（長いあいだ治らない病気）となってしまった政策側の「慢性改革病」の主な病因の一つだと言えます。

その結果として生じてきたのが、一種の「ごっこ遊び」としての改革です。実際、この本の第一章から第三章にかけて見てきたのは、シラバスごっこ、ＰＤＣＡごっこ、そして経営ごっこでした。そして、これら三つはそのそれぞれが、より大きな枠組みである「改革ごっこ」の構成要素だったと見ることができます。実際、それぞれの「ごっこ」にともなって考案されてきたさまざまな改革小道具――シラバス作成ガイドライン、ＰＤＣＡチェックリスト、各種のＫＰＩなど――は、その改革ごっこの道具立てだったと言えるでしょう。

†ごっこ遊びとの共通点

ごっこ遊びのエッセンスは、何かのマネや「フリ」をすることです。何か手元に使えそうなものがあれば、それを小道具として使うこともあるでしょう。

たとえば、おままごとであれば、子どもたちは父親や母親や赤ちゃんのフリをします。誰かがおままごとセットを持っていれば、それを使って演出効果を高めようとします。お店屋さんごっこの場合は、子どもたちは店主やお客さんたちのマネをします。また、手元にあるおもちゃや木ぎれあるいは石ころを店の商品として扱い、小さく切った紙や葉っぱをお金に見立てた上で小道具として使うかも知れません。

それと同じように、改革ごっこに関わってきた文科省や中教審そして大学関係者は、お互いの了解のもとに改革の「フリ」やマネをしてきました。この場合、おあつらえ向きの改革小道具として扱われてきたのが、欧米の大学で使用されてきた（というふれこみの）教育・研究用の小道具です。

というのも、それらの小道具はエキゾチックな響きとスマートな外見を持つものであればあるほど、それまでの日常とは異なる雰囲気を醸し出すことができて好都合だったからです。つまり、演出効果抜群だったのです。

†ごっこ遊びとの違いと根深い相互不信

ただし、子どもたちの「ごっこ遊び」と日本の大人たちが関わってきた「改革ごっこ」とのあいだには重要な違いも幾つかあります。その中でも最も重要なものとして、参加の動機、時間的・空間的な完結の度合い、そして参加者の納得の度合いという三つをあげることができます。

一つ目の違いは、参加の動機です。ごっこ遊びの場合には、その遊びの世界にひたることそれ自体が楽しさや喜びをもたらします。それに対して、改革ごっこの場合には何らかの現実的な利害がからんでいる場合が少なくありません。その中には、たとえば、文科省の場合には省としての予算の獲得、大学側としては改革事業への参加にともなう補助金や名声などが含まれます。このように純粋な遊びとはほど遠い利害がからんでいるという点では、改革ごっこの根底には「不純な動機」があると言えるでしょう。

二つ目の重要な違いは、活動の時間と空間という面での完結の度合いです。ごっこ遊びの場合は、遊びの世界の内部で完結する傾向があります。実際、遊びの時間が終われば子どもたちは、それぞれの現実＝日常生活に戻っていきます。それに対して、改革ごっこは限られた時空間の範囲におさまることは事実上あり得ません。それどころか、改革ごっこは、大学における教育と研究という現実の世界に対して非常に大きな影響を与える可能性があります。

「改革疲れ」は、改革ごっこが外部世界に対して与えてきた影響の中でも最も深刻なものの一つでしょう。そして、脱連結的な対応は、改革ごっこの影響をできるだけ狭い範囲に納めて軽微なものにしておくための知恵と仕掛けだったと言えます。

最後に三つ目の大きな違いとしてあげられるのが、参加者のあいだの納得の度合いと信頼関係です。ごっこ遊びの場合も、たとえば時には横暴な「餓鬼大将」の命令によってイヤイヤ参加させられることがあるかも知れません。しかし、基本的には遊びに参加することそれ自体が楽しいからこそ、仲のよい友だち同士でごっこ遊びに参加することの方が多いに違いありません。実際、そうでなければ「遊び」にはならないはずです。それに対して、改革ごっこの根底にあるのは、根源的な相互不信の感情です。

中教審や文科省から見れば、日本の大学とその関係者というのは、口では改革に対して前向きに取り組むと言いながら、実際にはいつまで経ってもこれといった実績を示すことができない「オオカミ少年」のような存在に見えることでしょう。実際、この三〇年以上のあいだに大学審や中教審が改革メニューとしてあげてきた中には、ほとんど同じようなテーマが繰り返されています。

たとえば、それは単位制度の充実であったり、学部学科の「タコツボ」的な閉鎖性の解消であったりします。中教審や文科省は、このように一向に変わらない大学に対して、根本的な不信感を抱いているに違いありません。だからこそ、何度となく同じような改革項目についてその「実質化」を唱え、また改革自体の実質化の必要性を唱えてきたのだと思われます。

一方で大学側から見れば、政策側の方こそオオカミ少年です。何しろ、十年一日どころか三〇年一日のように公的支援の必要性を強調しながら、一向にその約束を果たしていません。それどころか、公財政による補助はむしろ相対的に目減りし続けてきました。その程度の乏しい支援しか提供してこなかった一方で、政策側は、カタカナ言葉やアルファベットの頭文字の用語を散りばめた改革施策を、まるで「御上の御達し」のように振りかざして現場に対して押しつけてきました。また「自助努力によって世界級の大学を目指せ」と発破をかけてきます。ですので、大学の側の目から見れば、変わらない——変わり映えがしない——のは大学というよりは、大学改革政策の方なのです。

大学側と政策・行政側のあいだにこのような根深い相互不信が存在している限り、真の意味での改革が実現するはずなどあり得ません。何しろ、改革ごっこの参加者たちは互いに相手方をほとんど対話不能な「悪役」や「なまけ者」あるいは「愚か者」のような存在として見てきたのですから。

第五章から第七章にかけては、この相互不信の背景についてもう少し掘り下げて検討した上で、そこから抜け出すための方策について考えていくことにしたいと思います。

第五章

失敗と失政から何を学ぶべきか？

――大学院拡充政策の破綻と「無責任の体系」

大学改革に関する施策の多くは期待外れの結果に終わってきました。それどころか、大学現場を疲弊させることによって事態をさらに悪化させてきた例さえあります。その意味では、過去三〇年あまりに及ぶ改革政策は明らかな失敗ないし「失政」だったと言えます。改革政策の失敗から何らかの教訓を得ていくためには、「無責任の体系」（集団無責任体制）という、この国が持ち続けてきた宿痾《しゅくあ》のような体質について検証してみる必要があります。大学院拡充政策の破綻という事例には、今後このような問題について検討を進めていく上での重要な手がかりが含まれています。

1　大学院の量的拡大と「博士離れ」

†改革政策の代償

「遠みち近みち」は、毎週土曜日に『日本経済新聞』の夕刊に掲載されるコラムです。コラムの執筆は、同紙の編集委員が交代で担当します。二〇一九年四月一三日付の「遠みち近みち」で執筆を担当したのは、科学技術部編集委員の滝順一氏です。エッセイのタイトルは、「科学研究、選択と集中の代償」というものでした。七〇〇語足らずのこのエッセイには、私たちが改革政策の失敗から何を学ぶべきか、また今後どのような点に注意していくべきか、という問題について考えていく際に重要な手がかりとなる指摘が幾つか含まれています。

滝氏は、そのエッセイでまず、何人かの研究者の事例を紹介しながら日本では研究者、特に若手や中堅と呼ばれる人々が大胆な発想で研究に取り組むことができない境遇にあるとします。また、予算の絶望的な乏しさから継続して研究をおこなうことが困難になっていたり、過度の選択と集中政策のあおりを受けたりして、多くの研究者が「明日をも知れぬ環境にある」ことを指摘します。さらに、滝氏は、その結果として、日本では政策目標であったはずの画期的なイノベーションが起こるどころか、科学者を志す若者の数自体が減り続けていることを明らかにしています。人口あたりの博士号取得者で見れば、その数は英国やドイツだけでなく韓国よりも少なく、さらにこの先も減少傾向が続いていく見込みだというのです。

エッセイの締めくくりとして滝氏は、このような状況を招いた国家政策を「失政」と断罪します。もっとも、滝氏は、それに続けて次のように言い添えることを忘れていません――「大学にも問題がある。内向きで城を守ることにきゅうきゅうとし、大学や学問の大切さを社会に伝えることを怠ったのではないか」。つまり、この件に関しては、大学も同罪というわけです。

†若手研究者の就職難

紙面の制約からか「遠みち近みち」では取りあげられてはいませんが、多くの若手研究者にとって、研究予算の先細りや継続性の無さという点以上に深刻なのは雇用をめぐる問題です。実際、日本で研究者を志す若者が減り続けてきた背景には、大学院が量的拡大を遂げていく一方で修了者の受け皿となる就職先が十分に確保されてこなかった、という事情があります。

特に深刻なのは、博士号取得者にとって大学院修了後に安定した研究・教育職に就く見通しが立てられないケースが増えているという点です。この問題に関して文科省が二〇一七年におこなった調査によれば、国立大学のうち実に七割以上が教員の新規採用を抑制しているとされています。さらに、国立大学に雇用されている若手教員がついているポストのうち任期付きのものの割合は、その一〇年間で三九％から六四％にまで拡大してきました。また、四〇歳未満の若手教員の総数は二〇〇七年から二〇一七年までの一〇年間で一四〇〇人以上も減少しています。（文科省 2017）。

同じような点は、私立大学についても指摘できます。特に少子化にともなって学部入試の受験者数が激減したり定員割れをきたしている私立大学の中には、教員の新規採用を抑制したり無期雇用のポストを減らしている例が少なくありません。比較的経営が安定している大学の場合も、若手教員については無期雇用ではなく任期付き採用というケースが増えています。

†「失政」の被害者としての若手研究者

以上のような事情から、多くの若手研究者は、最長でも五年の任期という制限がある不安定なポストを渡り歩いたり、非常勤講師の掛け持ちや教育・研究職以外のアルバイトをしたりして生計を維持することを余儀なくされてきました。

若手研究者は、次代の大学を担っていくべき人々に他なりません。その人々が腰をすえて研究と教育に取り組んでいくことができない状況にあっては、どのような「改革」政策もしょせんは絵に描いた餅に過ぎないでしょう。また実は、若手の研究者こそが、単に近年の選択と集中政策だけでなく、過去三〇年にも及ぶ「大学院拡充政策」などと呼ばれる大学改革における最大の被害者だとも言えるのです。

事実、日本の大学院は、その量的規模という点に限って言えば、一九九〇年代はじめから二〇一一年までに三倍以上の規模にふくれ上がったのですが、教育課程の実質的な内容や修了者の就業見込みという点で非常に多くの問題を抱えてきました。それらの問題が凝縮されているのが博士の学位を得ながらも定職につくことができない若手研究者という存在なのです。

この大学院拡充政策の破綻という事例について検討してみると、大学改革が「失政」に終わってきた経緯やその責任の所在がいかに曖昧にされてきたかという点が明らかになってきます。またこの事例からは、大学改革の失敗から私たちが今後何を学んでいくべきか、という点に関して多くのヒントが得られます。

2　大学院の量的拡大とKPIの順調な達成

†大学院生数の飛躍的な増加

図表5-1は、一九五五年から二〇一八年までの六〇年あまりに及ぶ大学院在籍者数の推移

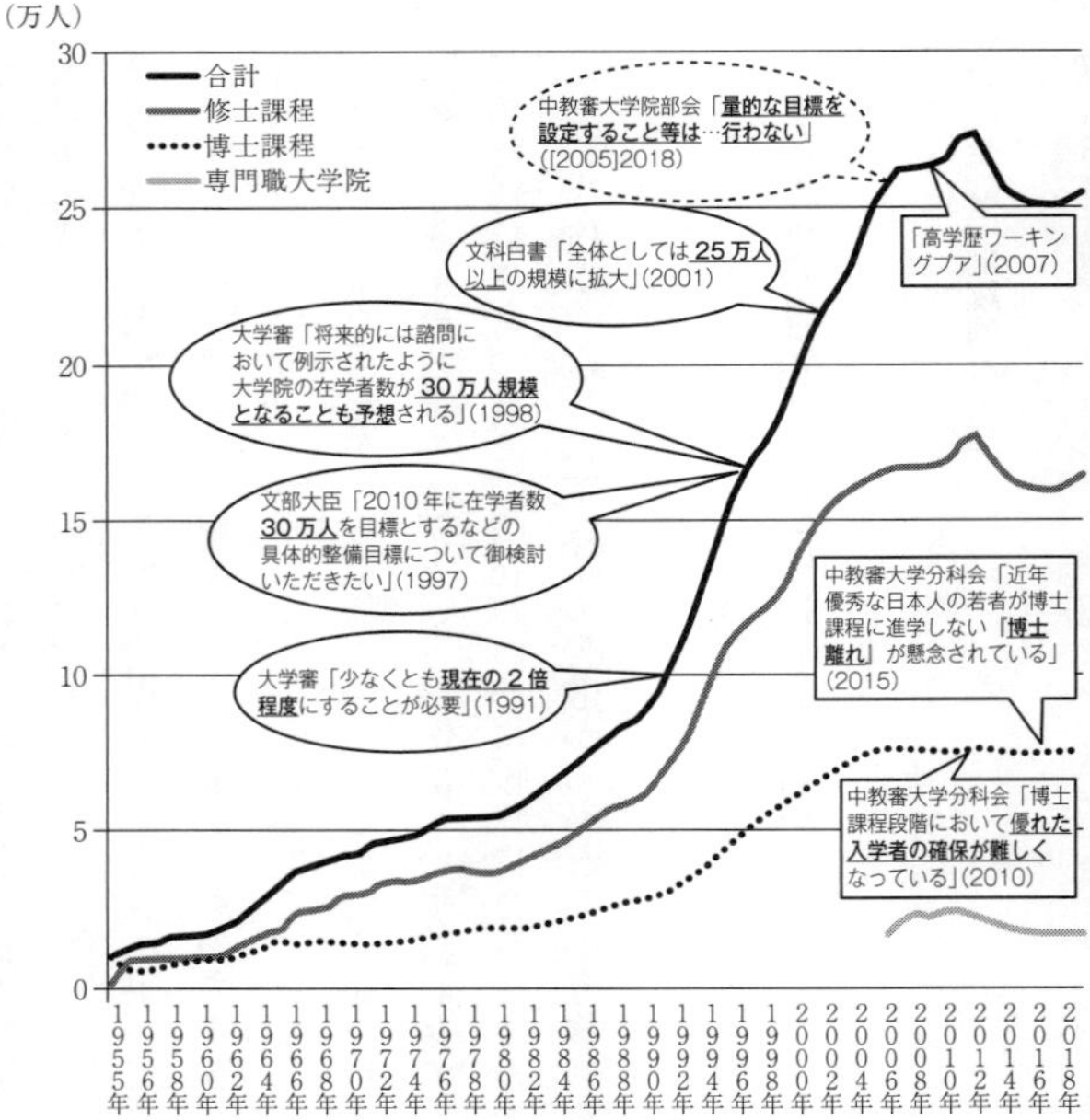

図表 5-1　大学院生数（在籍数）の推移：1955-2018
出所：文部・文科省『学校基本調査報告書』各年版より作成

をグラフ形式で示したものです。図には、大学院在籍者の総数を示した上で、それを修士、博士、専門職大学院（二〇〇四年度に発足）という三種類の課程の在籍者数別に表示してあります。

なお、丸い吹き出しには大学院の量的拡大を促してきた審議会や文科省の文書などの文言をあげています。一方、四角形の吹き出しには、大学院拡充政策をめぐる深刻な問題に関する指摘を引用しておきました。（以下この章の解説では、特に断らない限り数値データについては、文部・文科省の『学校基本調査報告書』の記載をもとにしています。）

このグラフからも分かるように、大学院生の総数は、一九九〇年代に入って飛躍的に増加していきました。一九九〇年時点での大学院生数は合計で約九万人程度に過ぎなかったのが、二〇〇〇年には二〇万人、二〇〇五年には二五万人を突破し、ピーク時の二〇一一年度には約二七万二六〇〇人と三倍以上の規模にまでなっているのです。

大学院課程が設置されている大学の数も、過去三〇年ほどのあいだほぼ一貫して増え続け、一九九〇年には三一三校であったのが二〇一八年には六三六校と二倍以上になっています。これは、国公私立を含む日本全体の大学のうち実に八割以上に大学院課程が設けられていることを意味します。大学院教育をおこなう研究科の数も、この三〇年ほどのあいだに修士課程で七六三から一七〇六、博士課程の場合には、五六二から一二七五と、それぞれ倍以上に増えています。一つの研究科が複数の専攻を持っているケースもあり、専攻数となると全体の合計で四五〇〇ほどになります。

†大衆化した大学院

グラフに見るように、大学院の在籍者数は、ここ数年はむしろ全体として減少傾向にあります。二〇一八年時点での在籍者の総数でみると、約二五万四〇〇〇人（専門職大学院を含む）と、ピーク時の二〇一一年度にくらべて一万五〇〇〇名あまりの減となっています。それでも全体としてはいまだにほぼ二五万人のレベルを維持しています。また減少傾向は二〇一六年にいったん歯止めがかかって、それ以降は再び増加に転じているようにも見えます（この減少や見かけ上の回復傾向の実態については、後で改めて解説します）。

いずれにせよ、このような量的拡大によって、今や、大学院および大学院生はそれほど珍しい存在ではなくなっています。たとえば二〇一八年度には、学部卒業者全体の一〇・九％が大学院に進学しています。つまり、今や一〇人に一人以上が大学院に進学するようになっているのです。

また大学在籍者数を学部学生と大学院生の比で見てみると、二〇一八年度現在では一〇・二対一となっています。これは、全在学生の一一人に一人が大学院生となっていることを意味します。さらに国立大学の場合に限って言えば、学部生が四に対して院生が一となり、およそ五人に一人が大学院生ということになります。

日本の場合には本格的な大学の大衆化は、既に一九六〇年代中頃には進んでいたとされることがよくあります。大学院については、量的整備答申を受けて一九九〇年代から急速に大衆化が進んでいったと考えることができるでしょう。

†大学院拡大の背景――「量的整備答申」(一九九一)と各種の制度改正

このような急激な大学院の量的拡大の直接的なきっかけになったのは、一九九一年に大学審から出された「大学院の量的整備について」という答申(以下「量的整備答申」)です。これまでこの本で何度か解説してきた「大綱化答申」と同じ年の一一月に出されたこの答申には、大学院学生数の規模を二〇〇〇年までに「全体としては、少なくとも現在の規模の二倍程度に拡大することが必要」と明記されていました。

この答申自体は、「大綱化答申」の場合と同様に、一九八七年一〇月末に塩川正十郎・文部大臣の名前で出された「大学等における教育研究の高度化、個性化及び活性化等のための具体的方策について」という諮問に対応するものです。その諮問の筆頭には、「教育研究の高度化」の観点にもとづくものとして「大学院の充実と改革」が検討項目としてあげられていたのでした（文部省高等教育局 1988：5）。

実は、一九九一年に量的整備答申が提出される以前にも、この諮問を受ける形で大学院制度の弾力化や評価に関する一連の答申が出されています。また、大学院拡充に向けてさまざまな制度改革がおこなわれていました。

たとえば、答申の二年前の一九八九年には大学院設置基準が改正されて、それまで研究者の養成が主な目的とされていた博士課程についても、新たに「高度な専門的職業人の養成」というものが目的として追加されています。それに加えて、この改正では修士課程については夜間大学院の設置が認められました。さらに一九九三年の設置基準の改正では博士課程についても夜間のコースやパートタイムでの履修が認められています。続いて一九九八年には通信制大学院の修士課程、二〇〇三年度からは同じく通信制の博士課程が制度化されています。また、二〇〇三年度に設置基準が制定されて二〇〇四年度から実際の募集が開始された専門職学位課程（法科大学院、会計大学院など）については、最初から通信教育が認められていました。

図表5-1に見られる急激な量的拡大は、政府と文部省・文科省によるこのような、見方によっては「なりふり構わぬ拡張策」（川嶋 1988：204）に対して、大学の側が新しい研究科・専攻の設置や既存の研究科の入学定員増などで呼応していくことによって達成されたものだと言えます。

実際、量的整備答申が出された翌年の一九九二年から二〇〇五年までにかけては、大学院生の数は平均で毎年約一万一〇〇〇人ずつの増加となっています。結果として、一九五五年から一九九一年までの三六年のあいだの大学院生の増加は八万八五〇〇人程度に過ぎなかったのですが、一九九二年から一九九九年のわずか八年のあいだには、それを越える約九万二五〇〇人の増加が達成されることになったのでした。

†KPI（成果目標）の順調な達成？

先に見たように量的整備答申では、「二〇〇〇年までに少なくとも現在の規模の二倍程度」という目標を立てていました。実際には、大学院課程在籍者の総数は一九九一年度時点の九万八七〇〇人弱から二〇〇〇年度には二〇万五〇〇〇人あまりへと、約二・一倍の増加を示しています。つまり、在籍者の総数という点だけからみれば、この時点で既に当初の政策目標——最近の行政界の用語法では「ＫＰＩ（成果目標）」——を前倒しで達成していたのでした。

政府や文科省は、量的整備答申の後の段階でも、さまざまな機会をとらえて大学院拡充に関わる新たな目標や見込みについて発表してきました。

たとえば、一九九七年一〇月末に町村信孝・文部大臣名で大学審議会宛に出された諮問文には、次のような一節が含まれています——「欧米先進国並の大学院学生数の確保を図るという量的な拡充の観点から……例えば二〇一〇年に在学者数三〇万人を目標とするなどの具体的整備目標について御検討いただきたいと存じます」。この諮問を受けて一九九八年に大学審から出された答申（「二一世紀答申」）では、諮問に示された目標にくらべればやや控えめですが、二〇一〇年の大学院在学者数を「二五万人程度」と見積もっています。もっともその一方で、この答申では「将来的には諮問において例示されたように大学院の在学者数が三〇万人規模となることも予想される」としています。

同じように、文科省は二〇〇一年度の『文部科学白書』で、大学審の量的規模拡大に関する答申の提言は既に達成されたとした上で、「全体としては、二五万人以上の規模に拡大していくことが見込まれます」としています（文科省 2002: 230）。図表5-1にも示したように、この新たな成果目標は、白書が刊行された三年後の二〇〇五年には大学院在籍者数が二五万四四〇〇人あまりに達したことから、軽々とクリアされています。

つまり、大学院拡充政策は、その折々に立てられた「二倍」および「二五万人」という計画目標を前倒しで達成しているのです。その意味では、量的拡大という点だけから見れば、大学院拡充政策は当初の想定をはるかに越える「大成功」だったと言えるのかも知れません。

†数値目標の根拠に関する疑問（1）——他の国との比較

もっとも、これらの数値目標が実際にどのような根拠をもとにして設定されたものなのかという点について改めて確認してみると、実際に拡充政策が「成功」であったのかという点が少し疑わしく思えてきます。

たとえば量的整備答申の場合、「少なくとも……二倍程度」の根拠らしいものとしてあげられていたのは「他の先進諸国との比較」という一点のみです。答申自体には、その海外の例に関する具体的な数値情報は一切あげられていません。答申の最初の部分では、大学審の大学院部会で「量的整備目標について……専門的かつ慎重な審議を重ねてきた」とも述べていますが、その審議の詳細が明らかにされているわけでもありません。

なお、量的整備答申よりも後の時期に文科省や中教審から提示された資料の場合も、主として欧米の例が引き合いに出されている例が少なくありません。これらの資料の場合は、ある程度具体的な数値を引き合いに出した比較がなされています。たとえば、二〇〇一年度の文部科学白書では、学部学生に対する大学院学生の比率が、日本では米国、英国、フランスと比較すると五割前後でしかないという点が指摘されています（文科省 2002: 229)。

また、人口一〇〇万人当たりの大学院の学位取得者数も、「今後も大学院拡充の余地がある」という主張の根拠として引き合いに出されることが少なくありません。最近の例をあげれば、二〇一八年の中教審大学分科会の大学院部会で文科省側が提供した資料では、学位取得者数の人口比に関して日本は米国、ドイツ、英国、韓国の半分以下であると指摘されています（大学院部会2018：3）。

†数値目標の根拠に関する疑問（2）――本来必要であったはずの情報

これは、少しおかしな話です。というのも、学部から大学院への進学率なり学位取得者の人口比の国際比較をした上で大学院の量的拡大の根拠にしたいというのであれば、単なる数値上の比較だけでは十分ではないはずだからです。

本来は、それぞれの国で、大学院教育を経験した人々が実際にどのような職業につき、またどのように特定の組織（企業、政府、自治体、NPO等）の活動や社会全体の利益に対して貢献しているのかを示すことが最低限必要になるはずです。また、一定数の学位取得者が存在することが、実際にそのような社会的利益を生み出す上で効果的であるという点を明らかにする必要があります。ところが、大学審や中教審あるいは文科省がこれまで量的拡大の根拠として公表してきた資料の中では、そのような詳細な検討の結果は提示されていないのです。

こうしてみると、もしかしたら、大学院拡充政策については最初から「結論ありき」であって、それにあわせて都合の良さそうな数値が示されてきたのではないか、という疑念が湧いてきます。となってくると、右で見てきた「ＫＰＩの達成」という一見輝かしく見える成果には何らかの意味で「影」の部分があるのではないかとさえ思えてきます。事実、統計データに加えて各種の資料を検討してみると、量的拡大の成果の影には、少なくとも博士離れ、法科大学院（専門職大学院）離れ、修士離れという三つの大きな問題があることが判明してきます。

3　量的拡大の「成功」の影で（1）——博士離れ

†高等教育研究者が抱いていた疑念と懸念——拡大と拡充の違い

実は、右のような疑念は、高等教育の研究者のあいだでは比較的早い時期から共有されていました。たとえば教育学者の市川昭午氏は、一九九三年に「修士大学院に展望はあるか」というエッセイで、入学定員が倍増されたとしてもそれを満たすだけの志願者がいるか、また修士課程にふさわしい入学適格者がいるか、修了者に対する社会的需要があるかという三点について、それぞれ疑問があるとしています。また、これらの点については、大学審の専門委員ですら悲観的であったという事実を明らかにしています（市川 1993: 5–11）。同じように教育学者の喜多村和之氏も、一九九五年の時点で、修士課程による高度職業人養成に関する社会的需要の存在について疑問を呈していました（喜多村 1995: 310）。

このように量的整備答申が一九九一年に出されてから何年もしない段階で表明されていた疑念や疑問は、その後ほぼ三〇年を経て明らかになってきた、量的拡大の成功とは裏腹の「拡充」の失敗という現実によって裏付けられているように思えます。

実際、拡充という言葉を「範囲をおしひろめ内容を充実させること」(『広辞苑第七版』)という意味でとらえるとするならば、この大学院拡充政策は、どうひいき目に見ても成功とは言い難い面があります。というのも、数字上の拡大が進んでいく一方で、大学院における教育や研究の質を充実させていく上で必要となるはずの対策が必ずしもとられてはこなかったからです。つまり、大学院という「容れ物」だけは一九八〇年代までとはくらべ物にならない程に大きくなっていったのですが、その中身を充実(「実質化」)させていくための努力が十分になされてきたとは、とうてい言えないのです。

特に大きな問題であったのは、大学院「拡充」に向けての本格的な財政支援がなされてこなかったという点です。この点については、大学審は「二一世紀答申」(一九九八)で次のように指摘しています。――「国は……(大学院の)量的な拡大を図るとともに、大学院全体の質の維持向上に努めることが必要である。それと同時に、……教育研究条件の充実のための措置を講じる必要がある」。しかし、その指摘は実際の政策に生かされることは無かったようです。

実際、学部教育も含めて高等教育全体への公財政支出は、大学院が量的に拡大していく中でも一貫して低水準だったのでした。

†「無職博士」の増加

その結果として、量的拡大という華々しい「成果」の一方では、さまざまな歪《ひず》みが生じてきました。その代表的な例が先にあげた博士課程修了者の就職難という問題です。

この問題については、二〇〇七年に『高学歴ワーキングプア――「フリーター生産工場」としての大学院』という新書が出版されて大きな話題を呼ぶことになりました。

著者である水月昭道氏は、近畿地方の私立大学を中退した後にさまざまな経緯を経て最終的に国立大学で博士の学位を得ることができました。しかし、この本の執筆時点では再任の見通しがない研究員と非常勤講師としての職から得られる収入で生計を支えることを余儀なくされていました。またその状況には、続編である『ホームレス博士――派遣村・ブラック企業化する大学院』が二〇一〇年に刊行された時点でも大きな変化は無かったとされています。

水月氏は、『高学歴ワーキングプア』でそのような自分自身の体験だけでなく、同じような境遇にある人々の事例について「無職博士」「余剰博士」あるいは「ノラ博士（どこにも行く当てのない博士号取得者）」という言葉を使いながら紹介していました。その上で、非正規の職に就いて不安定な生活を送らざるを得ない博士課程修了者の窮状を生々しく描き出しています。

†博士課程進学者の激減

『高学歴ワーキングプア』に描きだされたような、若手研究者が抱える雇用の不安は、先にあげた「遠みち近みち」というコラムで滝氏が指摘した、日本における博士号取得者数の減少を引き起こしてきた最も重要な要因の一つでもあります。

この博士号取得者の減少という傾向は、さまざまな統計データによってその実態が明らかに示されています。

たとえば、図表5-1を見ると、博士課程の在籍者数は二〇〇六年にピークを迎えて以降はそれまでの増加傾向が止まり、七万三〇〇〇人から七万四〇〇〇人前後のレベルで横ばいの状態になっていることが読み取れます。また、このグラフには示されていませんが、志願者数および実際の入学者数という点でみると、既に二〇〇四年の段階から低落傾向に転じていることが分かります。入学者はピーク時の二〇〇三年には約一・二万人に達しましたが、その後はほぼ一貫して減少していき、二〇一八年には半数の約六〇〇〇人まで落ち込んでいるのです。

さらに修士課程修了者の博士課程への進学率をみると、二〇〇〇年に全体として一六・七％というピークを迎えてからほぼ一貫してどの専攻分野でも下落傾向を続けており、二〇一二年以降は平均で九％台にまで落ち込んでいます（大学院部会 2018: 15）。

†進学者急減の背景

これは一面では、量的拡大にともなって修士課程修了後の進路が多様化してきたことを反映しているとも考えられます。[1]しかし、他方では、当初は研究職を目指していた大学院生たちが、博士号という学位の「つぶしのきかなさ」を目の当たりにして、修士課程修了後に研究職以外の途を選ぶケースが増えているという可能性があります。

実際、修士課程修了者の就職率は全体として緩やかな上昇傾向にあります。また、相対的に就職率が低い水準にあった人文・社会科学系の院生の場合ですら、二〇一八年時点ではそれぞれ六割および五割以上を越えていました（大学院部会2018：35）。それに対して、博士課程修了者の就職率は、人文系では三六％、社会科学系でも五割程度に過ぎません。

つまり博士課程は、水月氏の言う「余剰博士」の生産工場と化し、その魅力の大半を失ってしまうことによって、日本の若者たちから見放されつつあるのだと考えられるのです。

†優秀な若者の博士離れ

この点について、中教審の大学分科会は、二〇一〇年に「大学院教育の実質化の検証について」という文書で次のように指摘しています。

「博士課程段階において優れた入学者の確保が難しくなってきている」（理工農系）
「キャリアパスが明らかではないことが優秀な学生の大学院への進学意欲を削ぐ結果となり、進学者が減少」（人文学系および社会科学系）

さらに大学分科会は、二〇一五年に発表した審議まとめで「博士離れ」という言葉を使って次のように、かなり強い調子で警告しています。

近年、優秀な日本人の若者が博士課程に進学しない「**博士離れ**」が懸念されている。この状況は、我が国の知的創造力を将来にわたって低下させ、学術や科学技術イノベーションを含めた国際競争力の地盤沈下をもたらしかねない深刻な事態である（大学分科会　2015: 6)。

この文書では、「博士離れ」の原因として次の三点をあげています。

・**若手研究者の雇用の不安定化**――基盤的経費が減少し外部資金が増加する中で、大学側がポストドクター（博士号取得後の任期付研究者）や特任助教など継続性が保証されない不安定な有期雇

用しか提供できないケースが増えている
・**産学間の人材需給のミスマッチ**——大学の研究費のうち三割程度を占めるライフサイエンス分野では多くの若手が研究の担い手になっている一方で、バイオ関連産業では基礎系研究者の需要がそれほど多くはない
・**民間企業の雇用慣行による博士人材採用の壁**——民間企業では年齢の高い博士号取得者に対してその専門知識や能力に見合うだけの処遇をするような人事体制ができていない

要するに、たとえ博士号がとれたとしても、大学内でも大学の外の世界でも将来にわたって一定の生活水準を維持しながら教育や研究に関わっていけるという見通しが持てない、ということなのです。

†勝算無き戦線拡大による日本の「独り負け」

先に指摘したように、実際には、志願者数や進学率のデータから見る限りは、右にあげた中教審による指摘がなされる以前の二〇〇〇年代初めから既に「博士離れ」が進行していたことがうかがえます。文科省の科学技術・学術政策研究所が二〇一八年に発表した報告書は、これが、他の国では見られない日本独特の傾向であるとしています。その報告書(『科学技術指標二

〇一八』）では、日米英独仏中韓の七カ国について、二〇〇八年と二〇一四年のデータを比較しています。その比較の結果として明らかになったのは、他の六カ国では人口一〇〇万人あたりの博士号取得者の数は増加傾向にあるのに対して、日本はむしろ減少傾向を示しているということです。

この報告書の元になった調査をとりあげた毎日新聞の記事（二〇一八年八月二三日付）では、この状況について日本の「独り負け」という言葉で表現しています。たしかに、新聞や雑誌などの一般メディアでも近年さかんに報道されるようになった日本発の研究論文の質や量の低下ともあわせて、中教審大学分科会が二〇一五年の審議まとめの中で懸念していた「国際競争力の地盤沈下」は、ここでも明らかだと言えるでしょう。

先に述べたように、量的整備答申は、もともと「他の先進諸国との比較」で圧倒的に少ない日本の大学院生数の規模を拡大することを主な目標の一つとして提案されたものでした。しかし現実には、「大学院拡充政策にもかかわらず博士課程への進学率が低下してきた」というよりは、「政策が一つの原因となって博士離れが生み出されてきた」という、きわめて皮肉な面があると考えることができます。つまり、確かな実証的根拠も乏しく、また財政的裏付けがほとんどない中で提案された拡充政策のせいで博士離れが生じてきたと言えそうなのです。

要するに、日本政府が量的整備を目指して立案し実施してきた政策は、拡大は拡大でも「勝算無き戦線拡大」を図ってしまったことによって大学院の拡充に失敗してきたと言えるのです。

4　量的拡大の「成功」の影で（2）――法科大学院離れ

†法科大学院制度の破綻

勝算どころか戦略と言えるほどの戦略も無しに量的拡大を進めていった結果として重大で深刻な事態が引き起こされてきたもう一つの事例としては、法科大学院制度（法曹養成制度）があげられます。この例は、「博士離れ」をめぐる問題よりもはるかに明白な形で大学院拡充政策の失敗を広く世間に知らしめるものになりました。

法科大学院というのは、量的整備答申の目玉の一つでもあった「研究者の養成のみならず、社会の多様な方面で活躍し得る高度な専門的知識・能力を有する人材の育成」という理念のもとに二〇〇三年度に法制化され二〇〇四年度から各校が学生の受け入れを開始した「専門職大学院」の一つです。専門職大学院には、この他にたとえば会計大学院や経営大学院などがあります。図表5－1の右下の折れ線グラフからは、専門職大学院全体の在籍者の数が二〇一〇年前後にピークを迎えてから減少傾向にあることが読み取れます。

一方、図表5-2は、専門職大学院のうち法科大学院の分だけを切り出して過去一五年間の志願者数と実際の入学者数の推移をグラフとしてまとめてみたものです。

このグラフからは、法科大学院(制度)の退潮傾向が衝撃的とも言える形で鮮明に浮かびあがってきます。

実際、法科大学院の志願者は、最初の年(二〇〇四年)は七万三〇〇〇人近くであったものが、その後は文字通り「坂道を転げ落ちる」ように減少の一途をたどることになり、二〇一八年には七八〇〇人程度にまで落ち込んでいます。つまり、博士離れをはるかに越える急激な勢いで「法科大学院離れ」が進んでいったのです。一方、入学者についても、最初の五年間は五〇〇〇人台を維持していましたが、二〇〇九年以降は急速に減少していき、二〇一八年には一六〇〇人程度になっています。

このような急速な志願者と入学者の減少を背景にして、ピーク時の二〇〇五年には七四校に設けられていた法科大学院は、二〇一一年以降になって相次いで募集停止ないし閉鎖に追い込まれることになりました。そして、二〇一八年一〇月時点では、学生募集をしている専攻のある大学は三六校にまで激減しています。つまり、ピーク時の半分以下になってしまったわけです。

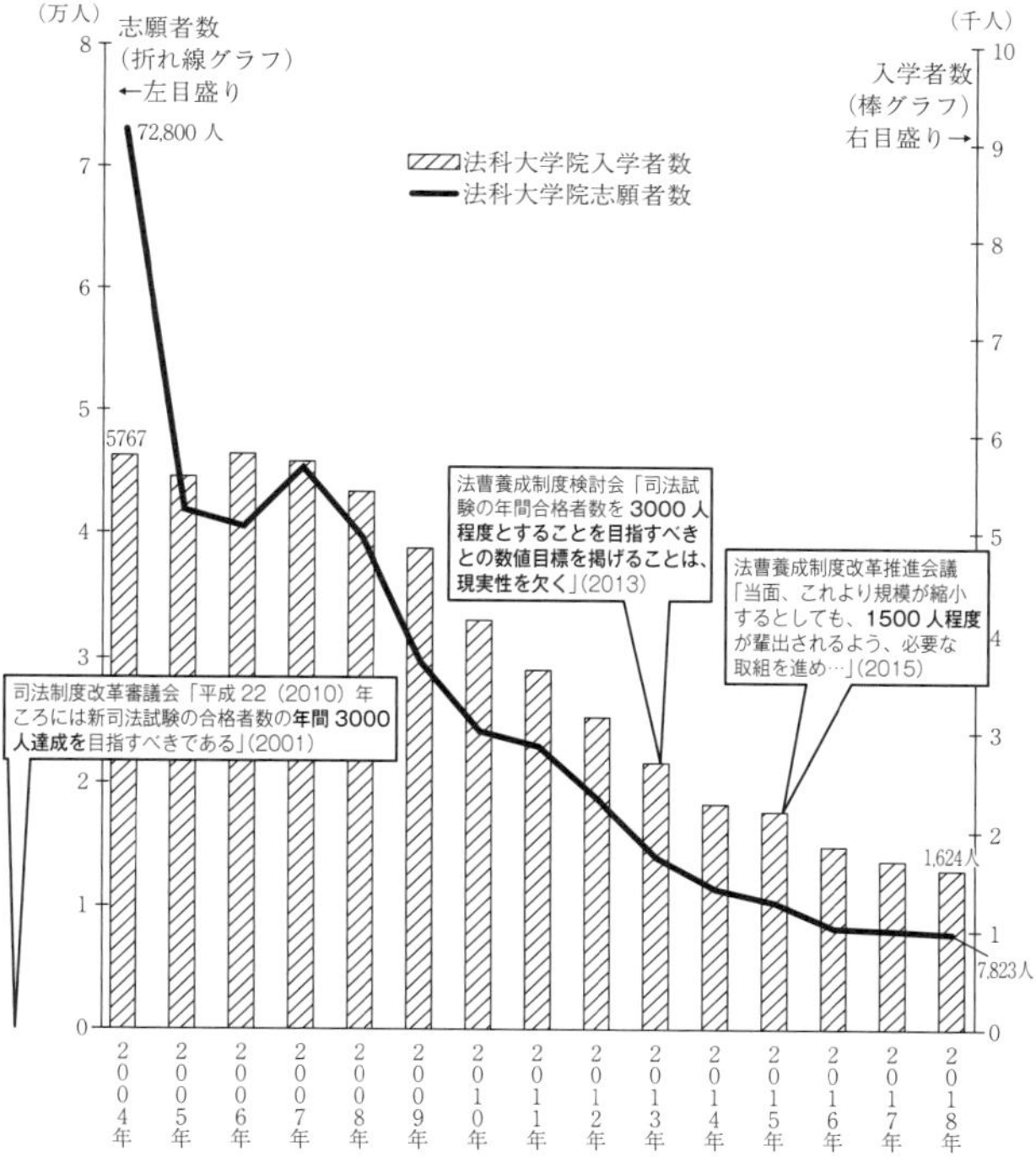

図表 5-2　法科大学院：入学者および志願者数の推移：2004-2018
出所：中教審大学分科会法科大学院等特別委員会資料および『学校基本調査報告書』各年版より作成

法科大学院は、このように事実上の撤退も非常に急激なものでしたが、その制度自体の立ち上げも「拙速」と言えるほどの急速なペースで進められたものでした。

†「年間合格者三〇〇〇人」というKPI

大学審は、一九九八年の二一世紀答申の中で、法曹養成のための教育課程の必要性について次のように指摘していました――「今後、法曹養成のための専門教育の課程を修了した者に法曹への道が円滑に開ける仕組み（例えばロースクール構想など）について広く関係者の間で検討していく必要がある」。そのわずか三年後の二〇〇一年には、司法制度改革審議会が意見書を出しています。その中では、「法科大学院」が「基幹的な高度専門教育機関」として提唱されており、また数値目標については、「平成二二（二〇一〇）年ころには**新司法試験の合格者数の年間三〇〇〇人達成**を目指すべきである」という風に明記されています。

一方、この意見書と前後して、大学審を引き継いだ中教審の大学分科会でも矢継ぎ早に専門職大学院やその第三者評価のあり方についての提言がなされています。それらの提言を受ける形で二〇〇二年には学校教育法の一部を改正する法律が成立して専門職大学院が整備され、法科大学院はそのうちの「目玉」として位置づけられることになったのです。そして、翌二〇〇三年には法科大学院設置認可申請が始まって七二校もの大学から申請が出され、二〇〇四年には六八校が学生の受け入れを開始しています。

このように、法科大学院という制度の整備から六八校もの大学における専攻の開設、学生受け入れにいたるまで、わずか数年のうちに進展していった事態の推移はまさに「電光石火の勢い」と呼ぶにふさわしいものだったと言えるでしょう。

†戦線縮小と新たなKPI（＝「一五〇〇人程度」）の設定

ところがいざフタをあけてみると、法科大学院が乱立気味になったこともあって、当初七割から八割前後と想定されていた司法試験の合格率は単年度平均で二割台という極端な低レベルにとどまっていました。さらに中には一桁台ないし合格者ゼロという大学院も少なくありませんでした。これにともなって、入学定員を大きく割り込む志願者しか獲得できない専攻が続出することになり、結果として、先に述べたように、法科大学院の数はピーク時の半分以下になってしまったのでした。また、新司法試験の合格者が一時は二一〇〇人を越えた一方では、新人弁護士の就職難という事態も生じていました。

それら一連の動向を受けて、二〇一三年六月に法曹養成制度検討会から出された文書では、司法試験の年間合格者数について三〇〇〇人程度という目標が「**現実性を欠く**」ものであると指摘しています。そしてこの検討会の見解は、同じ年の七月に開催された法曹養成制度関係閣僚会議の決定事項にも盛り込まれています。さらに二〇一五年には、法曹養成制度改革推進会議が「一五〇〇人程度」という方針を新たに提示しています。結果としては、受験者にとってもまた多くの大学にとっても、最終的に「ハシゴを外された」ことになったと言えるでしょう。

法科大学院については、この間にもさまざまな制度変更がおこなわれてきました。最近の例では、二〇一九年六月には、大学の法学部と法科大学院を合計六年で修了し、大学入学から法曹資格獲得まで最短で六年とする「法曹コース」の設置を可能とすることを骨子とする新しい枠組みが関連法として成立しています。

専門職大学院の中で存続の危機に瀕しているのは、この法科大学院だけではありません。二〇〇六年に入学者受け入れを開始した会計大学院の場合も、同じような経緯をたどって次々に募集を停止しています。公認会計士試験自体の出願者数が減少していったこともあって、会計大学院全体の入学定員に対する志願者の倍率は、二〇〇六年には全体で二倍以上であったのが年々減り続けて、二〇一四年度にはついに一倍を切るにまでいたっていました。

その会計大学院はピーク時の二〇一〇年には一八校に設けられていました。しかし、定員割れをきたしたり教育体制の不備などが理由となって認証評価で「不適合」とされたことなどから次々に閉鎖されていき、二〇二〇年以降も入学者の募集を予定している大学院は最盛期の三分の二となる一二校にまで減少しています。

5　量的拡大の「成功」の影で（3）――修士離れ

†修士課程への進学率の低下

専門職大学院の定員割れや募集停止や博士離れは、日本の大学院制度が抱えている問題の一部に過ぎません。実際には、多くの大学院がその入り口とも言える修士課程の段階で既に定員割れによってほとんど「開店休業」の事態に陥っており、その存在意義が問われています。つまり、博士離れどころか「修士離れ」の傾向が生じているのです。

これについては、図表5-1からも、二〇一二年度以降の修士課程の在籍者数の落ち込みという傾向が読み取れます。実際、修士課程の在籍者数は二〇一一年にピークに達して以来は減少傾向にあります。

同じような傾向は、図表5-3に示した学部卒業生の進路に関するデータからもうかがえます。この折れ線グラフに示したように、一九八〇年代後半には五%から六%台に過ぎなかった大学院の進学率は一九九〇年代から二〇年ほどのあいだはほぼ一貫して増え続け二〇一〇年には一三・四%に達しています。しかしその後は逆に減少しつつあり、二〇一八年には一〇・九

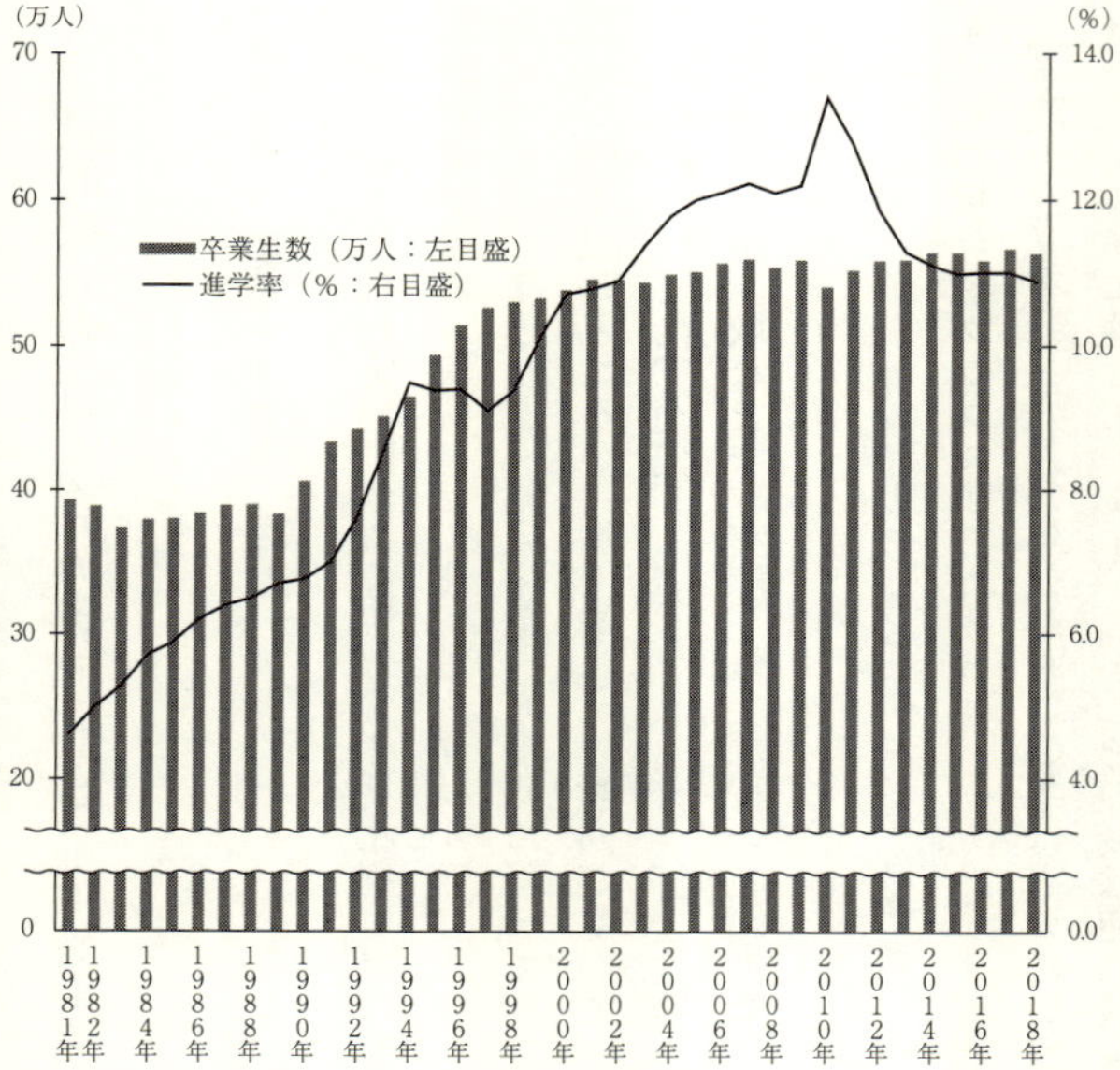

図表 5-3　学部卒業生数と大学院進学率:1981-2018
出所:『学校基本調査報告書』各年版より作成

%にまで落ち込んでいるのです。

一方で図には棒グラフで示してあるように、卒業生の総数自体は、年によって若干の変動はあるものの二〇一〇年から二〇一八年にかけてはほぼ横ばいの状態であり、特に目立った減少傾向を示しているわけではありません。したがって、図表5-1に示された修士課程在籍者の減少傾向は、少子化との相乗効果などによるものではなく、主として図表5-3では折れ線グラフで示した進学率の低下、つまり「修士離れ」の傾向を反映しているものと考えることができます。[2]

†定員割れが深刻な人文・社会科学系の大学院

さらに、定員充足という側面から専攻分野や大学の種別に注目して統計データを検討してみると、修士離れ問題の深刻さが明白になってきます。

定員割れが特に深刻なのは、人文・社会科学系の研究科です。一九九九年から二〇一三年までの推計では、両方とも全体の平均で充足率（入学者数÷入学定員の数値）が一〇〇%を越えることはありませんでした。それでもまだ、九九年時点では社会科学系では九割以上、人文系でも八七%程度の充足率となっていました。それが、二〇一三年では、両方とも六割前後のレベルにまで落ち込んでいます（大学院部会 2018: 34）。

設置者別の区分で言えば、国立大学がほぼ定員に近い入学者を確保しているのに対して、私立大学では二〇〇二年以降は定員割れが慢性的になっています（藤村 2015：60）。たとえば、二〇一四年の統計では、私立大学の五〇六専攻は二人以下の入学者しか確保できておらず、その充足率の平均は一四・四％となっていました。また、その内一六五専攻については入学者がゼロ、つまり一人もいなかったのでした[3]（大学院部会 2018：31）。

この定員割れという問題は、進学率の低下だけでなく今後少子化にともなって学部卒業生の数自体が減少していく中でさらに深刻なものになっていく可能性があります。

†受け入れ方針の寛容化と大学間の玉突き現象

もっとも、国立大学の場合に定員充足が達成されている重要な背景の一つには、「やむにやまれぬ事情」もあります。それは、国立大学では多くの場合、大学院拡充政策に対応して「大学院重点化」ないし「部局化」を果たしたことによって、大学の予算自体が大学院の定員に連動する形になっているからです。そのため、定員枠を埋めることが至上命令のようになっています。またその結果として、国立大学の中には、一九九〇年代以降になって、それ以前にくらべれば寛容な入学者受け入れ方針を採用するところが増えてきました。

一方で私立大学の場合には定員枠の縛りはそれほど厳しいものでありません。しかし、それでも大学院の定員充足率は認証評価の際の重要な審査項目の一つです。また、私大でも独立研究科（学部を特に持たない大学院課程）の場合には国立大と同じような事情があります。したがって、国立大学と同じように、寛容な方針をとる私立大学が増加していく傾向にあります。

これは、いわゆる一流校あるいは研究大学などと呼ばれる「（学部の）入試偏差値の高い」主要な国立大学や私立大学も例外ではありません。それらの大学の多くも、それ以前の方針を転換して定員を満たすための積極的な努力や工夫をしていくことになったのです。

このような主要大学とりわけ旧帝国大学を中心とする主要国立大学の方針転換は、修士課程の「入学者市場」に対して大きな影響を与えていくことになります。つまり、学部レベルの入試偏差値などを基準にした大学間の階層的関係においてより上位にあり、また相対的に授業料が安い国立大学が門戸を広げていくことによって、それ以外の大学が自校の学部卒業生を含めて優秀な入学者を修士段階で獲得することが次第に困難になっていったのでした。また、私立大学の修士課程を修了した学生が自校ではなく国立大学の博士課程に進学するケースも増えてきました。（これは、私立大学側にとっては「民業圧迫」と言える事態だとも言えます。）

†「学歴ロンダリング」

この種の、大学院入学者の獲得競争をめぐる大学間のいわば「玉突き現象」は、複数の国立大学間でも、また私立大学のあいだでも見られます。こうして、「偏差値の高い」いわゆる一流校と呼ばれる主要国立大学や私立大学の中からは、「学部に入るよりも院に入る方が簡単」（学士号を取るよりも修士号・博士号を取るほうが簡単）とさえ言われるようになったところが出てくるようになりました。

その結果として、ある時期からは「学歴ロンダリング」ないし「院ロンダ（リング）」ということが言われるようになっています。つまり、出身大学よりも格上とされる大学の大学院に進学して最終学歴を向上させることを意味する言葉が、一部で俗語として通用するようになってきたのです。

二〇〇九年に出版された『「学歴ロンダリング」実践マニュアル』（赤田 2009）の表紙には、次のような惹句があしらわれています――「面接だけで、東大、京大、早稲田、慶応に行けちゃう時代」。この惹句には、明らかにかなりの誇張が含まれています。しかし、たしかに、日本では、大学院拡充政策がとられる以前の審査項目や基準では合格レベルに達していなかったと思われる多様な層の受験者も含めて大学院に入学できるようになっているのです。

†在籍者数の「復調」と留学生の増加――院生の五人に一人以上が外国籍

修士離れによって定員割れに苦しむ日本の大学にとってある意味で福音となってきたのは、

留学生の増加です。特に人文・社会科学系の大学院の中には、留学生を積極的に受け入れることによって定員充足を目指すところが少なくありません。もっとも、留学生院生の増加は、大学院における教育と研究に関して幾つかの深刻な問題を引き起こしてきました。

先に述べたように、図表5-1からは、修士課程については、二〇一二年以降の減少傾向が二〇一六年にいったん歯止めがかかって、それ以降は再び増加に転じているようにも見えます。しかし『学校基本調査報告書』をもう少し詳しく見てみると、これは、主として留学生の増加によるものであることが分かります。実際、在留資格が「留学」で研究科に在籍する大学院生の数はほぼ一貫して増え続けています。一九九〇年度段階では留学生の在籍者は一万一八〇〇人程度だったのが、二〇一八年度には四万四二〇〇人あまりと四倍近くになっています。特に、二〇一五年度以降には増加ペースが毎年二〇〇〇人から三〇〇〇人以上というかなり急激なものになっています。

この留学生による増加分を差し引いてみると、それ以外の大学院在籍者の数は二〇一六年以降も一貫して減り続けていることが分かります。その結果として、一九九〇年代には一〇%台前半、多い年でも一四%以下であった大学院在籍者に占める留学生の比率は二〇一八年度には二割を越えるまでになりました。つまり、今では大学院生の五人に一人以上が外国籍の留学生になっているのです。

こうしてみると、二〇一六年以降の「復調傾向」は、実際には、日本の大学の学部卒業生が修士課程に進む傾向が再び強まってきたというよりは、主として留学生の増加によるものだということが分かります。なお出身国別に見ると、その留学生の圧倒的多数を占めるのは中国からの留学生です。実際、外国人院生全体の五万二〇〇〇人あまりのうち六割前後（約三万人）が中国人留学生であり、「次点」であるコリア籍の五％前後（約二七〇〇人）を大きく引き離しているのです。

†国際貢献としての留学生受け入れと「諸外国並み」というKPI

このような留学生数の増加は、それ自体をとってみれば、教育と研究の国際化という点では望ましい面があると言えます。実際、量的整備答申では、大学院の量的拡大を必要とする根拠の一つとして「教育研究を通じた国際貢献」を取り上げています。

また、この点に関しては、第三章でも取りあげた、二〇一三年に下村博文・文科大臣名で発表された「人材力強化のための教育改革プラン」では、KPI（成果目標）の一つとして、二〇二〇年までに「《外国人留学生》三〇万人」というものがあげられています。この目標は、二〇一三年現在で一六万八〇〇〇人程度であった留学生数が二〇一八年には約二九万九〇〇〇人になったことによって着実に達成されつつあるように見えます。

また、その約三〇万人の留学生の中で高等教育機関の在籍者は二〇万九〇〇〇人程度を占めており、さらにそのうち、大学院在籍者は五万人以上となっています（日本学生支援機構 2019）。その意味では、大学院は、政策目標の達成に対して大いに貢献していると言えるでしょう。

もっともその一方で、文科省の資料では、以前から大学院在籍者に占める留学生の比率がOECD加盟国の平均と比較して低いことが問題としてとりあげられてきました。その点からも、留学生の受け入れは、日本の大学院教育を「諸外国並み」の水準に引き上げていく上で大きな意味を持っていると言えるでしょう。[4]

†国際貢献の理想と現実――半数以上を外国人院生が占める文科系大学院の場合

しかし、その増え続ける留学生を実際に受け入れて指導してきた大学現場に目を向けてみると、そこでは、政策上の理念や理想として語られるものとはかなり趣が異なる光景が展開されていることが分かります。特に深刻な問題を抱えているのは、在籍者の多くを外国人院生が占めるようになってきた人文・社会科学系の専攻です。

いわゆる「文科系」の専攻分野では、近年になって外国人院生の比率が飛躍的に上昇しています。たとえば二〇一八年時点では、社会科学分野の修士課程では在籍者の五割以上、人文系の分野でも約四割を外国人院生が占めています。（それとは対照的に、大学院在籍者数の最も大きなシェアを占めている工学分野の場合、修士課程における外国人学生の割合は一割程度に過ぎません)。問題は、それに対応する教育指導体制が十分に整備されてこなかったという点です。また、教育や研究指導という面でのコミュニケーションという点でも問題が深刻になっています。特に大きな問題は、留学生の数が増えていく中で、その語学力や知識レベルという点で問題を抱えている院生が増えてきたということです。

†「国語教師」的指導の必要性

これについて、東海地方の公立大学に准教授として勤務していた歴史学者の與那覇潤氏は、かつては留学生の中には学力という点でも学習意欲という点でも非常に優れた院生が多かったとしています。それに対して、二〇一〇年前後からは一転して学部の留学生の水準にも及ばない「信じがたいレベルの外国人」が入学するようになってきたと指摘します。

これについて、與那覇氏は次のように証言しています。

たとえばレポートを書かせると、出身国で刊行された翻訳本を引用してくる。それはかまわないのですが、日本でいえば自己啓発本にあたるような通俗心理学の書籍で、しかも授業の内容とまったく関係がない。

はては中国人の留学生に、中国で刊行されたマルクス主義の解説書で、レポートを出されたりする。こうなるともう教員のほうが、自分がなにをやっているのか、意味がわかりません（與那覇 2018: 180–181）。

さらに與那覇氏は、授業で「教材の文章の主語はどれか、肯定文か否定文かといったことを、逐語的《ちくご》に手とり足とり」しなければならなかった事さえあったと述べています。その上で「大学院で教員に国語教師をさせるような社会的浪費」については、教育関係者が再考すべきだと主張します。

與那覇氏が右の引用に続く文章で指摘しているように、留学生の院生の場合に学習上の問題が生じがちな理由の一つには、受け入れ方針が寛容なものになってきたという事情があると思われます。実際、学部への留学生の場合は比較的厳しい試験を経て入学し、また日本語の授業も含めて履修科目も多いために、それ相応の学習効果が期待できる場合が少なくありません。それに対して、大学院の場合には、面接や小論文の審査が中心になる場合が多く、審査基準も緩やかになりがちだという事情があります。つまり、深刻な定員割れという問題を背景にして留学生についても「学部に入るよりも院に入る方が簡単」という事態が生じているのです。

†大学院生の二極化と日本人院生への国語（日本語）指導

もしかしたら與那覇氏があげている「信じがたいレベルの外国人」の例は、実際にはそれほど多くはないのかも知れません。事実、私自身がこれまで指導を担当してきた留学生の中には、語学力（英語等も含めて）や知識水準という点に関して日本人学生たち以上に優れた素質を持っている留学生が少なからず存在していました。

もっとも、その一方には、與那覇氏が指摘するような問題を抱えている留学生もある一定数存在しています。また、過去一〇年ほどは、講義や演習の際にコミュニケーションに関して困難を覚えることが増えてきました。その意味では、留学生の院生に関しては二極化が進行しているのかも知れません。

ただし、二極化は留学生の場合に限ったことではありません。近年は、日本人の大学院生に対しても、與那覇氏が指摘している「国語教師」的な指導が必要になるケースが増えているのです。また、修士論文や博士論文に関する指導や学術雑誌に投稿された論文を査読してきた経験などからすると、同じような問題は、若手研究者の「国語力」についても指摘できるように思えてなりません。

差し障りの無い範囲で一例だけを紹介するならば、かつて私が査読を担当したある日本人の若手研究者（当時は某私立大学の准教授）の投稿論文のケースがあげられます。その二万字足らずの原稿には、細かな点まで含めれば八〇箇所以上の訂正の必要がありました。その内の六割近くが接続詞や「てにをは」（助詞）の使い方あるいは「係り受け」など基本的な日本語の文章表現に関わるものでした。なお、その研究者は論文の投稿以前の時点で既に旧帝国大学系の大学院課程で博士号を取得していました。

このような、作文力ないし「日本語力」という点で問題を抱える日本人の院生や若手研究者が、このさき次代の研究者や大学教員を育てる側になっていく可能性があることを考えれば、問題はかなり深刻だと言えます。このような問題もまた、無定見な大学院拡大政策がもたらしてきた重大な副作用の一つに違いありません。

6　失政は誰の責任？――ＰＤＣＡの発想が生かせない高等教育行政

†改革政策の被害者たち

これまでこの本を通して見てきたように、「選択と集中」や大学院の「量的整備」は、多くの点で明らかな政策上の失敗、つまり失政だったと言えます。その失政の「被害者」はきわめて広い範囲にわたります。

たとえば、定職につくことができずに非常勤講師の掛け持ちや不定期の塾講師の仕事などで生計を維持したりしている若手研究者は、失政による直接の、そしてまた最大の被害者だと言えます。また、研究職につけたとしても期限付きのポストに甘んじている若手研究者も同様です。運よく無期雇用のポストが得られたとしても、短期的な業績量産を重視する風潮の中でリスクの高い研究テーマに果敢に挑戦し、またじっくりと腰をすえて研究に取り組むことができずにいる若手研究者も明らかな被害者だと言えます。

当然ですが、被害者の中には、学部を卒業していったん就いた仕事を辞め家庭生活を犠牲にして法科大学院に入学し、また相当額の授業料を支払ってきたにもかかわらず、結局、司法試験への合格が叶わなかった人々も含まれます。ある試算によれば、その人々が法科大学院在学中の三年間に支出した経費は、授業料と諸費用だけでも、私立大学の場合は総額で一〇〇〇万円に及ぶとされています（新藤 2016）。その人たちは、大学院拡充政策によっていわば「一生を棒に振りかねない」状況に追い込まれたのだと言えます。

†「あやまった政策」について謝る大学と謝らない行政

通常、一方に被害者がいれば当然他方には「加害者」が存在します。そして加害―被害関係が明らかにされた場合には、被害者がこうむった損害や不利益が加害者の故意によるものか過失によるものかは別にして、被害者に対して何らかの形で補償がなされる場合が少なくありません。たとえ実質的な補償や救済がなされない場合であっても、少なくとも加害側から正式の謝罪がなされることもよくあります。ところが、不思議なことに、大学改革をめぐる失政に関しては、被害者に対して明確な謝罪がなされないどころか、加害—被害関係すら曖昧にされてしまうことが少なくありません。その典型が法科大学院制度のケースです。

ただし大学について言えば、新たな募集を停止したり大学院自体の閉鎖を決めたりすることによって、在学生や修了生あるいは今後入学を考えていた人々に対して不利益を与えたという点について、さまざまな形で謝罪をおこなってきました。たとえば、それぞれの大学のホームページでは、募集停止などに関わる決定の背景について述べた上で、「お詫びを申しあげます」（国立Y大学）、「深くお詫びいたします」（私立S大学）、「お詫びいたします」（私立A大学）などの表現で、ほぼ例外なく謝罪の言葉が述べられています。また、そのような事態にいたった経緯についての解説や釈明が掲載される場合も少なくありません。

一方で、政府や文科省の側からは、制度の破綻の責任を公式に認め、それについて謝罪ないし釈明がなされることは原則としてありません。たとえば、中教審の大学分科会法科大学院特別委員会から二〇一四年に発表された文書は、次のように述べるだけで済ませています——

「課題が深刻な法科大学院が一定数存在する上、法科大学院への入学志願者が全体として減少傾向にあるなど、法科大学院が当初期待された役割を十分に果たせているとは言い難い状況が続いている」。何か他人事のようでもあり、当事者意識はまったく感じられません。

実際、この文書のどこを見ても、「年間に新司法試験合格者三〇〇〇人」という、既に制度の発足当初から「現実性を欠く」という批判があった甘い需要予測にもとづく目標を掲げた政府や行政の責任についての釈明は一切なされていないのです。また、法科大学院が「当初期待された役割を十分に果たせているとは言い難い状況」という深刻な課題を抱えることになった原因や経緯に関する、本格的な分析や丁寧な解説も見られません。

†失敗から学ばない（学べない）行政＝PDCAが回らない行政

その文書の題名は「法科大学院教育の抜本的かつ総合的な改善・充実方策について（提言）」というものです。この題名どおりに「抜本的かつ総合的な改善・充実方策」、つまり何らかの大胆な解決策を提案しようというのであれば、当然ながら、まず最初にその解決策が適用されなければならない問題を引き起こした原因について掘り下げて検討していかなければならないはずです。ところが、どのような理由によるものか、この文書では、その原因究明を抜きにして一足飛びに解決策の提案に移っているのです。これは、物事について考える筋道としては非常に不可解な展開であると言えます。

実際、本来は、「なぜ失敗したのか（Why）」という因果関係——原因と結果の関係——についての問いに対する答えを明らかにした上でなければ、「どのように改善すべきか（How）」という問いに対する答えである「改善方策」を提案できるはずなどありません。また、その順当な手続きを踏むことによってこそ初めて、明らかな「失敗」という結果を含む事業の成果を慎重に評価し検討した上で次の段階に進むこと、つまり本来の意味での「ＰＤＣＡサイクル」が回るのだと言えます。

行政学者の新藤宗幸氏は、東京大学出版会の広報誌である『ＵＰ』に掲載された「行政責任を考える」というシリーズのエッセイの第二回目で法科大学院の事例をとりあげています。そのエッセイで新藤氏は、次のように指摘します。

> 文科省にかぎらないが、日本の官僚機構は「鳴物入り」で事業の実施を推奨し、それが「失敗」におわったとき、事業の廃止・縮小を打ち出すものの、「失敗」の要因を語ろうとしない。そこに「官は無謬・民の努力が足りない」といった伝統的思考の残滓をみるのは、わたしのみではないだろう（新藤 2016: 27）

新藤氏が言うように、政策の重要な当事者である行政が、「官が誤りを犯すことなどあり得ない。政策が失敗したとしたら、それは民の責任だ」と言い続けているようでは、失敗から何かを学ぶことはできないでしょう。つまり、PDCAサイクルが回るはずなどないのです。

というのも、率直に失敗を失敗として認めない状況では、まともな「C（評価）」ができるわけなどないからです。その場合、PDCAは第二章で解説したPdCa（計画と評価「報告書」だけが肥大化した進捗管理サイクル）どころかPdcaになってしまうに違いありません。つまり、計画だけが肥大化して、評価らしい評価すらおこなわれることもなく問題が先送りされるという典型的な悪循環の行政サイクルです。

†将来像答申（二〇〇五）年における政策転換——計画から政策誘導へ

右の新藤氏の指摘は、主に法科大学院制度の破綻に関するものです。まったく同じことが大学院拡充政策の全体的な枠組みについても指摘できます。

図表5-1からも分かるように、日本における大学院在籍者の総数が約二七万三〇〇〇人というピークに達したのは二〇一一年のことです。先に述べたように、これは、一九九一年の大学審の答申を皮切りにして政府や文科省がその時々に掲げてきた「整備目標」を順調に達成してきたことを示す、一つの輝かしい到達点だと言えないこともありません。

もっともその到達点に達する六年前の二〇〇五年に、中教審は将来像答申（「我が国の高等教育の将来像」）で次のように宣言しています。

我が国の高等教育の整備については、これまで、高等教育計画を策定して計画的な整備目標を設定してその実施に努めてきた。しかし、このような内外の新たな状況を踏まえれば、従来の諸施策にとらわれず新しい発想で対処していかなければならない。

この種の行政文書の例にもれず、回りくどくてかなり分かりにくい表現になっていますが、要するに、これは「数値目標を掲げたとしても実質的な意味では実現できないことが分かったから止めにしましょう」という主旨の宣言だと解釈することができます。実際、この将来像答申では、従来の「高等教育計画の策定と各種規制」の時代から「将来像の提示と政策誘導」への移行という方針を明確に打ち出しています。つまり、高等教育政策をそれまでの「整備目標」をはじめとする「計画」や許認可権の行使などを中心とするあからさまな行政指導ではなく、むしろ補助金の配分などを通して、政府や文科省が考える将来像（あるべき姿）へ誘導していくことになったのです（川嶋 2018: 129–131）。

†KPI（成果目標数値）からの解放？

将来像答申から数えれば一〇年以上も後になってから提出されたものですが、二〇一八年の中教審大学分科会・大学院部会の会合の席で文科省の担当者から示された資料には、将来像答申よりもさらに明確な形で、大学院の量的規模に関する「計画から誘導への転換」というポイントが説明されています。

その資料のタイトルは「大学院教育の在り方についての論点『大学院の量的規模に関する考え方について』」というものです。その資料には、次のような一節があります。

> 大学院の規模に関する考え方については、平成三［一九九一］年の大学審議会答申「大学院の整備充実について」及び「大学院の量的整備について」により、平成一二［二〇〇〇］年時点で大学院を平成三年時点の規模の二倍程度の拡大の必要性が提言されたが、平成一七［二〇〇五］年以降は大学院の規模については、社会の諸要請を的確に踏まえつつ、学部の量的な構成も含め、**各大学の責任において判断すべき事柄**であるとした。（大学院部会 2018: 1。傍（下）線は原文）

さらに、この文書に続く箇所では、次のようにも述べています――「大学院の全体あるいは分野別に量的な目標を設定すること等は……行わない」（図表5-1には、点線で囲んだ吹き出しでこの部分を示しています）。また、この文書が資料として示された大学院部会の会合の議事録からは、その会合で文科省の担当者が資料の文面とほとんど同じ主旨の説明をしていることが分かります。

これら一連の文書を額面通りにとらえるならば、政府と文科省は二〇〇五年の将来像答申の時点で既に大がかりな政策転換をおこなっていたと見ることができます。つまり、量的整備答申からおよそ四半世紀の歳月を経て、政府はここで、かつて掲げていた大学院の量的規模に関する数値目標という旗を降ろし「戦線縮小」に転じたのだと見ることもできるのです。

先に見たように、政府は一九九一年に「二倍」（二〇万人程度）という目標を掲げた後にも、一九九七年には文部大臣の諮問の中で「二〇一〇年に三〇万人」とさらにハードルをあげた目標を設定し、また二〇〇一年には「二五万人」（文科白書）という見通しを述べています。

二〇〇五年の将来像答申が、実際に「目標を設定すること等は行わない」という主旨の宣言をしたと解釈できるのだとすれば、政府は折々に設定されてきた目標を一度ご破算にした、という風にとらえることもできます。もし本当にそうだとしたら、行政も大学も、一九八七年の文部大臣の諮問からおよそ二〇年を経た時点になって、ついに大学院の量的整備目標というKPI（成果目標）の制約と「呪縛」から解放されたのだとも言えるでしょう。

†しぶとく生き残るKPI＝「先進諸国並み」

もっとも、この「大学院教育の在り方についての論点『大学院の量的規模に関する考え方について』」という資料をもう一度詳しく見てみると、少し違った光景が見えてきます。どうやら文科省は、一方で具体的な数値目標という旗はいったん降ろしたものの、他方では、相変わらず別の種類のＫＰＩを存続させているらしいのです。

それは、次のくだりからもうかがえます。

諸外国に比して修士・博士の学位を持つ者の割合が二分の一から三分の一程度に留まっており、特に人文・社会科学分野の取得者の割合が極端に低いことから、**諸外国と遜色のない水準**でSociety5.0を支える「知のプロフェッショナル」を育成していかなければ、高度人材の確保や我が国の国際競争力の維持・向上に大いに問題を生じるのではないか（大学院部会2018：4。傍（下）線は原文）。

つまり、具体的な数値目標は取り下げたものの、「諸外国と遜色のない水準」という点での「ＫＰＩの呪縛」からは一向に解放されていないのです。これでは、量的整備答申での「少なくとも二倍」の根拠が「他の先進諸国との比較」に置かれていたのと本質的には何ら変わるところがありません。要するに、具体的な数値が一種の「グローバル・スタンダード」というKPIに置き換わっただけに過ぎないのです。その点では、将来像答申は、少なくとも「量的整備目標」という点では、方向転換と呼べるほどの政策転換にはならなかったのだと言えます。

†(再び)勝算無き戦線拡大へ

もし二〇〇五年前後に大学院拡充政策に関して何らかの明らかな政策転換があったとするならば、それは、政策の実行責任と結果責任を両方とも全面的に大学に転嫁した、という点に認めることができるでしょう。これは、先にあげた文章で「大学院の規模については……**各大学の責任において**判断すべき事柄である」としている点からも明らかです。もう一点、この二〇一八年の中教審・大学院部会における審議にあたって資料として提出された文書に関して注目に値するのは、それまでこの種の文書では繰り返されてきた公財政支出の増額の必要性に関する指摘がすっぽりと抜け落ちてしまっているという点です。

これは、二〇〇五年の「将来像答申」の方では、それまでの答申と同じように「高等教育への公財政支出の拡充」や「欧米諸国並み」の水準への引き上げの必要性が指摘されているという点を考えれば少し奇妙にも思えます。それに対して、二〇一八年に出されたこの文書の「国の役割」を述べたくだりでは、「国は、各大学が判断する上で必要な情報の収集・公表や、大学院に対する政策上の期待等を示すことに努めるべきではないか」(大学院部会2018:4)と指摘する程度にとどめているのです。

この本の第三章では、高等教育財政の充実に関する大学審・中教審の提言が空手形のようなものに終わってきたことについて指摘しました。一方、この文書では、文科省・中教審はその空手形を振り出すことすら諦めて、「カネは出さないで口だけを出す」という基本的なスタンスをそれまで以上に明確に示したようにも思えます。

一方で大学現場にある者は、このくだりにある「政策上の期待等」が、実質的には、研究科の構成から教育内容および人事制度にいたるまでさまざまな点に関する「上からの指示」を意味するであろうことを、今までの経験から身にしみて知っています。近年の例で言えば、たとえばそれはAI(人工知能)を自由自在に使いこなせる人材の養成であったり、「Society 5.0の社会実装と破壊的イノベーションによる生産性革命」への貢献であったりします。また、それと並行して、大学側は「諸外国と遜色のない水準」で留学生を受け入れていき、かつ論文生産性を向上していくことが求められています。

そのようにして、公財政支出の「拡充」が望めない中で、さらなる戦線の拡大がはかられていくことは、研究と教育のより一層の劣化という結果を引き起こしていく可能性があると言えるでしょう。というのも、それは、第二次世界大戦中に極端な物資不足に陥った日本において「足らぬ足らぬは工夫が足らぬ」あるいは「砲の不足は大和魂で補え」と国民や兵士が叱咤激励されていたのと本質的な点できわめてよく似た状況だからです。

†失政の原因と責任を明らかにするための「5W1H」

少なくともこの点に限って言えば、法科大学院制度（法曹養成制度）の転換は、大学院全体の量的整備に関する政策よりもまだ「マシ」な面があったと言えるのかも知れません。というのは、この場合は、司法試験合格者年間三〇〇〇人という目標が現実性を欠くKPIであったことを認めた上で、それを「一五〇〇人」という、より「身の丈にあった」目標にまでレベルダウンしているからです。

大学院全体の量的整備に関しては、在籍者数という面だけから言えば、KPIは順調に達成してきたと言えます。しかし、それを単なる「量的拡大」ではなく「拡充」という点から評価した場合、司法試験の合格者数の場合と同じように、もともと「二倍」ないし二五万人あるいは三〇万人という数値目標は「現実性を欠く」KPIだったとしか言いようがありません。その意味では、明らかな失政だったと言えます。

『広辞苑第七版』では、失政は「政治の方法をあやまること。また、政治の方法の悪いこと」

を意味するとされています。しかし、この本で見てきたことからすれば、大学改革政策は、（「悪政（わるい政治）」とまでは言えないまでも）「方法」だけでなく政策の目的や目標それ自体が「あやまった」ものであったと思えてきます。もし実際にそうだとしたら、本来であれば、「あやまった」人々がその責任を認めて過ちで被害をこうむった人々に対して謝るとともに、結果的に誤りを犯してしまった経緯について明らかにしていく必要があります。

そのような形で失政の原因と経緯、そして責任の所在について検討していくための作業においては、次のような一連の問いを中心に据えて検討を進めていく必要があるでしょう。

いつ（When）、どこで（Where）、誰が（Who）、なぜ（Why）、どのように（How）、大学改革政策の立案と実施をあやまったのか？

右の一連の問いについて検討していく際には、当然ながら、その出発点となる「What」についての問いに対する答えを確定しておかなければなりません。つまり、「大学改革政策は、どのような点で『誤り』ないし『失政』であったのか？　あるいは逆に、どのような点では一定の成果をあげていたと言えるのか？」という問いであり、それに対する答えです。たとえば大学院拡充政策の例で言えば、実際に、どのような点で数値目標が甘い需要予測にもとづく

「現実性を欠く」ものであったか、という点について確認しておく必要があります。

†「誰が（Who）？」をめぐる悩ましい問題

本来は、その基本的な事実関係、つまり総論的な部分の問いに対する答えが確認できたことを前提とした上で、次の段階として、さらに細かい各論的な問いに対する答えを求める作業にとりかかることになります。たとえば大学院拡充政策の例で言えば、その各論の一つには、「そもそも数値目標を、いつ、どのような場で、誰が、どのような理由で、いかなる権限と根拠で設定したのか」という問いに対する答えを追究していくことが含まれます。

そして、失政の責任の所在を明らかにするということは、「5W1H」で言えば、「誰が（Who）」という問いに対応する答えを求めていくことになります。これは取りも直さず、「失政」の辞書的定義に即して言えば「あやまる」に対応する主語を明らかにすること、つまり「誰がどう間違ったのか」という点を明確にすることに他なりません。

ところが、比較的よく知られているように、日本の行政、特にその中核を担う官僚については、この「主語」つまり「政策と行政の実行主体」を特定し、その責任を問うことはかなりの難題になります。というのも、日本では官僚がその職位にともなうはずの権限と責任すら不明確なままに、個人としてではなく組織として意思決定をおこなうことが常態になっているからです（この点については、すぐ後で改めて解説します）。したがって、どのような惨憺《さんたん》たる結果を招くことになった失政であったとしても、多くの場合には、官僚が個人としての責任を問われることは非常に稀です。ましてや、「あやまった」行政について謝罪する――謝《あやま》る――ことなど原則としてあり得ません。

†行政と審議会における集団無責任体制

もちろん、もしかしたら官僚の中には、組織人としてではなく人並みの感情を持った個人としては「不利益をこうむった人々に対して謝罪したい」という気持ちを持っている人々がいるのかも知れません。しかし、その人たちの場合ですら、みずから率直に誤りや「過ち」を認め、その詳細について明らかにした上で謝罪することが役職上ほとんど不可能であるという、どうしようもない事情があるのです。同じようなことは、しばしばその官僚たちにとって「隠れ蓑」として機能してきた審議会の構成メンバーである委員たちについても指摘できます。

大学改革に関わる行政の場合に限らず、このような責任の所在をめぐる曖昧さは日本の政治行政の根底にある「集団無責任体制」に根ざしており、失政の原因と経緯の解明を阻んできました。それは、第二次世界大戦以前から今日にいたるまで引き継がれてきた、この国の行政機構と指導者層に特徴的な、「宿痾」とも言うべき社会病理的体質の一面でもあります。

7 一億総懺悔《ざんげ》から自己責任論まで——集団無責任体制の系譜

†無責任の体系——開戦の責任

政治学者の丸山眞男氏は「軍国支配者の精神形態」（丸山［1964］2006）という論文で、主に東京裁判（極東国際軍事裁判）の記録を資料として使いながら日本型ファシズムの矮小《わいしょう》性について検討を加え、それを「無責任の体系」という言葉で要約しています。これは、政治家も主要な官僚も日米開戦について〈周到な計画のもとに決然たる決定をおこない、その決定事項の実施を下位の組織に対して強力な指導力をもって命令した〉という経緯をたどったわけではないという事実を指しています。それどころか、日本の指導者層は、たとえば現地の軍隊が中国で暴発気味におこなった戦闘行為を既成事実として認めてなし崩し的に日華事変（日中戦争）の拡大を放置し、最終的には勝算のない日米開戦へとのめり込んでいった、というのです。

しかも敗戦後の東京裁判の場では、かつての日本の指導者の多くは真摯に自己の責任に向き合うことなく、局外者には言い逃れないし責任回避としか思えない証言に終始していました。その証言で典型的だったのは「個人としては（日独伊の）三国同盟や開戦には反対だったが、成り行き上ほかに選択の余地は無かった」というものでした。要するに、指導者たちの主観的な認識においてもまた実際の行動のレベルでも、開戦は誰かが主体的に「決めた」のではなく、いつの間にか「決まった」ことにされてしまっていたのです（堀田 2016 参照）。

丸山氏は、日本の指導者層に見られるこのような精神構造と行動様式の特徴は、ドイツ型ファシズムを体現するナチス指導者たちのそれらとは対照的な、きわめて日本的なものだとしています。実際、ナチスドイツの場合には、その意図や結果の是非善悪はさておき、少なくとも「自己の行動の意味と結果をどこまでも自覚しつつ遂行する」という基本的なマインドセットを持ち、また上意下達を徹底する組織体制が堅固に形成されていたのでした。

†一億総懺悔――敗戦の責任

日本の指導者層に見られた「集団無責任体制」と表現できる思考様式の典型は、開戦に関わる意思決定だけでなく敗戦という結果についての責任の所在に関する考え方にも見られます。それを象徴するのが「一億総懺悔」という言葉です[6]。

この言葉の語源は、終戦直後に首相になった東久邇宮稔彦《ひがしくにのみやなるひこ》の発言にあります。この発言は、一九四五年八月二八日におこなった記者会見での談話にふくまれていたものでした。皇族であった東久邇宮は、ポツダム宣言受諾後に辞職した鈴木貫太郎首相の後継として第四三代内閣総理大臣に就任していました。就任直後の談話の中で彼は、敗戦の原因を政府の政策だけでなく国民の「道義のすたれ」にも帰しており、国民全体が反省して「懺悔」しなければならないとしていたのです。

次にあげるのが、その談話の一部です。

> ことこゝに至つたのはもちろん政府の政策がよくなかつたからでもあるが、また國民の道義のすたれたのもこの原因の一つである　この際私は軍官民、國民全体が徹底的に反省し懺悔しなければならぬと思ふ、全國民總懺悔することがわが國再建の第一歩であり、わが國内團結の第一歩と信ずる（『朝日新聞』一九四五年八月三〇日付）

さらに東久邇宮は、基本的に同じ主旨の主張を、その記者会見のおよそ一週間後の九月五日に開催された第八八回帝国議会での敗戦経過報告・施政方針演説でも繰り返します。記者会見での談話と同じようにこの演説でも東久邇宮は、敗戦の責任について国民全員が「反省」し「懺悔」しなければならないと述べていました。

この一億総懺悔という発想と、大学改革の被害者に関する一種の「自己責任論」とのあいだには、本質的な共通点があると考えられます。

この場合の自己責任論というのは、たとえば、多くの問題を抱えた学部課程や大学院課程に進学するという進路を選んだ学生や院生の責任を問うような粗雑な議論を指します。つまり、「小さな子どもじゃないんだから、自分自身で判断して決めた結果については自分で責任を負わなければ」というわけです。あるいは「そもそも大学院に志願して研究者を目指したのは学生（院生）ご本人でしょう」として個人に責任を転嫁するような議論がなされることもあります。

その種の自己責任論と「一億総懺悔」は、本来は補償と救済の対象とすべき被害者に対してまで厳しく責任を問い、ある場合には謝罪さえ求めて恥じるところがない、という点に関して言えば本質的に同じ発想だと言えるでしょう。

そしてその種の自己責任論は、博士号取得者の就職難に関する、ある文科省関係者の次の発言にも見られます。

博士の増加は間違いではなかった。責任は彼ら自身や大学院教育、産業界・社会などすべてにある。……文科省も関係者への働きかけが不十分だったかもしれない（今泉柔剛［文科省・大学改革推進室長］）（『朝日新聞』二〇〇九年一月一八日付）

†宿痾としての集団無責任体制

一九四一年一二月一日に開戦の決定が「御前会議」という場でなされてから現在までに既に八〇年近くが経っています。また、「一億総懺悔」が唱えられた一九四五年からでも七五年の歳月が経過しています。しかし、政治家や官僚をはじめとするこの国の指導者層の精神構造と行動様式には、本質的な面であまり変化が見られないようです。つまり、日本の指導者層は、未だに政治と行政の失敗をめぐる責任の所在を曖昧にしているのです。これは、この章で主に見てきた大学院問題をはじめとする大学改革全般についても指摘できます。

先にあげた行政学者の新藤宗幸氏は、最近著した『官僚制と公文書――改竄、捏造、忖度の背景』（二〇一九）で、官僚機構における「無責任の体系」――最近の言い方では「集団無責任体制」――の背景についてさらに掘り下げて解説しています。以下、新藤氏の解説にしたがって整理してみます。

戦後にＧＨＱ（連合軍総司令部）主導でおこなわれた民主改革は行政機構に関しては制度の外形だけにとどまる不徹底なものであり、戦前の官僚機構の組織的特徴の多くを温存してきました。特に大きな問題であったのは、組織単位の所掌事務（特定の機関の権限でおこなうべき業務）についての規定はあるものの、大臣をはじめとして次官・局長・課長・係長などにいたるまで、その職位にともなう権限と責任が明記されていないという重大な欠陥を抱えたまま放置されてきた、という点です。

この問題は、特定の幹部職員以外は個室ではなく複数の職員が机を並べて勤務する「大部屋主義」(大森 2006) と呼ばれる日本独特の組織構造と執務形態ともあいまって、特定の職位とその職位にある者の権限と責任を不明確なものにしてきました。大部屋方式では、組織のメンバー全員が行政上の決定過程に参加していることから、それぞれ部分的な責任を負うことになります。つまり、「みんなで決めたことについては全員が責任を負う」ことによって、特定の誰の責任でもないとする「無責任行政」に通じることになるのです (新藤 2019: 47)。

†集合名詞としての「官僚」――「政策もみんなで決めれば怖くない」

東京大学理学部教授などをつとめた薬学者の荒田洋治氏は、日本の科学行政の問題点について指摘した著書の中で、日本では官僚が集合名詞であり個人の名前――つまり固有名詞――があげられることはないとしています (荒田 2010: 187)。この「集合名詞」という喩えは、無責任行政の本質を見事に言い当てていると言えるでしょう。これは、一九八〇年代初めに一世を風靡した「赤信号みんなで渡れば怖くない」という漫才のネタに通じることがあります。このネタをもじって言えば、日本の官僚機構における意思決定の仕方は、「政策もみんなで決めれば怖くない」ということになるでしょう。

また、幹部クラスの官僚の任期が非常に短いものであることも責任の所在を曖昧にしてきました。たとえば、文科官僚のトップである事務次官の任期は一年半ないし二年程度に過ぎません。一方で、一つの政策が立案・決定されてからその結果が判明するまでには少なくとも数年かかります。その頃には、次官をはじめとする幹部クラスの官僚は、せいぜい一年や二年、長くても三年ほどの短い任期を終えて別の部署に異動しています。あるいは、既に退職して関連団体、場合によっては大学などに職を得ているかも知れません。いずれにせよ、彼ら・彼女らは、その頃には政策の結果を見届けて責任を負う立場にはないのです。

このようにして、官僚は「みんなで決めたこと」だけでなく「前任者が決めたこと」に対しても責任など負いようもないのだと言えます。

さらに、最近は「霞ヶ関文学」とも呼ばれるようになった、法案や行政文書に見られる独特の文章表現や用語法は、政策を骨抜きにする手段として有効であるだけでなく、責任の所在を曖昧にしていく上でも効果的な手段だと言えます（原 2010）。その、「霞ヶ関修辞学」的な表現法の中には、たとえば、受動態の多用によって主語を曖昧にしたり、特定の用語（「整備」「図る」「施設」など）を多様な意味で使ったりすることが含まれます（アーシー 1999 参照）。

†無責任体制の一翼を担ってきた審議会委員たち

「官僚」は集合名詞であると喝破した荒田氏は、その著書『日本の科学行政を問う――官僚と総合科学技術会議』（二〇一〇）の冒頭で、印象的なエピソードを紹介しています。そのエピソードは、審議会や委員会などという名称の諮問機関に名を連ねる「有識者・学識経験者」たちもまた、集団的無責任体制の一翼を担っていることを明らかに示しているのです。

荒田氏は、一九九二年八月に当時の文部省から大学設置・学校法人審議会（高等教育機関の設置や新学部等の設置の審査にあたる審議会）の専門委員を委嘱されました。その会合では、年長の官僚の一人が各委員に配られた分厚い資料を棒読みした末に、次のように述べたのでした――「ご出席の委員の先生方、いかがでございますか。……**特段のご意見**がございませんようでしたら、本日の議案はご了承いただいたものとして、これで散会とさせていただきたく存じます」。

荒田氏は、このような議事の進め方と慇懃無礼な言葉遣い、また「不気味な響きのある**特段のご意見**なる官僚言葉（強調は原文）」に業を煮やして、次のように抗議しました。

あなたたちは、こんな下らないことで忙しい我々を集めたのか？　今日のような委員会なら、資料を郵送すればすむじゃないか。第一、このまま議案が認められないことになったら、困るのはそちらでしょ（荒田 2010: 15–16)。

官僚の側は荒田氏に対して意味不明のことを大声で叫び、結局その会議はそのまま散会になってしまったそうです。また、その会議の後で、荒田氏は「官僚との付き合いのプロ」であった先輩の委員に次のように言われます――「〔映画『男はつらいよ』の主人公フーテンの〕寅さんじゃないけど、あんた、それ言っちゃ御仕舞よ」。そしてその後、通常は二年任期であるはずの委員委嘱の依頼が荒田氏のもとに届くことは無かったのでした。

†お墨付きを与えるための「審議」の実態

新藤氏は先にあげた『官僚制と公文書』の中で審議会の実状について触れていますが、その新藤氏の解説は、右に紹介した荒田氏の経験が特に例外的なものではないことを示しています。

新藤氏は、官僚組織は諮問委員会に対して課題の検討を依頼する際に、議論の内容について「白紙」で委ねることはないとします。むしろ、官僚は既に一定の筋書きとも言える「答案」を示しており、したがって委員は「施主《せしゅ》」である府省の意向に異論を唱えない――「特段のご意見」を持たない――人々に限られる。また、諮問機関の報告書も本来は事務局でしかないはずの「施主」が起草し、委員の報告という体裁をとるというのです（新藤2019: 64）。

この新藤氏の指摘は、中教審が提示してきた答申の文章に見られる幾つかの目立った特徴からもうかがえます。たとえば、一九九七年の「高等教育の一層の改善について」から二〇一八年の「二〇四〇年に向けた高等教育のグランドデザイン」までの高等教育関連で出された一一本の主な答申でも、すべての場合で官僚が作成した文書の特徴である「整備」は多用されており、その総数は二七九箇所におよびます。同じように、官庁用語の典型例である「図る」は一一本の答申の四〇三箇所で使用されています。なお、「大学院の量的整備について」の場合には、その題名自体に典型的な官庁用語である「整備」が使われています。

こうしてみると、どうやら審議会というのは実質的な「審議」をおこなう場としての性格は稀薄であり、むしろ官僚があらかじめ大部屋の中で「みんなで決めた」内容を文書としてまとめたものに対して追認したりお墨付きを与えたりするための機関であるらしいのです。

†法的責任を問われない審議会委員

先に述べたように官僚の場合は、職位にともなう権限や責任が法律の上で明記されているわけではありません。また、執務の実態として「大部屋主義」で組織としての意思決定（「みんなで決める」）をおこなうことが主流である以上、業務の上で問題が生じたとしてもその法的責任を問われることは滅多にありません。同じような点が、審議会の委員についても指摘できます。

審議会や委員会あるいは審査会などの名称を持つ諮問機関は、次にあげる国家行政組織法の第八条の規定を根拠にして設置されます（諮問機関の中には法令にもとづかない「働き方改革実現会議」のような私的諮問機関もあります）。

第三条の国の行政機関には、法律の定める所掌事務の範囲内で、法律又は政令の定めるところにより、重要事項に関する調査審議、不服審査その他学識経験を有する者等の合議により処理することが適当な事務をつかさどらせるための合議制の機関を置くことができる。

西川明子氏は「審議会等・私的諮問機関の現状と論点」という論文で、中央省庁等改革関係法施行法が一九九九年に成立して以来、諮問機関が出す答申の最終的責任はその答申を受け取る行政機関自身にあり、審議会等にはないことが明確にされたとしています。もっとも、西川氏はその法律が成立する以前においても、答申に法的拘束力があったわけではない、とも指摘しています（西川 2007）。

†みんなで決める「無責任答申」

したがって、たとえば大学院拡充政策のように、大学審議会の答申を根拠として実施された施策が何らかの点で大きな失敗に終わったとしても、委員の誰一人としてその点に関する法的な責任を問われることはない、ということになります。もちろん、審議会とその委員が道義的・社会的責任を問われることはあるかも知れません。しかし、それでも、審議会の委員は、「私個人が決めたことではなく、全員で審議会として決めたことですから」と言い訳することができるでしょう。その意味では、官僚の場合と同じように、審議会委員というのも「集合名詞」として組織全体としての決定をおこなうことになるのです。

こうしてみると、答申に関連する文書や補足資料の中に委員名は明記されていますが、審議会委員というのは集合名詞であり、その審議会が出す答申は、誰も責任が問われることのない「無責任答申」だということにもなります。

一方で、官僚の側としては、「役所のみんなで決めた」ということで免責されるだけでなく、審議会の答申を引き合いに出して、次のように言い訳することができるでしょう――「専門家の先生方が審議して、特段のご異論もなくお決めになったことですから」。一方で、委員の側としては「あれは、もともと役人が作文したものだし」と言って責任を回避したくなってくるかも知れません。

なお、この本では、何度か中教審や大学審議会について批判的に扱ってきました。また、その文章の稚拙さや不可解さについて指摘しました。以上のことから考えれば、そのような批判は、それらの審議会委員として名を連ねている大学関係者をはじめとする「高い識見を有する」人々にとっては、非常に不本意なものであったに違いありません。

†中教審答申のナゾ（1）——集団的無責任体制下での「主体性」

審議会についてはよく「官僚（行政）の隠れ蓑《みの》」あるいは「行政の隠れ蓑」（近年は「官邸・内閣府の隠れ蓑」）と言われます。審議会あるいは委員会、会議などの名称を持つ諮問機関のすべてが、荒田氏や新藤氏が解説しているような形で官僚機構の「アリバイ作り」に使われているわけではないのかも知れません。また、審議会委員の中には「インナー」などと呼ばれるメンバーや、非公開の会議ないし「秘密会」（羽田 2019: 21）に参加する中核メンバーも含まれているそうです。その人々は、単に官僚による作文を追認するだけでなく、もっと直接的な形で答申や報告書の起草に関わっているのかも知れません。

しかし一方で、中教審の答申や報告には、明らかな文法上の誤りを含む拙劣な文章や意味不明の「ポンチ絵」がふんだんに見受けられます。それら典型的なお役所独特の言葉や文体で書かれた文章を、中教審の委員として名を連ねている「人格が高潔で、教育に関し広く且つ高い識見を有する者」（文部省設置法の一部を改正する法律・法律第百六十八号）ないし「学識経験のある者」（中央教育審議会令・政令第二百八十号）が起草したものだとは考えにくい面があることは確かです。

それにしても面妖《めんよう》なのは、近年その中教審の答申に「主体性」という文言が頻繁に見られるようになってきたということです。

その最初のものの一つとしてあげられるのは、中教審から一九九六年に出された「二一世紀を展望した我が国の教育の在り方について」という答申の次の部分です。

このように考えるとき、我々はこれからの子供たちに必要となるのは、いかに社会が変化しようと、自分で課題を見つけ、自ら学び、自ら考え、主体的に判断し、行動し、よりよく問題を解決する資質や能力であり、また、自らを律しつつ、他人とともに協調し、他人を思いやる心や感動する心など、豊かな人間性であると考えた。

この答申は教育全般に関わるものですが、高等教育についていえば、一九九七年の「高等教育の一層の改善について」で次のような文章が登場してからは、「主体的な学習」ないし「主体的（な）判断」という文言が頻繁に使われるようになっています。

……高等教育機関には、単に専門分野における高度の知識・技術を習得しているだけではなく、**主体的に変化に対応し得る**幅広い視野や総合的な判断力や豊かな創造性を持つ人材の養成が求められている

たとえば、主な答申だけでも一九九八年の二一世紀答申では三六箇所、二〇〇八年の学士課程答申では合計で二二箇所で「主体性」や「主体的な取組」あるいは「主体的な議論」などが強調されています。また、二〇一二年に出された質的転換答申、つまり「新たな未来を築くための大学教育の質的転換に向けて〜生涯学び続け、**主体的に考える力**を育成する大学へ〜」では、副題自体に「主体的に考える力」というものが含まれています。

これは少しおかしな話です。というのも、集団無責任体制のもとでは、主体性はむしろ忌避されるべきものだからです。実際、荒田氏は主体的な判断のもとに「特段のご意見」を述べたからこそ「空気が読めない」（大人げない）、厄介な委員として大学設置・学校法人審議会の議論から外されていったのだと思われます。その意味では、審議会をはじめとする諮問機関の委員に期待されているのは、むしろ主体性を発揮しないことだと言えるのです。

†中教審答申のナゾ（2）――集団的無責任体制下での「リーダーシップ」

同じような不思議さは、「主体性」の場合と同様に中教審答申に頻繁に登場してくる「リーダーシップ」についても指摘できます。これは、一九九八年の「二一世紀答申」での登場が最初のものだと考えられます。その答申では、「国際社会で信頼され尊敬される人材として知的リーダーシップを発揮できる人材を育成する」ことが目標として掲げられていました。そして、二〇一二年の質的転換答申には、「学士力」を構成する重要な要素として次のようなものがあげられています――「人間としての自らの責務を果たし、他者に配慮しながらチームワークやリーダーシップ《原文ママ》を発揮して社会的責任を担いうる、倫理的、社会的能力」。

さらに近年の大学改革をめぐる議論、とりわけ「ガバナンス」に関する議論のなかでは、きまって「学長のリーダーシップの確立」が強調されています。また、二〇一七年六月に公表された「国立大学法人・大学共同利用機関法人の第2期中期目標期間の業務の実績に関する評価結果」では、まるで判で押したように、それぞれの大学について「学長（総長）のリーダーシップ」のもとでおこなわれた組織改革の成果が全体評価や「主な特記事項」としてあげられています。

これは少しおかしな話です。というのも、それらの文書を出してきた中教審では、官僚が作成した原案に対して特定の委員が個人として主体的な意見を述べることやリーダーシップを発揮して「社会的責任を担」ってしまうことはむしろ避けるべきことだとして考えられているに違いないからです。

†中教審の形骸化

行政機関である文科省や中教審における意思決定プロセスの特徴に照らしてみると不思議に思えてくるのは、「主体性」や「リーダーシップ」だけではありません。ある意味ではより本質的な点で不思議でありまた明らかな矛盾だと思えるのは、前章で見たように、中教審はその答申の中で何度となく「(改革の)実質化」の必要性を唱えてきた、という事実です。

というのも、この章でこれまで見てきたように、もし中教審の「審議」なるものが、事前に官僚があらかた大まかな筋書きを決めておいた施策案、つまり既成事実となっているものをなぞっていくという点で、本質的に追認の作業に過ぎなかったのだとしたら、その「審議」なるものはあらかた形骸化したものだと言えるでしょう。その形骸化してしまった中教審における議論から大学における改革の「実質化」を強く主張する答申が出てくるというのは、いかにも不思議なことのように思えます。[7]

文科省の次官であった前川喜平氏は、中教審などの審議会の形骸化は安倍晋三政権下で進んでいったとしています。前川氏が特に問題視しているのは、①政権中枢の内閣官房・内閣府が中心になって経済財政諮問会議など他の府省を超越した審議機関を形成したこと、②審議会委員を大臣などが直接任用することになったこと、という二点です。これによって、文部官僚にとっては教育内容への政治介入を防ぐ砦《とりで》であったはずの審議会の機能があらかた失われていったというのです（前川 2018: 131-134）。

これは、審議会が「官僚の隠れ蓑」というよりは今や「政治介入の隠れ蓑」として使用されるようになったということでもあります。たしかに、これらの変化によって府省が独自に政策を形成していくための一つの有力な手段であったはずの審議会の機能が喪われたという意味では「形骸化」は適切な形容だと言えます。

†二つの意味での形骸化

もっとも前川氏が指摘する形骸化は、この章で問題にしてきた形骸化とは明らかに次元が異なるものです。というのも、これまでこの章では形骸化を主として「官僚の隠れ蓑」という意味、つまり〈審議会委員の専門性にもとづく見解を軽視・無視して官僚の論理と筋書きで答申を作成する〉という意味でとらえてきたからです。

要するに、前川氏は次にあげる①の意味で形骸化という言葉を使っているのに対して、この本では主として②の意味で使用してきたのです。

形骸化①＝下請け機関化――審議会が行政への政治介入を阻む砦としての機能を失ない、もっぱら政治中枢が決定した政策を具体化する施策についてのみ審議する下請け機関になってしまっている

形骸化②＝追認機関化――審議会が、専門的知識を持った委員たちによる議論を通して政策提案・政策形成をおこなう場でなく、官僚が決定した政策を単に追認し権威づけする場になってしまっている

いずれにせよ、少なくとも中教審に関しては、明らかに右にあげた二つの意味で形骸化してきたのだと言えそうです。その点からしても、形骸化した中教審がことある毎に「改革の実質化」の必要性を提言してきたという事実は、何か趣味の悪いジョークのようなものにしか思えなくなってきます。[8]

慶應義塾大学の創始者でもある福澤諭吉は、『文明論之概略』の中で、言行不一致に陥りがちな「偽智者」を戒めて次のように述べています。

あるいはかの経済家が、天下の経済を論じて、一家の世帯を保つの法を知らず、航海者が議論は巧《たくみ》なれども船に乗ること能わざるの類《たぐい》は、世間にその例少なからず。これらはいわゆる偽智者なるものに似たれども、畢竟《ひっきょう》、世の事物に於《おい》て、議論と実際と相異《あいこと》なるべきの理なし（福澤［1875］1995: 138）。

この福澤の痛烈な批判は、ほぼそっくりそのまま、今や二重の意味で形骸化してしまった中央教育審議会のあり方に対して当てはまるものだと思えてなりません。

第六章

英雄・悪漢・馬鹿——改革劇のドラマツルギー（作劇術）を越えて

日本の大学の解体ないし崩壊の責任を明らかにしようとする試みは、ともすれば不毛な「悪者さがし」に終わってしまいがちです。大学を教育と研究の場として再生し、また次の世代の子どもたちと大学人に引き渡していくためには、一方では安易な悪者さがしを避け、他方では、絵空事でしかない外来モデルやユートピア的な将来像の幻影に惑わされないようにする必要があります。

1　大学バッシングと大学改革バッシングの深層

†「役不足（力不足）」の文科省と中教審

本来の意味とは正反対の内容を示すものとして使われることが多い慣用語の一つに「役不《やくぶ》

足《そく》」というものがあります。これは、もともとは主に「その人の力量に対して、役目が不相応に軽いこと」を意味していました。しかし、今では逆に「役割を果たす力がないこと。荷が重いこと」(『日本国語大辞典第二版』)、つまり「力不足」とほとんど同じ意味で誤用されることが少なくありません。

前章で大学院拡充政策における役割について見てきた文科省や中教審は、まさにこの誤用でいうところの「役不足」だと言えます。ただし、ここで言う「役不足」は〈真の意味での大学改革をおこなう上では力不足である〉という意味ではありません。たしかに、それは紛れもない事実ではあります。しかし、ここで問題にしたいのは、むしろ、〈失敗した大学改革の責任を一身に負うべき「悪役」あるいは「日本の大学をダメにしてきた張本人」という役柄を演じる上ではいかにも物足りないし力不足である〉という意味での「役不足」なのです。

これは一つには、前章で解説したように、文部官僚や審議会委員というのは、個人が名指しされない「集合名詞」ないし一種の記号のような存在に過ぎないからです。したがって、その人々が責任を負うことは基本的にあり得ません。また、実在の人物としてその名前(固有名詞)や顔が表に出ることも滅多にありません。

†「みんなが負うべき責任」

文科省と中教審が「役不足」であるもう一つの理由は、彼らだけに責任があるとはとうてい言い切れないからです。たしかに、この本を通して見てきたように、文科省や（その「隠れ蓑」である）中教審は、見当違いの「改革」政策を大学現場に対して押しつけてきました。しかし、当然のことながら、押しつけた側だけに責任があるわけでもありません。たとえば、第五章の冒頭で引用したコラムで日本経済新聞編集委員の滝順一氏が指摘しているように、若手研究者の窮状については大学とその関係者もいわば「同罪」の面があります。またすぐ後で詳しく解説しますが、滝氏もその一員であるマスメディアも含めて、日本の大学の「ダメさ加減」については、実にさまざまな組織や人々が何らかの形で責任を負っているはずです。

もっとも、実際にそのようにして、次々に「犯人候補」をリストアップする作業である「悪者さがし」をしていると、ほとんど際限が無くなってきます。したがって、たとえ特に責任が重い何人かを特定できたとしても、それで「溜飲が下がる」わけではありません。それどころか、逆に胸のつかえが募ってくる場合さえあります。

日本における大学改革がまるで「不思議の国」の出来事のようなものになってしまっている一つの原因は、そのような不毛な試みでしかない悪者さがしが繰り返されてきたという点にあります。また、その無益な悪者さがしの根底には、改革政策それ自体がドラマ仕立て（芝居仕立て）の筋書きに沿って策定されてきたという事情もあります。

†「大学解体」のユージャル・サスペクツ（常連的容疑者）

先に述べたように、大学における教育と研究をさまざまな点で「解体」（崩壊）させてきた「容疑者候補」ということであれば、幾らでもその名前をあげることができます。

その筆頭にあげられるのが大学とその関係者であることは、言うまでもありません。たとえば、第四章で解説したように、大学当局が政府や文科省などの指示に対して示してきた面従腹背的あるいは過剰同調的な対応は大学現場を混乱に陥れてきました。また、学部・研究科レベルでは「自治」の建前、一方、個人のレベルでは専門職としての「自律性」の建前を振りかざして前向きの改革に対してすら頑強に抵抗してきたのは、当の大学教員たちに他なりません。

それに加えて、年輩の教員たちが若手教員の窮状を悪化させている場合もあります。というのも、それらの人々には、終身雇用的な慣行に守られてとりあえず退職までの現状維持や「逃げ切り」（遠藤 2018）を図る一方で、改革関連の面倒な仕事を若手や中堅の教員に対して押しつけてしまう、という傾向があるからです。

大学以外にも、日本の大学崩壊をめぐる議論の中では、実にさまざまな組織や人々が悪役候補として扱われてきました。既にこの本で解説してきた内容とも一部重複しますが、悪役候補の幾つかをその主な「罪状」とともにリストアップしてみると次のようになります。

・政府（内閣官房・内閣府）――EBPM（実証的根拠にもとづく政策立案）とPDCAの励行を各省や大学に対して義務づけておきながら、その一方で各種の会議体を乱立させ、N-EBPM（無根拠の政策立案）によってPPPP（相互に矛盾する計画と方針の乱発）を招いてきた

・政治家――『『大学教員はバカ』・『文系なんてカネにならない』・『税金を使ってるんだから政治家にしたがえ』といった、およそ知性を感じさせないポピュリストに主導」（與那覇 2018：187）された「改革」を無反省に後押ししてきた

・財務省――既に賞味期限の切れた発想に過ぎない「選択と集中」に固執し、また、EBPMを標榜する一方で根拠に乏しい傾斜配分的な補助金行政を文科省に対して促してきた

・官僚――縦割り行政の中で、国益よりも「省益」、「局益」、「課益」を優先して、教育行政をパッチワーク（継ぎはぎ細工）的なものにしてきた。一方で、官邸・内閣官房・内閣府主導の政府内ガバナンス体制に隷属して、政府首脳や産業界の意向を忖度しながら、思いつき程度に過ぎないアイディアを教育政策の中に盛り込んできた

・企業――大学の「レジャーランド化」を嘆いてみせる一方で、学生をインターンシップや面接、内定後の会合、入社前の長期研修などで拘束して大学教育の効果を台無しにしてきた。その結果として、学生に対しては就職活動を実質的に「ガクチカ（学生時代に力をいれていたこと。エント

リーシートや就職面接で聞かれる定番的な項目の一つ）」の筆頭に置くことを強いてきた

・**企業人**――「とがった人材が欲しい」などと公言しながら、その一方で、周囲に波風を立てない無難な人材と思われる学生を人事担当者が優先して採用することを容認してきた。各種の審議会や諮問会議などに財界代表として参加して「民間の知恵」と称する見解を披露して教育行政を迷走させてきた

・**マスメディア**――府省や大学の報道・広報資料を「コピペ」的に掲載する。各種大学ランキングの情報を無批判に取りあげるだけでなく、疑わしい方法で作成した独自の大学や学部のランキングを特集記事の売り物にしてきた

・**受験産業**――圧倒的な情報力と資金力を駆使して巧みに政界・官界に食い込み、受験関連事業だけでなく大学の教育や経営に関わるコンサルティング業務にまで触手をのばしている。「教育産業」などと名を変えて、税金を原資とする半ば公共事業化した教育関連の事業を請け負ってきた

†容疑者候補の長大なリストと膨大な罪状

右では、日本の大学の崩壊を助長してきたと言われる、いわば「常連的容疑者」のうちのほんの数例をとりあげているだけに過ぎません。実際には、容疑者のリストは、ほとんど無際限なほど長大なものにすることができます。

たとえば、第一章と二章でとりあげた認証評価機関は、当然このリストに付け加えることができるでしょう。また、学生の就活（就職活動）を取り仕切り、企業・大学・学生を煽り立てて大学をレジャーランドならぬ「ビジネスランド」（就職までの中継地点）（矢野1999：13）へと変質させてきた就職情報会社（リクルートキャリア［リクナビ］、マイナビ、ディスコ［キャリタス就活］など）も有力な悪役候補です。

また、それぞれの容疑者の「罪状」については、右で述べてきたよりも、さらに詳細なものにできるはずです。

たとえば、審議会には、政策に対してお墨付きを与える場というだけでなく、利害調整の場としての性格もあります。事実、委員たちはそれぞれの利害関係団体の代表として、最終的に出される答申・報告が自分たちにとって有利になるように、あるいは少なくとも不利にならないように心がけます。また、審議会の委員になっていれば、補助金関係の情報や府省にとって「次の一手」となる新しい政策の詳細に関する情報を公式・非公式な形でいち早く獲得することもできるでしょう。そのような行動をとる委員にとっては、「部分最適」こそが最大の関心事になります。それがひいては、大学セクター全体にとっての全体最適を阻害することもあるでしょう。

†悪役たちの共犯関係

当然ですが、右で見てきた容疑者ないし「悪役」たちは、必ずしも単独で悪行を働いているというわけではありません。実際には、むしろ複数の関係者が結託して悪事をなしてきたというケースが圧倒的に多いのです。

たとえば、前章で解説した法科大学院制度の破綻については、単に法曹需要に関する甘い見通しにもとづいて政府や府省が欠陥だらけの制度設計をおこなったことだけが問題だったわけではありません。その制度上の欠陥をある程度承知しながら「バスに乗り遅れるな」とばかりに、身の丈を越えた無謀な計画のもとに続々と法科大学院を立ち上げていった大学側もいわば「共犯者」として同罪だったと言えます（新藤 2016）。

それと同じような点は、大学院全体に関する根拠薄弱な「量的整備」計画を策定してきた大学審・文部省と定員割れを半ば承知の上で大学院課程を次々に新設・増設してきた大学とのあいだの「共犯関係」についても指摘できるでしょう。

†悪者さがしの堂々めぐり

もっとも、このようにして、単に容疑者候補の名前とその罪状を列挙していっても、それで

「事件の真相」や「本当の原因」にたどりつくことができるわけではありません。また、問題が一挙に解決に向かうこともないでしょう。むしろ、このようにほとんど際限なく悪役候補をあげていく中で、逆に責任の所在が曖昧になってしまう場合が少なくありません。

たしかに右にリストアップした候補たちが「大学崩壊」に関してそれぞれ何らかの責任を負っていることは明らかです。しかし、どの候補の罪状もそれだけでは決め手にかけるきらいがあります。要するに、文科省や中教審の場合とまったく同じように、右のリストの容疑者候補たちも決定的な悪役あるいは「諸悪の根源」としては、いかにも役不足（力不足）なのです。

それに加えて、これだけ悪役候補のラインナップが長大なものになってくると、議論が堂々めぐりになる可能性があります。つまり、次のような責任の押しつけあいになってしまうのです。

改革に後ろ向きの大学が悪いに決まっている↓いや、そもそも大学審とか中教審の「御達し」が根拠薄弱で理不尽なものだからだ↓審議会は官僚の隠れ蓑に過ぎませんよ。省益どころか局益とか課益を第一に考えてきた文科省のお役人が諸悪の根源でしょう↓もともと政府が高等教育についてのグランド・デザインを持たずに選挙目当てとか財界向けを意識して場当たり的な政策を打ち上げてきたのが悪いんだよ↓思い切った改革案が示せなかったのは財務省が予算の出し惜しみをしてきたからですって↓じゃあ、それで租税負担を増やすというのですか。国民がそんな痛みをともなう改革を受け入れるでしょうかね。↓何と言っても、手持ちの資源でベストを尽くしてこなかった大学が悪いんだよね↓……

†「みんなが悪い」＝「誰も（決定的には）悪くない」——もう一つの集団無責任体制

このような堂々めぐりの責任の押し付け合いが続く限り、「誰もが悪い」、「何もかもが悪い」裏を返せば「誰にも決定的な責任と罪はない」ということになってしまいます。実際、何らかの形で「全員の手が汚れている」のだとしたら誰か一人を責めることなどできるはずはない、ということにもなります。

前章では、主に「みんなで決めた」ことにして特定の個人の責任を不問にしてしまう傾向を指して集団的無責任体制と呼びました。それ以外にも、このように「誰もが悪い」そして「自分だけが特に悪いわけではない」として責任を回避することもまた、集団無責任体制と呼ぶことができるでしょう。実際、前章でとりあげた「一億総懺悔」は、この二つ目のタイプの集団無責任体制の背景にある発想だったと言えます。

このような「悪者さがし」は決して生産的な議論にはなりません。失敗の経緯を明らかにしていく作業を進めていく中で、その作業のいわば副産物として責任の所在やその相対的な重さが明らかになることは当然あり得ます。しかし、「悪役さがしのための悪者さがし」は不毛な作業にしかなりません。実際、そのような自己目的化した悪者さがしの作業は、たいていの場合、もやもやした感情や割り切れ無さといった気持ちを残す結果に終わりがちです。

†失敗を学習の機会に変えていくために

マシュー・サイドの『失敗の科学』(二〇一六)には、このような「悪者さがしのワナ」を抜け出して改革の糸口を探っていくための重要な示唆が含まれています。英国の科学ジャーナリストであるサイドは、医療界と航空業界がそれぞれ致命的なミスに対して示してきた対照的な対応の仕方を比較することを通して、失敗を学習の機会に変えていくためのあるべき方向性について明らかにしているのです。

サイドは、医療過誤や航空機事故のような社会の耳目を引く事件が起きた際には、とかく悪者(スケープゴート)さがしが始まるものだが、それよりもはるかに重要なのは失敗から貴重な教訓を学んでいくための環境を整えていくことだとして、次のように述べています。

何か間違いが起こると、人はその経緯よりも、「誰の責任か」を追及することに気をとられる傾向がある。……何かミスが起こったときに、「担当者の不注意だ!」「怠慢だ!」と真っ先に非難が始まる環境では、誰でも失敗を隠したくなる。しかし、もし「失敗は学習のチャンス」ととらえる組織文化が根付いていれば、非難よりもまず、何が起こったのかを詳しく調査しようという意志が働くだろう(サイド 2016: 243–244)。

サイドは、失敗からの学習がうまくいかない状態を「クローズド・ループ現象」と呼んで、次のように定義します——「失敗や欠陥にかかわる情報が放置されたり曲解されたりして、進歩につながらない現象や状態」(サイド 2016: 26)。

サイドによれば、医療業界ではこのクローズド・ループ現象が頻繁に生じており、医療ミスが起こった経緯に関して日常的にデータ収集をおこなうどころか、重要な事実を隠蔽することすら稀ではなかったとします。それとは対照的に、航空業界では事故調査のために強い権限を持つ独立の調査機関が存在し、失敗は必ずしもたとえば特定のパイロットを非難するきっかけにはなりません。したがって、パイロットは比較的オープンな姿勢で自分のミスに向き合うことができるようになります。それがひいては、航空業界の全ての関係機関、関係者にとって貴重な学習の機会になるというのです。

†大学改革のクローズド・ループ現象を越えて

　このサイドの指摘を踏まえてみると、日本の大学改革の場合には、クローズド・ループ現象が至るところで生じていたのだと考えることができます。事実、行政当局も大学関係者も、悪者さがしと責任の押し付け合いに終始する一方で、〈なぜ、またどのような経緯で大学改革が失敗に終わってきたのか〉という点に関する本格的な検討をおろそかにしてきました。それどころか、前章で見たように、ある場合には、失敗（失政）を失敗として認めることさえ怠ってきました。だからこそ、本来の意味でのＰＤＣＡが成立してこなかったのだと言えます。

　この本の締めくくりとして、この章と次の第七章では、大学に関してこのようなクローズド・ループ現象を避け、サイドが言う「失敗を学習のチャンスとしてとらえる組織文化」を形成していくための手がかりを探っていきます。

　もっとも言うまでもなく、高等教育に関わるさまざまな組織や機関において失敗や欠陥についての情報を正当に評価しまた共有する体制を整えていくための提案をおこなう、ということはこの本の範囲をはるかに越えます。また、それは一朝一夕《いっちょういっせき》になし得ることではないでしょう。特に、日本の行政機関に特徴的な「無責任の体系」は、戦前からの体制を引きずってきた官僚の任用・登用システムの根本的な転換という、本質的な意味での「政治改革」と「行政改革」

を必要とするものでしょう（大森2006）。

†二つの提案

この章と次の章でおこなっていくのは、そのような大がかりな行政改革に結びつく可能性を持つ提案にくらべればはるかに控えめな、基本的な物の見方と考え方に関する二つの提案です。

一つめは、大学改革をめぐる議論につきものであるドラマ仕立ての発想、つまり特定の誰かを悪者に仕立てる一方で外来モデルを超英雄《スーパーヒーロー》のように扱ってしまうマインドセット（物の見方、心のクセ）からの脱却を目指すべきだ、という提案です。もう一つは、改革構想がまさにそのようなドラマ仕立てであったことによって疎かにされがちであった、確実な実証的根拠にもとづいて政策を立案し実行していくことの提案です。これは、言葉の本来の意味での「EBPM（科学的根拠にもとづく政策立案）」に関する提案です。

要するに、これからこの本で提案していくのは、（1）悪者さがしの構図それ自体を相対化すること、（2）失敗に至るまでの経緯を確実なデータにもとづいて明らかにした上でその経緯から教訓を学んでいくこと、という二点なのです。

2 バッシングの効用と限界

†ドラマと現実の違い

先に述べたように、大学崩壊をめぐる「悪者さがし」は堂々めぐりの議論に終わりがちです。その結果として、もやもやとした気持ちが残ることが少なくありません。

しかし、これが仮に勧善懲悪式のドラマであれば、話はまったく別です。何よりも諸悪の根源となっている悪役（たち）の正体や素性は明らかですし、彼らを成敗すれば、問題が一気に解決に向かうことは最初から分かりきっているからです。

実際、暴虐の限りを尽くす悪役は役名や衣装あるいは顔立ちからしてもいかにも悪玉然としていて簡単に見分けがつきます。（たとえば、歌舞伎の舞台に登場してくる悪役［敵役《かたき》］は観客から見て容易にその役柄が分かる独特の隈取りをしています。）一方で、善玉であるヒーローは、たとえある時期までは身をやつしていたとしても、肝心の見せ場ではさっそうとした出《い》で立ちで現れて、悪者どもを見事な手際で成敗してくれます。同じように、プロレスリングの古典的な段取りの醍醐味は、何といっても、それぞれが明快なキャラクター設定で登場するヒール（悪役）とベビーフェイス（善玉）の対決にあります。

ドラマの場合もプロレスの場合も、物語のクライマックスでは、悪役の理不尽な仕打ちに対して我慢に我慢を重ねたヒーローは、ついに堪忍袋の緒が切れて、「正義の鉄槌」を下します。そして、悪役が成敗されることによって、観客はカタルシス（胸が空《す》くような快感）を味わうことができるのです。

それに対して、現実の世界の大学問題をめぐる議論の場合には、明確なヒーローやその相手方である悪漢が特定され、また悪役が一気に成敗されてカタルシスがもたらされるような展開は、基本的にあり得ません。むしろ逆に、誰がどの程度悪く、また誰がどのように問題を解決する英雄的な役割を果たすべきかについては曖昧なままであり、釈然としない気持ちが残るだけの場合が少なくないのです。

もっともその一方で、大学改革をめぐるさまざまな議論の中には、特定の組織や登場人物を徹底的な悪役あるいは逆にヒーローとして仕立てた上でストーリーが展開されるものがあります。また、そのようなドラマ仕立ての「改革劇」は、時として、問題が一挙に解決されるのではないか、という期待を抱かせてくれることもあります。

そのようなドラマ仕立てで展開される議論の典型としては、少なくとも二つのものがあげられます。一つは、スキャンダラスな出来事をめぐって特定の人物や組織がバッシングの対象になる場合です。もう一つは、何らかの外来モデルを「スーパー・ヒーロー」に見立てた上で提案される改革案です。

†バッシングの事例――「裏口入学」をめぐる文部科学省汚職事件（二〇一八）

何らかの大学問題に関するバッシングは、一時的にせよ、際限のない悪者さがしの末に生じてきた釈然としない気持ちを解消してくれます。バッシングの標的は大学とその関係者であることが多いのですが、最近は「選択と集中」をはじめとする大学改革政策そのものが「失政」であったとしてバッシングの対象になることも増えています。

大学改革政策に関連する問題で文科省と特定の大学がバッシングの対象になった典型的な事例としては、第二章でも取りあげた私立大学研究ブランディング事業に関連する事件があげられます。二〇一八年七月にマスメディアによって大きく取りあげられたこの事件では、文科省の局長が、自分の子供を東京医科大学に合格（裏口入学）させてもらった見返りに、同大学がブランディング事業に採択されるように便宜を図ったという受託収賄罪の嫌疑で逮捕されています。一方で、贈賄側の東京医科大学でも理事長と学長が贈賄罪で起訴されています。

この種の事件が起きると、マスメディアやインターネット・メディアは、「ここぞとばかり」に一斉にバッシングに取りかかります。悪事とされる行為そのものだけでなく、それをおこなった個人の名前と顔写真が掲載され、またその人物の人格についてほとんど誹謗中傷に近い非難がなされることが少なくありません。

たとえば、「裏口入学」事件に関する当時の週刊誌の見出しの一部を幾つかあげると次のようになります——「バカ親〈文科省〉局長○○○［個人名］(58)の異常な愛情」(『週刊文春』二〇一八年七月一九日号)、「文科省『裏口入学』東京医大に〝理事長枠〟」(『週刊朝日』二〇一八年七月二〇日号)、「収賄で逮捕の文科省エリート一番のバカは「親父」か「息子」か「大学」か」(『週刊現代』二〇一八年七月二一日・二八日合併号)。

†バッシングの効用と限界

大学をめぐる問題の場合に限らず、バッシングの一般的な特徴の一つは、「叩きやすいところ(だけ)を集中的に叩く」というところにあります。叩きやすいということは、つまり読者や視聴者にとって分かりやすいということでもあります。

実際、汚職のように行為自体が「悪事」であることが誰の目にも明らかな事件が起きた時などは、その行為を働いた関係者は、その人々に向けて苛烈《かれつ》な攻撃の矢を向けても一向に構わない「悪玉」ないし「極悪人」として扱われることになります。場合によっては、その人物や組織が、まるで諸悪の根源であったかのような扱いを受けることさえあります。

さらに、「だから、大学はやはりダメなのだ」とか「だから、やっぱり文科省は三流官庁なのだ」というような扱いがなされることもあります。つまり、特定の事件に関与した人物だけでなく、それらの人々が所属している組織や機関一般が抱えている本質的な問題の一部が「氷山の一角」として露わになった、などという論調で批判がなされるのです。

こうして、バッシングは、大学崩壊に関わる悪役候補のなかでも特定の人物や組織を取りあげスポットライトをあてることによって、複雑な現実をドラマ仕立ての形で単純化して描き出します。実際、メディアの扱いだけを見る限り、バッシングの対象になった人物は本当に悪者に見えます。また、その人たちが最終的に処分を受けて排除されれば「ついに正義の鉄槌《てっつい》がくだされた」ということで、読者や視聴者は溜飲を下げることができます。さらに、世の中は今後良い方向に変わっていくのではないかという期待を抱かせてくれることさえあります。

しかし、バッシングはしょせんバッシングでしかありません。それによって一時的に鬱憤《うっぷん》を晴らすことはできても、根本的な原因が解明・解決されない以上、釈然としない気持ちは残ります。

実際、マスメディアは、単にその「叩きやすいところだけを叩く」という習性を発揮しているだけに過ぎません。ですので、バッシングは多くの場合、一過性のものにとどまります。話題が出尽くしてしまい新鮮なニュースとしての「賞味期限」が切れた後は、いつの間にか忘れ去られていきます。そして、メディアは、また分かりやすくて、かつ叩きやすい新たなバッシングの対象を探し求めていくことになります。

†英雄物語の効用と限界

大学やその関係者に関する話題がドラマ仕立てで語られる例は、バッシングの場合に限りません。先進的な改革をおこなって大幅な国際化を達成したり、斬新な広報・宣伝戦略を駆使して受験者数を大幅に増やしたりした大学の活躍は、サクセスストーリーないし一種の「美談」の筋立てで紹介されることがよくあります。

バッシングの際には「叩きやすいところ（だけ）を集中的に叩いて」いたメディアは、今度は「褒めやすいところ（だけ）を褒める」ことに専念します。そして、この場合、褒められた大学やその関係者は、いっときヒーローとしての扱いを受けることになります。

同じように、ノーベル賞やそれに匹敵する国際的な学術賞を受けた科学者は、文字通りの国家的英雄としてマスメディアで取りあげられ、また政府から顕彰を受けることになります。そして、各方面から喝采を浴びた研究者の偉業は、世界大学ランキングで低迷し、また研究論文による発信力という点でも沈滞している日本の大学にも、もしかしたらまだ希望の芽が残っているのではないかと思わせてくれます。

もっとも、特定の大学の活躍やノーベル賞受賞者の偉業は、日本の大学界全体にかけられた汚名を晴らしたり、明るい展望を開いたりする上でそれほど効果があるわけではありません。

実際、ノーベル賞受賞者の偉業については、まるで枕詞《まくらことば》のように日本の研究政策が抱える深刻な問題点が指摘されます。たとえば、それは「すぐに役に立つ」研究への近視眼的な公共投資によって基礎研究への支援が先細りになってきたという問題であったりします。同じように、各種の学術賞受賞者からは、選択と集中によって大学の「基礎体力」がどうしようもなく衰えてきたことに関する、実に真っ当な批判がなされることもよくあります。さらに、ノーベル賞の栄誉に輝いた超一流の研究者が実は日本では居場所を見つけられず、海外の大学や研究所での活動に活路を見出さざるを得なかったなどという事実が明らかにされたりもします。

このノーベル賞受賞者の例に比べれば、将来の「スーパーグローバル大学」としてSGU事業に採択された三七校は、どうみてもヒーローとしてははるかに小粒であり、また役不足（力不足）な「小英雄《しょうえいゆう》」でしかありません。何しろ、それらの大学の世界大学ランクは未だに低迷しており、研究論文の生産性という点でも、中国をはじめとする他のアジアの国々からの激しい追い上げにあって苦戦しているのです。その意味では、SGU事業のタイプBの名称が「グローバル化牽引型」というのは、今となっては皮肉としか言いようがないネーミングだったとも言えます。

3 道徳劇としての大学改革のプロットとストーリー

†改革をめぐる物語のキャスティング（配役）

バッシングやノーベル賞級の研究者が英雄として取りあげられるケースは比較的分かりやすい例だと言えますが、それ以外にも、大学改革をめぐる議論の中で特定の人々や組織が類型化された役柄（キャラクター）を割り振られる例は少なくありません。

たとえば、世界ランキングにおける低迷が話題になる場合には、日本の大学は出来の悪い**劣等生**という役柄で描き出されます。ですので、改革施策は、そのどうしようもない劣等生をいかにして、米国や英国の主要大学のような「世界の舞台で戦える『スーパーグローバル』な優等生」として鍛え上げていくか、という点が中心になります。

世界水準から見て日本の大学が劣等生でしかない理由の一つは、教員たちの研究業績が振るわないからだと考えられます。それは恐らく彼らが、研究という点でもアカデミック・ポストという点でも本格的な競争にさらされることが少ない、日本の大学という「ガラパゴス化」した世界で安穏と暮らしている**怠け者**ないし**愚者**であるからに違いありません。

したがって、この場合の改革の要点は、たとえば補助金の支給や配分に際して徹底した業績主義を導入することにあると言えるでしょう。ここでもやはり、米国のモデルが取りあげられることが少なくありません。つまり、世界規模での熾烈な競争を生き抜いてきた米国のスーパースター的な研究者が英雄として描かれることになるのです。

米国の大学は、レジャーランドと化した日本の大学を学び舎《や》として再生していく上でも理想的なお手本として描かれます。この場合は、日本の大学生が部活やサークルの活動あるいはアルバイトに明け暮れる愚か者として見なされているのに対して、米国の大学生は大量の宿題をこなすだけでなく授業での討論にも積極的に参加する勤勉な優等生として描き出されることになります。

†英雄・悪漢・馬鹿――道徳劇における主要キャラクター

「社会タイプ」とは？　このように大学改革をめぐる議論には、さまざまな役柄の人物や組織が登場してきます。それらの多様な役柄のあいだの関係を整理した上でドラマ仕立ての議論に含まれる問題点について明らかにしていく上で参考になるのが、米国の社会学者オーリン・クラップが提案した「社会タイプ」という考え方です。

クラップは、『英雄・悪漢・馬鹿――アメリカ的性格の変貌』（一九七七）という著書で、マスメディアにおける有名人の描かれ方について、それを英雄・悪漢・馬鹿という三つの社会タイプに分類しています。ここで社会タイプというのは、社会全体を舞台にして上演されるドラマにおける役柄のことです。

英雄というのは、たとえば、スポーツ界における名選手、あるいは政治家で言えばジョン・F・ケネディのように偉大なアメリカを体現し世界的リーダーとなった人物などに対して割り当てられるキャラクターのことです。映画やテレビで描かれる善玉の主人公たちも英雄という役柄に含まれます。

一方、悪漢は、フィクションで悪役を演じる俳優たち以外に、アル・カポネのようなギャングの親玉に対して割り当てられる役柄です。ヒットラーやスターリンのような独裁者なども典型的な悪漢タイプだと言えます。

最後の馬鹿には社会的な失敗者の他に道化役のことも含まれます。馬鹿あるいは愚か者の代表としては、無能な政治家や上流社会におけるにわか成金などがあげられます。

「社会タイプ」の機能と相互関係　クラップは、これら英雄・悪漢・馬鹿という三種類の社会タイプは、社会的規範、つまり「人々が本来あるべき姿」の標準的イメージからのプラスないしマイナス方向の逸脱（はみ出し方）の三パターンを示しているとします。また、それによって、人々に対して今後どのように行動すべきか——また、どのように行動すべきではないか——という点に関する役割のモデルを具体的な役柄のイメージの形で表現することによって、重要な社会的機能を果たしてきたのだとします。

実際たとえば**英雄**の場合は、標準的なレベルよりもはるかに優れた資質を持ち規範の強化（レベルアップ）に貢献する役柄としての機能を持っています。つまり、英雄は人々にとっての**尊敬と崇拝**の対象になる、文字通りの「役割モデル（ロールモデル）」なのです。

それに対して、**悪漢**は、規範にとって害悪となり社会秩序を脅かすタイプの存在です。実際、悪漢と呼ばれる者たちは、犯罪や暴力など道徳上とうてい許されない行為によって人々の**憎悪や恐怖心**をかきたて、「こうなってはいけない」というマイナスの役割モデルになります。

最後の**馬鹿**は規範よりも劣った存在ではありますが、規範それ自体に対して直接的な危害を及ぼすことはありません。むしろ、その愚かなふるまいが**軽蔑と嘲笑**の対象になることによって、あるべき姿をより明確に示すことになります。また、道化役としての「馬鹿」は不満のはけ口になり社会的緊張を解消する安全弁としての役割を果たすこともあります。[1]

こうしてみると、社会タイプというのは、社会全体を舞台にして上演される「道徳劇（morality play）」に登場するさまざまな役柄のことだと言えます。ここで道徳劇というのは、美徳や悪徳を体現する役柄の人物が登場し、最終的に主人公の魂が救済され、また世界の道徳的秩序が回復されるにいたるまでの過程を描いた演劇のことです。

†改革ドラマの配役表

道徳劇としての大学改革　これまで述べてきたことからも明らかなように、日本の大学改革をめぐる議論には、一種の道徳劇としての性格があります。実際、大学改革の最も重要なポイントは、愚か者（馬鹿）や怠け者として見なされてきた日本の大学と教員や学生を含む大学関係者を何とか改心させて正しい道に歩ませていくところにあるからです。

また、道徳劇では、美徳を体現する役柄の人物が、いわば「導き手」として主人公に対して進むべき道を指し示してくれます。それと同じように、大学改革をめぐる議論の中では、日本の大学がスーパーグローバルな組織として生まれ変わる上での道しるべとなるような英雄的存在がお手本＝役割モデルとして登場してきます。

配役表の概要　図表6-1は、以上のようなクラップの社会タイプの枠組みを参考にして、大学改革をめぐるドラマ仕立ての議論に登場するさまざまなキャラクターの相対的な位置づけについて整理してみたものです。

この図の横軸は、規範的価値からの逸脱の方向（プラスかマイナスか）とその程度を示して

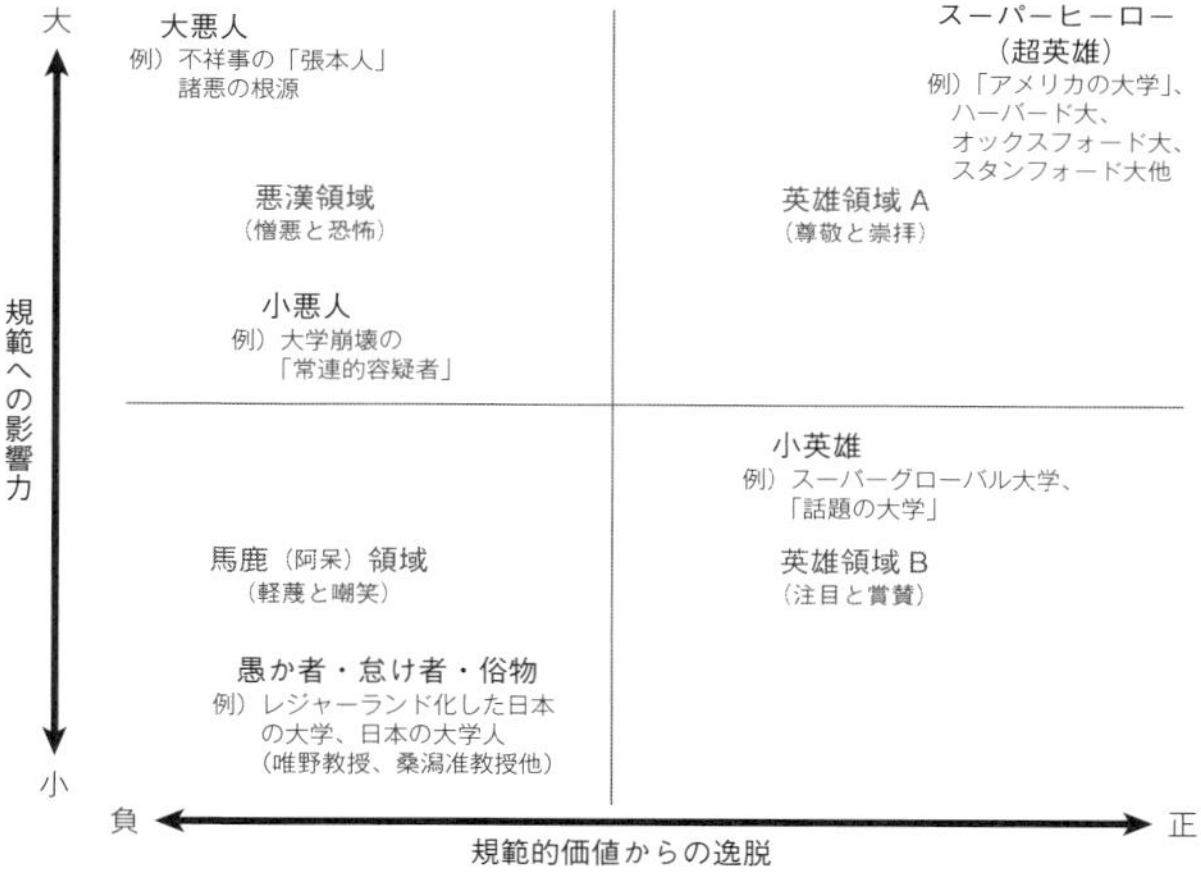

図表 6-1　改革劇の配役表

います。一方で縦軸にはそれぞれの役柄が規範的価値に対してどの程度の影響力を持っているかが示されています。

英雄領域　この二つの軸を中心にしてみると、全体は大きく四つの領域に分けることができます。図の右半分は、規範的価値という点でプラスの方向性を持っていることから、その全体を「英雄領域」と名づけることができます。英雄領域は、さらに社会的規範への影響の程度という点で、より大きな影響力を持つ役柄が配置される領域Aと、相対的に軽微な影響しか及ぼさない領域Bに分けることができます。

　実際、右上の領域Aに位置づけられる役柄の場合には、まさに「尊敬と崇拝」という言葉がふさわしいカリスマ的な感化力を持っていると考えることができます。一方で、右下の英雄領域Bについては、「注目と賞賛」という言葉は当てはまるでしょうが、「崇拝」と呼べるほど永続的な影響力は持ち合わせていないと考えられます。実際、この領域に位置づけられる役柄は、いわゆる「時の人」などと同様にいっときは脚光を浴びるものの、話題の「賞味期限」が切れた後にはまたたく間に忘れ去られていく例が少なくありません。

日本における大学改革をめぐる議論の中で登場する役柄をこの配置表の枠組みを適用して位置づけて見れば、英雄領域Aの頂点に位置するのは「スーパーヒーロー（超英雄）」としての米国の大学一般です。その代表としては、ハーバード大学やスタンフォード大学があげられます。英国については、オックスフォード大学やケンブリッジ大学がスーパーヒーローの筆頭としてあげられるでしょう。一方で、日本のSGU（スーパーグローバル大学）やその時々に改革が進んでいるとして話題になってきた大学は「小英雄」として、どちらかと言えば「座標軸」の原点に近い場所に位置づけることができます。

悪漢領域　図の左側の領域には、規範的価値に対してマイナスの性格づけを与えられたキャラクターが配置されます。これは、負の影響力が大きい上側の「悪漢領域」と、それほどでもない下側の「馬鹿（阿呆）領域」に二分されます（関西地域などでは「馬鹿」が極端な侮辱表現になる場合があるため、図表6-1には「阿呆」も書き添えておきました）。

悪漢領域の頂点に位置づけられるのは、「メディア総がかり」とも言えるバッシングの対象になった大学や大学をめぐる汚職事件などの不祥事の張本人とされる人々です。

一方で、この章で「大学崩壊のユージャルサスペクツ（常連的容疑者）」と呼んだ人々や機関は、小悪人《こあくにん》として原点に近い場所に位置づけることができます。というのも、それらの人々や機関は、それぞれ大学崩壊に関して何らかの責任を負っているとはいえ、決定的な影響力を持つ「諸悪の根源」とまでは言い切れないからです。

馬鹿（阿呆）領域　図の左下側の馬鹿（阿呆）領域には、レジャーランド化した大学やその関係者が配置されます。

フィクションの世界では、日本の大学がしばしばそのような「愚者の楽園」のような姿で描き出されてきました。最近の例で言えば、現役の大学教授である奥泉光氏が書いたということでも話題になった「クワコー（桑潟幸一准教授）」シリーズが、その典型であると言えます。その一連の小説の中では、主人公である桑潟准教授がつとめてきたとされる「関西圏随一の低偏差値」を誇る敷島学園麗華女子短期大学や「入試がテキトーで図書費のない」たらちね国際大学が、まさに学生たちにとってのレジャーランドとして描かれています（奥泉2011）。かなり古くなりますが、一九九〇年代初めにベストセラーとなった筒井康隆氏の小説『文学部唯野教授』では、教員たち自身が姑息な学内政治の駆け引きや陰湿ないじめに明け暮れる愚か者ないし俗物として描かれています。

†小悪人と愚か者が及ぼしてきた長期的な影響

ここで注意しておかなければならない点が幾つかあります。

一つは、「小悪人」たちが規範的価値に対して及ぼす危害の程度と期間という点です。右で指摘したように、たしかにそれぞれの「常連的容疑者」の影響力はさほど大きくはないかも知れません。また個々の容疑者の責任は曖昧にされがちです。しかし、彼らは、その総体としては、大学における教育と研究に対して累積的かつ長期的に害をなす可能性があるのです。

この点については、小悪人たちには「大悪人」とは対照的な性格があると言えます。実際、不祥事の当事者に関しては、バッシングの最中に限っていえば「分かりやすい悪役」として一時スポットライトがあてられます。しかし、その時期が過ぎれば忘却の彼方に追いやられます。また、バッシングの結果としてその人々自身が表舞台から去って行くことも少なくありません。

それに対して、小悪人たちの場合は、無名性の影に隠れ、また「集団無責任体制」のもとに誰も責任を問われない中で従来と変わらない負の影響を大学に対して及ぼし続けていくことになります。その点では、ごく短い間だけバッシングの対象となる大悪人よりは罪は重いとさえ言えるのです。

同じようなことは、図表6-1では「愚か者・怠け者・俗物」などと名づけている、馬鹿（阿呆）領域に属するキャラクターについても言えます。この人々や組織は大悪人の場合とは違って明白な違法行為を犯しているわけではありません。また、大学というものに対して直接的な危害を及ぼすわけでもありません。

しかし、彼らは、日本の大学と大学人あるいは大学という場でおこなわれている教育や研究に対する信頼を長期にわたって毀損《きそん》してきたのです。その点に関して言えば、彼らが長期間にわたって及ぼしてきた影響はかなり大きなものだと言えるでしょう。

事実、これら馬鹿（阿呆）領域に属するキャラクターは、「どうせ日本の大学はその程度のもの」、「しょせん大学での勉強なんて、それだけのこと」という諦念を日本社会の中に植え付け、また根付かせてきたのでした。

4　ドラマ仕立ての改革案の問題点

†紋切り型のキャラクター設定

『水戸黄門』などをはじめとする勧善懲悪式の時代劇はまさにその典型ですが、ドラマの最大の魅力の一つは、単純明快な筋立てとキャラクター設定の明確さにあります。実際、物語というのは、現実を構成している複雑な要素をあらかたそぎ落として極端に単純化しているからこそ、文字通りドラマチックな「お話＝フィクション」としての魅力を持つことになるのです。

登場人物にしても、通常の社会生活では、掛け値無しに尊敬と崇拝の対象になるような英雄的な人々などまず存在しません。一方で、誰からも忌み嫌われ恐れられる大悪人もごく稀にしかいません。それに対して、虚構（フィクション）としてのドラマの場合には、善と悪それぞれのキャラクター（役柄）が明確に区別できる例が非常に多いものです。

しかし、どういう理由によるものか、本来は虚構の世界の話ではなく現実の世界に関わる問題であるにもかかわらず、大学改革に関する議論の場合には、まるで勧善懲悪型のドラマを思わせるような配役の設定がなされる例が少なくありません。当然ですが、このような大雑把で紋切り型のキャラクター設定は、改革を誤った方向に導きかねません。

†スーパーヒーローとしての「アメリカの大学」とカタカナ言葉の氾濫

この点で注目に値するのは、大学改革をめぐる議論の中で米国の大学に対して与えられてきた役柄に見られる顕著な特徴です。これまでこの本で解説してきたことからも明らかなように、米国の大学、特にハーバードやスタンフォードのような一流大学は、研究と教育だけでなく大学経営という点でも一貫して輝かしいモデルとして語られてきました。また、特定の大学だけでなく、米国の大学セクターそれ自体も、内外の熾烈な競争環境の中でみずからを鍛えあげてきたという点で、日本の大学界が見習うべき究極のモデルとして語られてきました。

言葉を換えて言えば、米国の大学と大学界は、まさに日本にとっての「スーパーヒーロー（超英雄）」として描かれてきたのです。

だからこそ、日本では、大綱化答申が出された一九九一年前後から、大学改革をめぐる議論の中では「一体どこの国の話なのか」と思えるほどにカタカナ言葉やアルファベットの頭文字の用語が氾濫してきたのだと言えます。それが古くはシラバスやTA、RAあるいはFDであり、近いところではAL（アクティブラーニング）であり、またDP・CP・AP（ディプロマ・ポリシー、カリキュラム・ポリシー、アドミッション・ポリシー）であったりします。

†「アメリカン・ウェイ」が究極の理想？

典型的なスーパーヒーローであるスーパーマンは、「真実と正義とアメリカン・ウェイ(Truth, Justice, and the American Way)」のために文字通り超人的な能力を駆使して悪漢や怪物を完膚《かんぷ》なきまでに叩きのめし、地球を壊滅的な危機から救い出します。それと同じように、日本の大学は「アメリカン・ウェイ」の修得に対して真剣に取り組むことによってこそ、学生たちに対して理想的な学修環境を提供することができ、また世界の舞台で戦える「スーパーグローバル」な大学に生まれ変わることができるらしいのです。

もっとも、たとえば和風シラバスがそうであったように、もしかしたら言葉だけは同じに見えても、実際はアメリカのモデルとは全くの別物なのかも知れません。あるいはPDCAサイクルのように、一見「洋風」に見えて実は和製英語という例もあります。さらに、Society 5.0のように、アルファベットではあっても実際には米国はおろか日本以外のどこの国でも使われていない独自の用語もつくり出されてきました。

もっとも、それでも一向に構わないのです。というのも、改革政策の新奇さを強調し、また改革が成就したあかつきに実現される、夢のような大学像について語る上では、燦然《さんぜん》と輝く成功例である米国の大学を髣髴《ほうふつ》とさせるような言葉、つまり気の利いたキャッチフレーズをひねり出すことこそが重要なのです。

こうしてみると、どうやらこれらのカタカナ言葉や頭文字は、日本の大学をたちどころに「アメリカン・ウェイ」に変身させることができる呪文のようなものだったと言えそうです。また、文科省や中教審あるいはそれぞれの大学の名義で作成されてきたおびただしい数の文書の中に散りばめられているポンチ絵は、その種の呪文の効き目をさらに効果的にするための魔法の杖のような小道具だったようです。

†「つけ鼻」による演出効果の限界

模倣（イミテーション）とイノベーションのあいだ　当然ですが、「アメリカン・ウェイ」にせよ他の何にせよ、海外のモデルを借用することそれ自体が問題というわけではありません。それどころか日本の歴史を振り返ってみれば、遠い昔は主として中国、明治維新には欧米諸国、そして敗戦後は米国のモデルを貪欲に吸収・咀嚼した上で換骨奪胎し独自のモデルを作り上げてきた例が少なくありません。それは、一見模倣（imitation）のように見えて、実際には斬新なイノベーション（innovation）としての性格を強く持っていたと言えるでしょう（Westney 1989）。その一例が、第三章の最後の部分で取りあげた「創造的誤解」だったと言えます。

しかし、どういうわけか、その同じ国が大学改革に限っては、外来モデルの十分な理解と咀嚼やイノベーションに失敗してきたのでした。その典型が第一章で解説した和風シラバスであることは、ここで改めて繰り返して強調する必要もないことだと思われます。

中教審や文科省がシラバスに関して大学側に対しておこなってきたマイクロマネジメント的な介入は、結局、形骸化と実質化のミスマネジメント・サイクルを生じさせることになりました。その背景には、彼らが名称と外形的な特徴を模倣することに終始せざるを得なかったという事情があります。これは取りも直さず、和風シラバスが借り物の「付け焼き刃」のような小道具に過ぎなかったからだとも言えます。

つけ鼻の効用と限界　この点に関してさまざまな意味で示唆に富むのは、かつて新劇系の演劇公演で使われていた「つけ鼻」です。つけ鼻というのは、西洋劇を演じる際に日本人俳優を西洋人らしく見せるためのメイクアップの一環として顔の上に貼りつけた作り物の鼻のことです。今ではつけ鼻は、百円ショップなどでもパーティグッズとして売られていますが、新劇公演でのつけ鼻は演出効果を高めるという、きわめて真面目な意図で使われていました。

このつけ鼻は、当初は西洋風の雰囲気を醸し出す上で効果的だったのかも知れません。しかし、次第にいわゆる「新劇くささ」ないし「翻訳劇くささ」を示すものとして揶揄《やゆ》の対象になっていったようです。実際、新劇に対して批判的な人々からすれば、つけ鼻は、いかにも外国語風の言い回しや、あまりにも大げさな身振りの場合と同じように、いわゆる「西洋かぶれ」を象徴するものでしかありませんでした。

シラノ・ド・ベルジュラックやピノキオにまつわる演劇公演あるいは魔女役用に「ウィッチノーズ」などと呼ばれる鉤鼻《かぎばな》を顔につけるのであれば、つけ鼻は舞台の上でのリアリティを強調する上で効果的な小道具であるかも知れません。しかし、ごく普通の人物を演じるのに日本人の顔の上につけ鼻をつけるのは、たいていの場合は、翻訳劇くささが文字通り「鼻につく」ものになってしまう例が多かったに違いありません。

改革小道具のリアリティ　昔のつけ鼻はメイクアップ術とメイク用の素材がまだそれほど発達していなかったこともあって、本当の鼻とのつなぎ目がはっきりと分かるもので、その分、いかにも不自然な印象を与えるものでした。

その後映画の「特殊メイク術」に代表されるような技術的な進歩や素材の進化もあって、つけ鼻はどんどん精巧なものになっていきました。しかし、しょせんつけ鼻はつけ鼻でしかありません。何しろ、顔全体の造作《ぞうさく》の土台が日本人のものなのですから、高い鼻をつけたからと言って、西洋人や西洋社会のリアリティなど出せるわけはないのです。このような事情もあって、演劇の世界では現在つけ鼻を使ったシリアスな公演は、さきほどあげた魔女役の鉤鼻などの例を除けば、ほぼ皆無となっているようです。

ところが、これが大学の世界となると、まったく別の話になります。大学の現場では、いまだに和風シラバスを作ることが事実上の義務のようになっています。言うなれば、大学と大学人は、いわば中教審や文科省あるいは認証評価機関という演出家の指示に忠実に従いながら、つけ鼻をつけて演技することが要求されているのです。

このような付け焼き刃的な小道具偏重主義が外来モデルの忠実な模倣にとってほとんど無意味であることは言うまでもありません。それどころか、外形的な特徴だけの模倣は逆効果に終わることが少なくありません。実際たとえば、和風シラバスは、本来 syllabus という制度の背景にあったはずの、教師と学生とのあいだに形成されるインフォーマルな契約関係と信頼関係を大きく損ねてきたのでした。

†反面教師（ヒーローのダークサイド）から学ばない改革（1）――大学院拡充政策

米国の大学院の問題点　日本の改革政策は、外来モデルの忠実な模倣に失敗してきただけではありません。大学審・中教審と文部・文科省は、スーパーヒーローである米国の「失敗から学ぶ」ことにも失敗してきました。その典型が、一九九一年の量的整備答申以来の大学審と中教審における一連の議論と答申自体の中身です。そこでは、米国の大学と大学院が、今後日本が目指していくべき理想形を体現したスーパーヒーローのように描き出されています。

しかし、当時国立教育研究所の教育政策研究部長をつとめていた喜多村和之氏が一九九五年に「大学院拡充政策の課題と展望」という論考で指摘したところによれば、現実は、かなり異なるものだったようです。

たしかに、米国の大学院は、第二次世界大戦後の一九四五年から一九七〇年までの二五年間に爆発的な拡張を遂げ、世界的にモデルとして見なされるようになっていました。しかし、喜多村氏によれば、実はその成功の裏側で、米国の大学院は既に一九六〇年代後半の段階で、次にあげるような幾つかの深刻な問題を抱えて「危機」を迎えていたというのです（喜多村 1995: 289–291）。

・**研究者養成を担う主要大学の窮状**——大学院の大規模化によって教育研究費や維持経費が増加した。その結果として、それまで次代の研究者育成を中心的に担っていた主要大学における大学院の運営が政府資金の減少にともなって大きな混乱を迎えることになった

・**需要度外視の量的拡大**——多くの大学が社会的需要を度外視して学位取得者の拡大再生産に走っていった

・**質の低下**——大学院をステータス・シンボルのようにとらえた新興大学のあいだで大学院が乱立

されるようになり、結果として大学院教育の質が低下していった

・学部教育の軽視――大学院中心主義によって学部教育がおろそかにされるようになった

喜多村氏は、その論考の中でまったく同じような問題が日本でも既に一九九〇年代前半の時点で生じていたことを明らかにしています。実際、一九六〇年代後半米国で生じていたとされる右の四つの問題、つまり①研究者の養成を担ってきた主要大学の窮状、②需要を無視した量的拡大、③大学院教育の質の低下、④学部教育の軽視は、まさに日本の大学院がこの二〇年余りのあいだに経験してきた問題とほとんど変わるところが無いとさえ言えるのです。

ヒーローのダークサイド　こうしてみると、大学院の量的拡大をめぐる大学審の議論や答申の中では、米国の大学院というスーパーヒーローの都合のいいところだけを「つまみ食い」して、不都合な面、つまり「ヒーローのダークサイド」には目をつぶって見ないようにしていたと考えることができます。あるいは、そのような「不都合な真実」については、そもそも知りもしなかったという可能性さえあります。

いずれにせよ、一九九五年という、量的整備答申が出てから四年しか経ていない時点で既に右のような、アメリカと日本に共通する問題点が国立教育研究所の研究部長によって指摘され

ていたのでした。しかし、今ではどのような理由によるものか確かめようもありませんが、その指摘は、日本における大学院拡充政策に十分に生かされてきたとは言えないようです。

†反面教師から学ば（べ）ない改革（2）――PDCA化

同じような点が大学のPDCA化やその根底にある新公共経営（NPM）の発想についても指摘できます。

この場合は、PDCAサイクルによる進捗管理が徹底しており、またそのおかげで赫々《かっかく》たる経営業績をあげ、ひいては日本経済の復活に貢献している（らしい）日本企業が大学にとって究極のモデルにすべき「ヒーロー」として扱われます。しかし、実際にはそのPDCAサイクルを順調に高速回転させてきたはずの日本企業の業績は必ずしもその全てが良好というわけではありません。事実、平成期が実質的には「失われた三〇年」であったと言われることがあるように、日本経済は、本格的な回復の兆しを見せているとはとうてい言い難い面があります。

その点では、大学に対してPDCAの励行を要求するのであれば、日本のビジネス界一般を「効率的・効果的な経営を実践しており、優れた民間の知恵を提供してくれる英雄的存在」として想定することは、もしかしたら得策ではないのかも知れません。

むしろ、第三章で「フレームワーク病」について解説した際にも指摘したように、本来必要であったのは、ＰＤＣＡサイクルの発想が具体的にどの企業のどのような業務において効果的であったか、という点に関する詳細な検討を経た上で、モデルとして提示することであったと言えます。場合によってはむしろ逆に、どの業務にはむしろ逆効果であったかという点について明らかにすることが本来はより重要だったのかも知れません。それは取りも直さず、ビジネス界の失敗の事例から「反面教師」としての教訓を得ていく、ということに他なりません。

また前章で解説したように、実は、ＰＤＣＡ化の徹底を大学に対して要求してきた、文科省や中教審あるいは認証評価機関には、いずれも自分たち自身の失敗から学ぶことができなかったという面があります。その点で、それらの機関こそが実のところは、大学がＰＤＣＡ化の失敗に関する教訓を得る上で恰好の反面教師なのだとも言えます。

†現実直視を妨げてきた「改革劇」の小道具

この章では、大学改革政策に含まれる紋切り型のキャラクター設定や誇張表現をドラマのアナロジーでとらえてきました。しかし、その喩えはドラマというものが持つ本質的な機能という点から見ればあまり適切なものではなかったかも知れません。（また、何よりも、そのようなアナロジーは演劇関係者に対してあまりにも失礼だったと言えるでしょう。）

演劇という表現ジャンルが持つ本質的な特徴の一つは、舞台空間の中にもう一つの現実を創り上げ、それを観客と共有することにあります。だからこそ、たとえば舞台の上で使われる大道具が「張りぼて」であったとしても、「演劇的現実」にとって効果的であれば全く構わないということにもなります。また、中身がスカスカの張りぼての方がむしろ場面転換を円滑なものにするためには有利であることも多いでしょう。衣装や小道具についても、いかにもそれらしく見えることが大切なのであって、必ずしも「本物」である必要はありません。

その意味では、演劇においては舞台空間における「見た目」のリアリティ（現実感）が全てだとも言えます。つまり、演劇における張りぼて式の大道具や小道具は、舞台上にもう一つの現実を創り上げるための道具立てとして使われるのです。

それとは対照的に、改革ドラマにおける小道具や大道具は、現実から人々の目をそらすために使われている場合が少なくありません。

この点について、たとえば、元文科省次官の前川喜平氏は『面従腹背』という著書の中で、「アクティブラーニング」が学習指導要領の新奇性をアピールするためにひねり出された「キャッチフレーズ」に過ぎないということを率直に認めて、次のように述べています。

文科省は学習指導要領を改訂するたびに、その新奇性をアピールするためのキャッチフレーズを考えてきた。今回の改訂におけるそれは「アクティブ・ラーニング」、すなわち「主体的で対話的で深い学び」だ。しかし、現場の先生たちはこういう言葉にあまり振り回されないほうがいい（前川2018：91）。

ここで前川氏が述べているのと同じようなことは、和風シラバスやPDCAについても指摘できるでしょう。そして、それらの小道具やキャッチフレーズが「改革に取り組んでいる」というポーズを強調するための小道具に過ぎないのだとしたら、それらの小道具は大学現場の現実から人々の目をそらすという目くらましの役割しか果たすことはできません。

舞台の小道具は演劇空間の外の世界にある「本物」のイミテーションであることによって、むしろ逆に舞台上のリアリティを創出する上で重要な役割を果たします。しかし、改革ドラマの小道具は偽物であることによって、大学現場の現実を直視することを妨げ、ひいては現実のあり方を大きく歪めてしまう可能性があると言えるのです。

いったい何が現実直視を妨げて改革政策をドラマ仕立てにしてきたのか、また、どのような経緯で改革政策がドラマ仕立てになってきたかを解明するためには、確実な実証的根拠が不可欠です。最終章である次章では、そのような観点から近年盛んに取りあげられるようになってきたＥＢＰＭ（実証的根拠にもとづく政策立案）という考え方について検討していくことにします。

第七章

エビデンス、エビデンス、エビデンス、……

――「大人の事情」を越えて

ドラマ仕立てになりがちな改革論議を地に足の着いたものにし、また絵空事でしかないユートピア的な将来像の幻影に惑わされないようにするためには、EBPM、つまり確実な根拠にもとづいて施策を立案し、またその結果について検討していくことが必要になります。もっとも、現実の政策現場ではEBPMとは正反対のPBEM（政策を正当化するためのデータのつまみ食い）が横行しています。真のEBPMを目指していく際には、政策を実際に立案し実施する人々が抱えている「大人の事情」を見える化（可視化）していく作業が不可欠になるでしょう。

1　ドラマ仕立ての教育政策とエビデンスの欠如

†全体的にダメらしい日本の大学

前章でも取りあげた奥泉光氏の「クワコーシリーズ」には「地下迷宮の幻影」という中編があります。以下はその一節です。

仄聞するところによれば、一流二流三流を問わず、日本の大学というものが全体的にダメらしいのだ。

あるとき、会議のあとの雑談で、世界大学ランキングで日本の大学がふるわないという話が出たことがあった。欧米の大学はともかく、アジア圏の大学にもどんどん抜かれていくのは困ったことだと教師たちが話すのを聞いたクワコーは、なるほどそれは由々しき問題ですなと、額に皺を寄せ頷いたのであるが、あとから思えば、底辺大学たらちね国際の人間が考えてもしょうもない話、**猫人気に押されて犬の人気が落ちるのを鼠が心配するようなもの**［強調は原文］なのであった（奥泉 2018: 261）。

小説ということでかなりデフォルメ（誇張）されてはいますが、この引用部分で主人公の「クワコー」准教授が述べている「全体的にダメ」という認識は、本質的な点では、大学改革関連の行政文書や大学問題に関するマスメディアの報道における日本の大学の描かれ方とそれほど変わるところがありません。日本の大学の「ダメさ加減」は、そのような文書や報道を通して一般的な通念として定着しているように思われます。

†N‐EBPM（無根拠の政策立案）による教育政策

ここで注意が必要なのは、その通念は、何らかの確実な根拠にもとづいた推論というよりは、むしろ二次的な情報にもとづく紋切り型の一般化であることが非常に多いという点です。実際、大学改革をめぐる議論が芝居仕立てのものになってきた背景には、その議論が、日本の大学に関する紋切り型の通念を前提にしてきたという事情があります。

一方で、高等教育政策に限らず政治や行政の世界では、近年、ＥＢＰＭ（Evidence-Based Policy Making。エビデンス・ベースト・ポリシー・メイキング）という点が重視されるようになっています。ＥＢＰＭに関する日本での公式的な定義の中には、たとえば次のようなものがあります――「政策の立案の前提となる事実認識をきちんと行い、立案された政策とその効果を結びつけるロジックを踏まえ、その前提となるエビデンスをチェックすることで、合理的な政策立案に変えていこうということ」（内閣府EBPM推進委員会 2017）。

要するに、「勘と経験と度胸」などではなく、「きちんとしたデータ分析や政策評価に基づいて、科学的な政策立案をしましょう」ということです（鈴木 2018：1）。EBPMが本当にその種の真っ当な考え方にもとづく提案を意味するのであれば、それ自体には特に問題などあるはずはないでしょう。しかし、EBPMをめぐる現在の議論の内容について検討してみると、そこで盛んに強調されている「エビデンス」なるものが、実際には紋切り型の通念と大差ない場合が多いという事実が明らかになってきます。

特に教育に関わる議論の中には、不確かな「エビデンス」しか示されていない例が珍しくありません。時には、ほとんど何の根拠も示さずに日本の大学の「重大な失敗」や「混迷」が語られることさえありました。そのような無根拠の決めつけは、教育改革をめぐる議論を芝居仕立てのものにしてしまい、またN－EBPM（Non-Evidence-Based Policy Making。無根拠の政策立案）とでも呼ぶべきプロセスによる教育政策の立案に結びついてきたのでした。

†「重大な失敗」の根拠——たらちね国際大とハーバード大の共通点

月とすっぽん？　「クワコーシリーズ」では、桑潟准教授が在籍するたらちね国際大学は「最底辺大学」という設定になっています。何しろ「伸びる大学、消える大学」という週刊誌特集では「消える大学」の筆頭にあげられていたというのです[1]（奥泉2011：224）。一方で、ハーバード大学と言えば、押しも押されもせぬ世界の一流校です。たとえば、世界大学ランキングの代表格である英国のタイムズ・ハイヤー・エデュケーション（二〇一九年版）の順位表では同校は世界全体で六位という位置づけになっています。

このように、大学の格という点ではたらちね国際大学（架空の大学ですが）とハーバード大学のあいだには文字通り天と地ほどの歴然とした差があります。もっとも当然ですが、大学全体の格付けとそれぞれの大学に在籍する特定の教員が示してきた見解の信憑性という点とは、まったくの別問題です。

この点に関して興味深いのは、あるハーバード大学教授による次のような指摘です。

> ［日本の］大学は卒業資格を与えるが、学生の教育に身を入れる教授の数はあまり多くなく、学生の勉強ぶりも、大学受験前に比べるとずっと落ちるし、授業中の問題の掘り下げ方も甘く、普段は出席率も悪い。学生一人当たりの大学側の支出は不当に低く、研究室の設備の悪い大学も多く、研究水準にも、その広がりにもばらつきが目立つ。日本の学生の書く論文は独創的ひらめきを示すよりも、どちらかといえば、教えられたことに忠実なものが多い（ヴォーゲル1979：193）。

これは、『ジャパン・アズ・ナンバーワン』という本の一節です。筆者のエズラ・ヴォーゲル氏は著名な東アジア研究家であり、この本が出版された頃はハーバード大学の現役の教授でした。

そのヴォーゲル氏は、一九七九年に米国と日本で出版され、世界的なベストセラーになった『ジャパン・アズ・ナンバーワン』で、日本が当時達成していた経済的成功の秘訣と思われるものを列挙し、日本を多くの点で褒《ほ》めちぎっています。

その過剰な賞賛とも言える日本社会への評価の中で数少ない例外の一つが、日本における大学のあり方なのでした。実際、この本の副題は「米国への教訓（*Lessons for America*）」というものですが、上の引用に続く部分でヴォーゲル教授は次のように指摘しています――「アメリカ人は、このような問題、つまり日本の教育の重大な失敗［deep failures］を示すものを取り入れる必要はない」（Vogel 1979: 162）。

「重大な失敗」と「混迷」の根拠？　つまり、ここでヴォーゲル教授は、桑瀉准教授の場合と同じように「日本の大学は全体的にダメ」と断言しているということになるわけです。しかも、「重大な失敗」というかなり強い表現を使っています。これからすると、ヴォーゲル教授の目に映った日本の大学は単なる「馬鹿（阿呆）」であるだけでなく、悪漢、つまり図表6–1（三七一頁）で言えば、左上の領域に位置づけられる存在のように見えていたのかも知れません（『ジャパン・アズ・ナンバーワン』の訳書では、deep failures が「悪い面」と訳されています）。

さて、桑潟准教授の場合の「根拠」といえば会議のあとの雑談の中で「仄聞した」世界大学ランキングの順位にすぎません。また、彼は「ダメらしい」とかなり控えめです。それに対して、ヴォーゲル教授が日本の大学について下した評価の場合は終始一貫して断定調です。ということは、ヴォーゲル教授は、自分の指摘についてよほど自信があったに違いありません。

ところが、不思議なことに『ジャパン・アズ・ナンバーワン』全体の記述のどこを探してみても、その「日本の教育の重大な失敗」の裏付けとなるような確かな根拠となるものは見つけることができません。また、原本の文献表にも、このヴォーゲル教授の主張の裏付けとなるようなデータが含まれている本格的な学術文献は含まれていません。要するに、ヴォーゲル教授が日本の大学の「重大な失敗」についておこなった指摘は、一種の「決めつけ」に過ぎなかったとさえ言えるのです。

苅谷剛彦氏は、ヴォーゲル氏の本に見られるこのような問題について指摘する一方で、実は同じような記述が、米国の駐日大使をつとめたこともあるエドウィン・ライシャワー教授の著書にも含まれていたことについて指摘しています（苅谷 2018: 60–63）。

ライシャワー氏もまた、ハーバード大学に在籍していた著名な東洋史研究家でした。ライシャワー教授はヴォーゲル教授と同じように、その代表作の一つ『ザ・ジャパニーズ』(一九七九)で、一切の具体的証拠を示すことなく「[日本の]高等教育は混迷の度合いがいちだんとひどく、社会での役割を満たしていない」(ライシャワー 1979: 178)と決めつけていたのです。[2]

要するに、桑潟准教授と二人のハーバード大学教授は、何ら確実な根拠を示すこともなしに、日本の大学を「ダメ」、「失敗」、あるいは「混迷の度合いがひどい」と決めつけていたのです。少なくともその点に限っていえば、五十歩百歩だったとさえ言えます。また、この点からすれば、三人とも、日本の大学を図表6-1(三七一頁)に示した配役表の中で馬鹿(阿呆)領域に位置づけていくうえで貢献していたということになります。

†不確かな二次情報にもとづく紋切り型の一般化

ある程度は実在する大学や大学関係者をモデルにしているのかも知れませんが、「クワコーシリーズ」は本質的にはフィクションです。一方、ヴォーゲル教授とライシャワー教授の本も、専門的な分析の結果を踏まえた研究書というわけではありません。(この新書がまさにそうであるように)最初から広い範囲の読者を想定して書かれた一般書なのです。[3]

しかも、この二人のハーバード大学教授が、学生の日常生活の実態なども含めて日本の大学の実状について直接的な体験を踏まえた詳細な知識や情報を持っていたとは考えにくい点があります。また、そもそも二人が日本に長期にわたって滞在していた一九六〇年代から一九七〇年代半ばまでのあいだに、日本国内に、大学教育や大学社会について扱った本格的な実証研究によるデータが大量に存在していたか、という点も大いに疑問のあるところです（潮木 2011: 330-343）。したがって、その二人の外国人教授が書いた一般読者向けの本の中に、日本人自身が作り上げてきた紋切り型のイメージを無批判的に受け入れてしまったような記述があったとしても、ある意味では致し方のないことだとも言えます。

むしろ問題があるとしたら、それは、日本の教育関係者や「学識経験者」たちが日本の大学について、海外の学者による、二次情報にもとづく解釈とさほど変わらない見解を示してきたということです。

このような、実証的根拠の裏付けを欠いた紋切り型の議論は、高等教育に限らず日本の教育全般について言えます。その典型は一九九〇年代から二〇〇〇年代後半にかけて繰り広げられた「学力低下論争」であり、またその論争と密接に関連する「ゆとり教育」の是非をめぐる議論です。今では比較的よく知られているように、これらの論争や議論は少数の例外を除けば、具体的な実証データにもとづかない「空中戦」の様相を呈していました（苅谷・志水編 2004）。同じような点が大学審や中教審の答申にも見られることは、これまでこの本で解説してきた通りです。

†教育（改革）についてだったら誰でも何かは言える

これは一つには、「教育については誰でも何かは言える」からに他なりません。何しろ、日本人であればほとんど全ての人が何らかの意味で学校教育の「当事者」なのです。

実際、誰でも自分自身の体験を通して教育現場の実状についてある程度のことは知っています。その知識の中には、生徒や学生として体験した学校での思い出が含まれています。学校時代には、優れた師との素晴らしい出会いだけでなく、あまり思い出したくもない「反面教師」的な教員との巡り会いがあったかも知れません。また学齢期以上の年齢の子どもがいる場合は、保護者としての経験を通して日本の学校教育のさまざまな側面に直接ふれる機会を持つことも多いでしょう。

大学教育についても同様です。大学への進学率は二〇〇九年には五〇％を越えています。また、短大や高等専門学校も含めれば高等教育機関への進学率はその数年前に五割以上になっていました。大学や短大に進学した人々はその在学時の体験を通して、またその保護者の人々は子どもを大学・短大に通わせた経験から日本の高等教育について一次的な情報を持っているはずです。

このような事情もあって、他の多くの政策領域――たとえば経済政策や防衛政策など――とは違って教育政策や教育改革については、実際の「現場経験」に根ざした一家言《いっかげん》を持っている人々が少なくありません。

たとえば、職場で大学の世界ランキングや国内ランキングが話題になったような場合には、母校での学生生活を思い出して「なるほど」と思ったり、あるいは逆に、どうにも納得がいかずに同窓生に連絡をとって意見を交換したりすることもあるでしょう。また、親が何人か集まれば、学校全体や特定の教師に対する不満、あるいは学校制度そのものに対する意見というのは恰好の話題になります。同級会などでも、「昔の学校（先生たち）にくらべてイマドキの学校（先生たち）は……」というような調子で話がはずむことが少なくありません。

†開かれた議論と「床屋政談」のあいだ

教育政策の方向性について検討していく際に、右にあげた幾つかの話題に関するものを含む、広い範囲の人々の見解に対して真摯に耳を傾けることは当然必要な作業だと言えます。実際、政策をめぐる議論が専門家だけが関与する閉じられたものになった場合には、既得権の維持が優先されたり、特定の関係者だけに都合の良い政策が策定されてしまったりする可能性があります。また、時には都合の悪い事実の隠蔽につながることさえあるでしょう。

もっとも、教育政策に関わる議論を専門家だけでなくさまざまなステークホルダー（利害関係者）が参加する開かれたものにするということと、それが放談会ないし「床屋政談」のようなものになってしまうこととは全く別の問題です。

実際、教育現場の現状やその背景についてほとんど知識や情報がない人々が教育政策について論じていると、理髪店での世間話的な政治談義や「井戸端会議」のようなものになってしまうことがあります。というのも、そのような場における議論の前提は、大半の場合、不確かな伝聞や憶測、あるいは非常に限られた範囲での個人的体験程度のものに過ぎないからです。

ここで改めて指摘するまでもないことでしょうが、教育のあり方に関わる国家政策を立案する際には、広い範囲の人たちの意見に対して謙虚に耳を傾ける一方で、他方では専門的な見地から、そのような個人的体験や主観的感想にもとづいた見解の妥当性や一般性なども含めて慎重な検討と分析を進めていく必要があります。

2　専門家（玄人）はどこにいる？——教育再生会議の怪

†教育政策の迷走と非専門家（素人）の見解

第四章で天野郁夫氏の著書の一部を引用して解説したように（二五六頁）、日本の改革政策は、ともすれば「課題解決型・対症療法型の部分的な改革」に終始してきました。大学審や中教審の議事録や答申あるいは高等教育関連の行政文書などを検討していると、このような対症療法的な改革の背景には、明確な根拠を欠いた非専門家による思いつき程度のアイディアがあるのではないか、と思えてくることがあります。

もし本当にそうだとしたら、それは医療で言えば、難病を抱える患者の病状や治療方針について協議するための「院内カンファレンス（臨床検討会）」の場に医療の心得が無い全くの門外漢が参加して、思いつき程度に過ぎない「素人としての率直な意見」を披露する、という事態に喩えられるかも知れません。しかも、その「素人の意見」が難度の高い手術の際などに採用されてしまうのです。

この、ホラーストーリーのような展開は、医療の世界では決してあってはならないことでしょう。一方で教育政策の場合には、どうやらそのホラーストーリー的な事態がかなり頻繁に起きていたようにも思えます。つまり、政策手段による規制、介入、誘導、支援のターゲットとなる教育の実状について確認しまた施策を決めていく際に、「素人判断」による決めつけのような見解が自明の前提とされることが少なくなかったようなのです。

†教育再生会議とドラマ仕立ての改革論議

非専門家の発言が教育政策に関する議論において果たしてきた役割について考えていく上で示唆に富むのが、「教育再生会議」における議論です。

教育再生会議というのは、第一次安倍（晋三）内閣時代に二〇〇六年一〇月の閣議決定を経て内閣に設けられた機関です。目的としては、次のようなものが掲げられています――「二一世紀の日本にふさわしい教育体制を構築し、教育の再生を図っていくため、教育の基本にさかのぼった改革を推進する」。教育再生会議は、安倍内閣が二〇〇七年九月末に総辞職したこともあって、翌二〇〇八年一月末に後継の福田（康夫）内閣に対して最終報告を提出して解散しました。（二〇一三年には第二次安倍内閣のもとで新たに教育再生実行会議が発足しています。）

もし日本の教育が本当に「再生」を必要とするほどに病んでいるとするのならば、その「治療」のためには、高度な専門的知識や確実な実証的根拠にもとづく慎重な議論が必要になるはずです。ところが、教育再生会議の議事録の内容を検討してみると、実際には、そのような通常の想定とはほど遠い、まさに「ドラマ仕立ての改革劇」と呼ぶのがふさわしいような議論がなされている例が少なくないことが分かります。

なお、教育再生会議には三つの分科会が設けられていました。ここでは主に、大学改革に関するテーマが頻繁に取りあげられていた第三分科会（教育再生分科会）の議事録の内容を中心にして見ていくことにします。この分科会の一五回に及ぶ会合における各委員の発言をまとめた議事録には、教育問題をめぐって英雄、悪漢、馬鹿それぞれの役柄が紋切り型のイメージとして登場している場合が少なくありません。

†馬鹿（阿呆）――「びっくりするほど」教養がない一流大卒の若者

教育再生会議における議論で大学教育の「再生」が議題として取りあげられる際には、何度か大学教育の質をめぐる問題がとりあげられています。たとえば、次にあげる委員の発言を見ると、学生の素質という点では問題が少ないと思われる「一流大学」の場合も、学生に対する生活指導（躾）という点では深刻な欠陥を抱えているようです。

若者たちを預かっておりまして、今年も、今日卒業式の一流大学の学生が半年ほど前から「内弟子として」うちに来ております。その子の様子を見ておりますととても教養がないんです。びっくりするほど。昔の新制中学を出てきた子供より劣ります。大学を出ていながらですよね。まず言葉づかい、礼儀作法、全くなっていません。非常識を通り越しています。（中略）入口から簡単に出て卒業生になるんですから、これも不思議でございます。もっときちんとした入口をつくって、キチッと受け入れて、きちんと教育を受けさせて卒業させてやってほしいなと思います。（第三分科会〔教育再生分科会〕、第七回会議、二〇〇七年三月二〇日、海老名香葉子委員の発言）

この海老名香葉子委員の発言の中では、一流大学を卒業した内弟子の若者が図表6-1で言えば「馬鹿（阿呆）領域」に属する役柄として位置づけられていると考えられます。また、その若者が教育を受けて卒業した「一流大学」についても、同じように「馬鹿（阿呆）領域」に位置づけられていると考えることができます。

教育再生会議の名簿では、海老名委員の肩書きは「エッセイスト」というものになっていました。事実、海老名委員は初代林家三平（落語家）の妻として彼が一九八〇年に亡くなった後も林家一門を支える一方で、数々の優れた随筆を発表してきました。右の発言は、その一門の中心としての体験にもとづいていると考えられます。その点では貴重な発言だと言えます。

しかし、一流大学を卒業した内弟子の教養の無さや礼儀作法についての無知というのは、どちらも個人的主観による「決めつけ」に近いものだと言えるでしょう。日常的な会話であれば、このような決めつけが話題として登場してくるのは、特に不思議なことではないでしょう。しかし、それが「二一世紀の日本にふさわしい教育体制」の構築を掲げて内閣に設けられた教育再生会議という場において開陳される、有識者の「貴重なご意見」としてふさわしいものであったかという点については異論も多いに違いありません。

†悪漢――有史以来の教育モデルを崩壊させたiモード

同じような点は、インターネットが伝統的な教育モデルの「崩壊」に対してもたらしたとされる影響に関する次の発言についても言えます。

人類の歴史上ずっと続いてきていた教育モデルが、一九九九年に崩壊したんです。それはiモードの登場です。携帯電話の登場は、歴史的に人類がずっと行ってきた教育を説得力のないものにさせた。（中略）今、小学生の四人に一人が携帯電話持っていて、インターネットにアクセスできる状況の中で、クリック一つで社会の情報を直接手に入れられるようになってしまった。つまり、親や教師の言っていることがきれいごとになってしまったわけです。当然尊敬というものは、生まれにくい状況もできてくるわけです（第三分科会、第四回会議、二〇〇七年二月二二日、義家弘介委員の発言）。

発言の主は、高校教師などを経て当時は内閣官房教育再生会議担当室の室長に就任していた義家弘介委員です。この義家委員の発言では、iモードをはじめとするインターネット技術に対して、有史以来の教育モデルを破壊した「張本人」、つまり悪漢（大悪人）というキャラクター設定がなされていたと言えます。

もっとも、人類史上営々と築かれてきた教育モデルが一九九九年になって突然iモードによって崩壊させられたという主張に関しては、その裏付けになるような何らかのデータが示されているわけではありません。したがって、海老名委員の発言の場合と同じように、これもまた義家氏の個人的体験や主観的な印象にもとづく「決めつけ」に近い発言だったと言えるでしょう（なお、義家氏は、後に参議院議員や衆議院議員として文部科学副大臣、文部科学大臣政務官などを歴任しています。）

†英雄——アメリカの大学

「専門家委員」の役割　義家氏の発言にせよ、先に引用した海老名氏の発言にせよ、非専門家としての「率直」な発言が、教育再生会議のような広い範囲の有識者で構成される会合の場で披露されるのは、特に不思議なことではないのかも知れません。むしろ不思議なのは、教育問題に関しては専門家だとも思える大学関係者から、義家氏や海老名氏の発言に対して、特に何らかの修正や批判が加えられることもなく、分科会の議論が進められたという事実の方です。

たとえば、先にあげた海老名氏の発言は、最後に「昔の中学生が今の高校生以下でございますよ［引用者注：恐らくは「今の高校生は昔の中学生以下」の言い間違いあるいは議事録の誤記］。そんなふうに感じます」という指摘で締めくくられています。それを、当時は静岡文化芸術大学学長であった川勝平太委員が「昔、下宿先のおばあちゃんにそう言われたのを思い出しました」と引き取って会合は次の話題に移っています。

もっとも、一口に大学関係者とはいえ、それぞれの学問分野では非常に優れた研究者ではあっても、必ずしも教育問題全般に通じた専門家（スペシャリスト）であるとは限りません。それは、教育再生会議の議論の場に頻繁に登場してくる米国の大学の事情に関する発言からもうかがえます。

「アメリカでは」の根拠　先に述べたように、教育再生会議の分科会の第三分科会では高等教育関連の問題が頻繁に扱われていました。そのせいか、一一名の委員のうち七名が大学関係者でした。その中にはノーベル賞受賞者一名の他に東京大学の総長を含む三名の学長も含まれています。この顔ぶれを見る限りは、専門性という点に関して大いに期待が持てそうです。

しかし、議事録を見るかぎりでは、その期待と実際の議論の内容にはかなりのギャップがあったようにも思えます。というのも、それらの人々が表明した大学改革についての見解の中には、前章で指摘したドラマ仕立ての改革論議とそれほど違いが無い例が含まれているからです。

特にその点が顕著なのは、議論の中で米国の例がモデルとして扱われている場合です。この分科会の全一五回の会合では、米国の事例が合計で四二回取りあげられており、海外の例が日本の教育を考える上でモデルとしてあげられている中では最多となっています（他の国では「次点」のフィンランドが一三回、第三位が英国で七回）。

不思議なのは、その発言の多くが委員自身の米国の大学での私的な体験や間接的な伝聞情報にとどまっているということです。一方で奇妙なことに、その個人的な体験の範囲を越えて「アメリカの教育制度」を体系的に調べた上で、それを日本の教育制度と比較したことを示す発言や本格的な比較研究に言及している例は一切見られません。

事実関係の確認の必要性　この点については、さすがにその種の発言の問題点を指摘している委員もいました。

たとえば、黒川清委員（政策研究大学院大学教授〔以下肩書きは全て当時のもの〕）は、〈他の出席者が盛んに「アメリカでは」と発言しているのはその人々の場合は米国での経験が多いからだろう〉とした上で、次のような苦言を呈しています――「何が起こるのかということをきっちり理解した上で『アメリカでは』と言わないと」。

また、葛西敬之委員（東海旅客鉄道株式会社代表取締役会長）は、野依良治座長（理化学研究所

理事長）の〈アメリカでは自分の専門分野でもある有機化学に関しては、同じ大学の学部から大学院に進学する比率は０％（皆無）である〉という主旨の発言に関して、「何人もの大学関係者から野依氏の発言は事実とは異なるというコメントをもらった」という話を披露しています。

葛西委員は、その上で次のように述べています――「［座長である野依委員が］アメリカではそうなっているという話と、全くそうはなっていないという直接私の耳に入った話があるので、事実関係についてきちんと調査をしなくてはいけません」。

「関係者」と「専門家」の違い　不思議なのは、右の葛西委員の「事実関係に関する本格的な調査が必要」という主旨の指摘が、全一五回の会合も終盤に差し掛かった一一回目の合同分科会の会合になってようやく出てきたという点です。しかも、この第一一回目の会合の主な議題は、「大学・大学院改革」というものであり、事務局からこの議題に関する教育再生会議としての報告書の「骨子案」が資料として提示された上で議論が始まっていたのでした。

もし実際に米国の例をモデルにして日本の教育のあり方に関する提言をおこなうのであれば、葛西委員が指摘しているように、前もって事実関係についてしっかりと確認した上で議論をおこなうべきでしょう。そうでもしない限り、「アメリカでは」という議論は、まさに前章で指摘したような、米国モデルをスーパーヒーローとして扱う芝居仕立ての改革論議と大差ないものになりかねません。

もっとも、見方によっては、これはとりたてて不思議なことではないとも言えます。というのも、高等教育の「関係者」とは言っても、その人々は必ずしも大学問題に関する専門家ではないからです。したがって、その発言の中に事実関係の確認をおろそかにした個人的な見解や明らかな誤りが含まれていることは当然あり得ることでしょう。むしろ不思議なのは、そのような非専門的な見解が国家としての教育改革案の「骨子」について決める会議の席上で、しかも非常に限られた時間の中で表明されていたことです。

†専門家はどこにいる?

何らかの分野の専門家としての自覚と矜持《プライド》があるのであれば、自分の専門外の問題については、「素人」としての意見を差し挟むことは慎むのが本来なすべき賢明な判断だと言えるでしょう。

これは、先に例としてあげた医療の場合で言えば、そのような素人判断にもとづく対応などは論外の事態だと思われます。よく知られているように、現在では、医療従事者の専門領域は「医師」という言葉でひとくくりに出来ないほど細分化されています。したがって、全く「畑違い」である専門外の病気の治療をおこなうための医療チームに加わるように依頼されたとしたら、たいていの医師は特に迷うこともなく辞退するに違いありません。

現実問題としては、たとえば高度な知識と技術の裏付けが必要となる脳外科手術をめぐって開催された院内緊急カンファレンスの場で歯科医師が意見を求められることは滅多に無いに違いありません。また逆に、難しい歯科治療をおこなう際に脳外科医の知識や技術がほとんど役に立たないことも多いでしょう。

前章でとりあげたサイドの『失敗の科学』では、医療ミスや航空機事故に関しては「部外者」のチェックが不可欠であるとされています。しかし、それはあくまでも〈事故の当事者とのあいだに特定の利害関係が無い〉という意味での部外者です。当然ですが、航空機事故や医療ミスの検証に関わる部外者（局外者）には、高度な専門的知識が要求されることになります。

以上のような点を考え合わせてみると、浅利慶太委員（劇団四季代表・演出家）が第一三回会合の終盤で漏らした次のような感想は、さまざまな意味で実に含蓄深いものだったように思えてなりません。

一時間半以上、皆さんの意見を承って、非常に感心いたしました。長年、こういう会議に出ていますが、これだけ率直で、しかも深い専門知識を持った専門委員を集めるというのは大変なことです。この人選にあたった方は偉いと思います。――いや、私は除いてですが（第三分科会、第一三回会議［合同分科会］、二〇〇七年五月二八日）。

3　本当の（本物の）専門家はどこにいる？――「全国大学生調査」のナゾ

†専門家による分析の必要性――「餅は餅屋」

事務局作成資料の有効性と限界　第五章では、荒田洋治氏の著書である『日本の科学行政を問う』を引用した上で、審議会の会合における「審議」に見られる典型的なパターンに含まれる問題点について指摘しました。つまり、事務局が用意した膨大な資料を担当者が長時間にわたって解説した上で、委員たちに対して「特段のご意見」を求めるという形式の問題点です。

中教審の議事録などを見ると、その典型的なパターンで審議がおこなわれている例が珍しくないということが分かります。実際、それらの会議の冒頭では事務局が用意した資料の内容についての解説がおこなわれています。同じように、前節で解説した教育再生会議の合同分科会の会合では、最初に事務局がかなりの時間をかけて（議事録の字数にして約四〇〇〇字）報告書の原案に関する説明をおこなった上で審議が始まっています。

ここで注意しておきたいのは、文科省の事務局の担当官、特に幹部職員はさまざまな部署を二年程度のローテーションで異動する「ゼネラリスト」としての経歴を歩む場合が多いということです。一方で、役職的にはより下位にある職員の場合には長期にわたって特定の政策領域の業務に関わっているケースも少なくありません。しかし、それらの人々の場合も、必ずしも調査や研究が主たる職務というわけではなく、したがって全ての人が高度な専門家的知識を持っているとは限りません。[4]

「本当の」専門家の役割　このような点からすれば、審議会における議論の進め方としては、「事実関係」を徹底的に調べた上で作成された報告書に事前に委員が目を通した上で論点を絞って議論を進めていくのが、一つの理想的なあり方だと言えるでしょう。そうしておけば個人的な体験にもとづく「アメリカでは」などという不確かな情報をめぐって貴重な審議時間が無駄に費やされてしまうようなことも少なくなるはずです。

よく「餅は餅屋」(何事も専門家に任せるのが一番)と言います。大学改革に関する議論であれば、そのような報告書の作成書に関しては、高等教育に関する研究を専攻している人々がまさにうってつけの「専門家」だと言えます。実際、もし本当に日本の大学が「全体的にダメ」であり、だからこそ改革が必要だというのであれば、具体的に日本の大学のどこがどのような点で「ダメ」なのかを、「その道の専門家」の手によって明らかにした上で改革政策が立案されるべきでしょう。

ところが、どのような理由によるものか、大学審や中教審の議論では、そのような審議手続きがとられる機会はそれほど多くなかったようです。実際、もし現実にそのような手続きが採用されていたとするならば、不確実な需要予測にもとづいて大学院の量的拡大がなされることは無かったでしょう。また、PDCAサイクルをあらゆる種類の大学業務を効率化する上での「魔法の杖」のように扱うことも、それほど多くはなかったであろうと思われます。

†「五万人調査」への期待

全国大学生調査の概要　このような点からすれば貴重な例外であり、また大いに期待を持てそうなのが、二〇〇五年から二〇〇九年にかけておこなわれた「全国大学生調査」です。この研究は、科学研究費補助金の「学術創成研究費」という種目の研究の一環としておこなわれたものです。全体予算は、直接経費だけで三億五六四〇万円、間接経費をあわせれば総額四億六三三二万円となっています。社会科学系ではかなり大型の調査プロジェクトだと言えます。

研究プロジェクト全体は研究代表者一名に加えて研究分担者が七名、連携研究者が二一名という陣容でした。その代表者をつとめたのは日本における高等教育研究の第一人者であり、長年にわたって中教審の専門委員などをつとめてきた東京大学教授（当時）の金子元久氏です。金子氏は、プロジェクト開始当時は、同大学の教育学研究科に設けられた大学経営・政策研究センターのセンター長でもありました。研究分担者と連携研究者にも、著名な高等教育研究者が一〇名ほど名を連ねています。

まさに「餅は餅屋」と言える陣容であり、これだけの錚々《そうそう》たる専門家が揃っているからには、確実なエビデンスが期待できそうです。

「五万人調査」の目的と手法　なお、この研究プロジェクトでは大学生調査以外にも高校生追跡調査、社会人調査、大学教員調査、大学職員調査がおこなわれています。いずれも、主としておこなわれたのは質問票によるいわゆる「アンケート調査」です。これら五つのプロジェクトの中でも、大学生調査は三次にわたる全国調査を通して一二七大学二八八学部の協力が得られ、結果として合計四万八〇〇〇人以上の大学生（学部生）から回答が寄せられています。つまり、この種の調査としては過去にあまり例を見ない大規模なものだったのです。

この調査――以下、「五万人調査」という略称を使います――の第一次報告書によれば、「調査のねらい」は次の二つだったとされています。

一．大学教育の現状の把握
大学生がどのような希望をもち、大学での学習に参加し、生活しているのか、その結果としてどのようなインパクトを受けているのかの実態を把握する。
二．教育改善の方向の分析、大学での教育モニタリング
さまざまな専門分野、大学をつうじて大学教育の現状を明らかにすることにより、政策立案や改革の基礎資料とするだけでなく、個々の大学の自律的な教育改革を行う上での道具として活用してもらう（東京大学大学院　教育学研究科大学経営・政策研究センター 2008: 2）

この調査プロジェクトは、前節で解説した教育再生会議の会合とほぼ同時期に行われたものです。また、五万人調査の結果は、二〇一二年八月に中教審から出された質的転換答申では、主に日本の学生の学習実態——米国の場合とくらべて決定的に少ないとされる日本の学生の学習時間——とその改善の方向性を示す上での最も重要な実証的根拠（エビデンス）として扱われていました。[5] その点では、ＥＢＰＭの理念からしても高い意義があるものだったと言えます。実際、五万人という圧倒的な人数の調査対象者から得られたエビデンスが使用されたということからすれば、質的転換答申は、ＥＢＰＭの精神と理念を体現する画期的な答申であったと思えるのです。

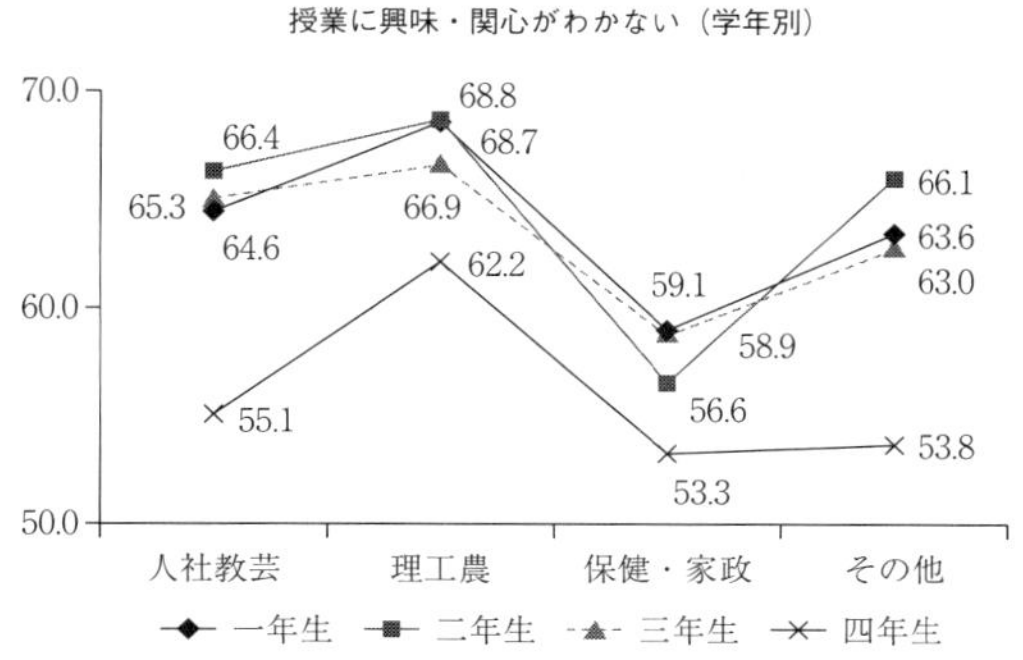

図表7-1　不思議な折れ線グラフ
出所：東京大学大学院教育学研究科　大学経営・政策研究センター（2008: 136）

†折れ線グラフの誤用

不思議な折れ線グラフ　このような大きな期待を抱いて、五万人調査の報告書に目を通してみると、戸惑いをおぼえてしまうことが少なくありません。その典型が、図表7-1にその一例を示しておいた折れ線グラフの使い方です。

この図は、五万人調査の報告書に記載されていた一三点の折れ線グラフのうちの一つです。報告書の解説によれば、このグラフは、「授業に興味・関心がわかない」という質問項目に対する全体の回答の中で「ときどきある」と「よくある」という回答が占める比率を専攻分野別および学年別に集計した結果を示したものだということです（なお、グラフの横軸で「人社教芸」とあるのは、人文・社会・教育・芸術系という四つの学問分野をひとくくりにしたものです)。

折れ線グラフの基本原則　このグラフは、明らかに奇妙なものです。良く知られているように、「折れ線グラフ」を作成する際には、その横軸には何らかの点で順番や連続性がある項目(時間や等級など)を配置する、というのが基本的な原則です。それに対して、右のグラフでは、その横軸には専攻分野という、明白な序列があるとは言えない項目が並べられています。そのため、このグラフを一目見ただけでは、〈「授業に対する興味ないし関心」について、専攻分野と学年によってどのような違いやパターンが見られるのか〉という点が、なかなか読み取れません。

そこで、図表7-2では、同じ集計結果について、折れ線グラフの基本的な原則にしたがって図を作り直してみました。

「折れ線グラフの基本原則」とは言っても、この図は、ただ単に学年——順番を設定することに意味がある項目——を横軸に配置してみたというだけに過ぎません。しかし、そのようなごく簡単な修正を加えただけでも、図表7-1に比べれば、データに本来含まれていたと思われる情報が格段に読み取りやすくなっていると思われます。

事実、この図を全体としてみると、全ての専攻分野の学生について四年生以上になると、

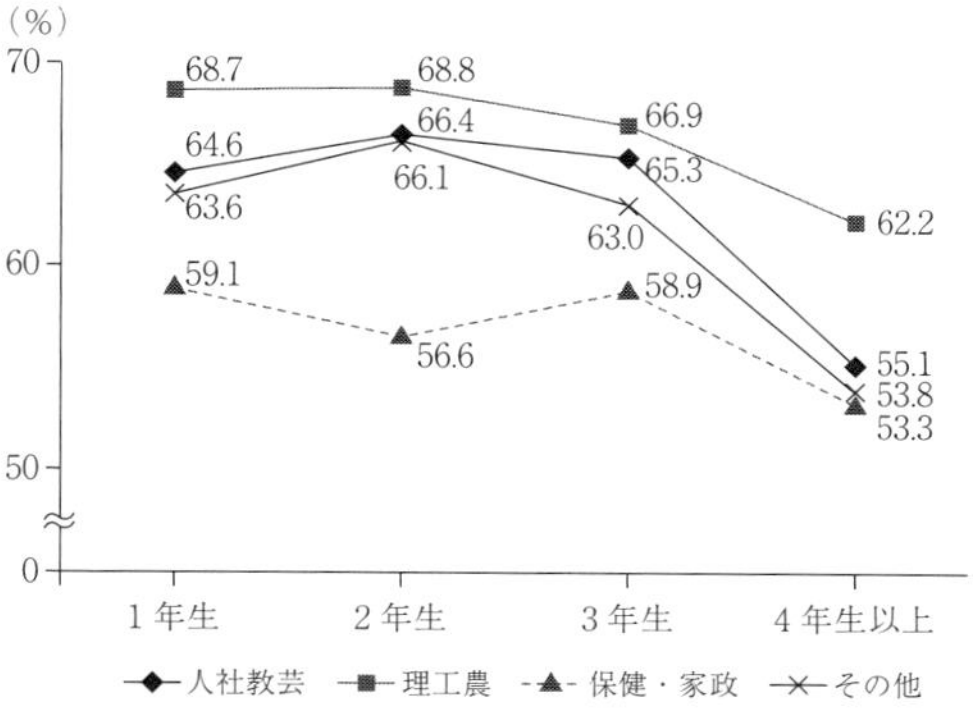

図表 7-2　横軸に学年を配置してみた場合
出所：佐藤（2015b: 7）

「授業に興味を持てない」とする回答者の比率がかなり低くなっていく様子がうかがえます。また、そのように答える学生の比率は専攻分野によって若干の違いがあり、特に保健・家政の分野を専攻する学生たちについては特徴的な傾向が観察されることも見て取れます。[6]

深まるナゾ　こうしてみると、なぜわざわざ図表7-1のような分かりにくい表示をしなければならなかったのか、という点については理解に苦しむところがあります。

この点に関しては何か深い意味でもあるのかとも思って、二〇〇九年の一月一〇日以降に大学経営・政策研究センターの責任者の方に、電子メール、ファックス、封書という三通りの方法で直接質問をさせていただきました。また、その際には、折れ線グラフの作図法以外にも、これからこの章で解説していく幾つかの疑問点をあわせて問い合わせてみました。

その責任者の方は私にとって旧知の人でした。しかし、どのような理由によるものか、その方からは再三にわたる問合せのいずれについても回答をいただくことができませんでした。したがって、なぜこのような折れ線グラフになっているかは未だにナゾのままです。

†より根本的な問題（1）――学習態度の違いの意味

この調査の結果については、これまでに「全国大学生調査　第一次報告書」が二〇〇八年五月に、次いで二〇〇九年一二月には「追跡調査報告書」が公表されています（現在も大学経営・政策研究センターのホームページ上から入手できます）。先に指摘したように、これら二つの報告書には、図表7-1と同じように、作図上の基本原則から逸脱していると思われる不可解な折れ線グラフが合計で二〇点含まれていました。（金子元久氏が単著として二〇一三年に刊行した『大学教育の再構築』にも同じような種類の折れ線グラフが四点ほど含まれています。なお、教育学関係の文献には変則的な作図法による折れ線グラフが時々見受けられます。ですので、もしかしたらこれは、原則からの逸脱やミスというよりは、日本の教育学分野に特有の流儀ないし一種の「作法」ということなのかも知れません。）

もっとも、この作図上の「ミス」は、どちらかと言えばむしろ些細な問題だとも言えます。というのも、図表7-1に示されたような集計の仕方からは、五万人調査が調査の基本的な分析図式という点で大きな問題を抱えるものであった、という可能性が示唆されるからです。

この調査の報告書では、さまざまな学生の態度や行動を専攻別に分けて集計した結果が折れ線グラフや帯グラフの形で示されています。その中には、たとえば学習態度――授業への出席率、予習・復習のための時間など――の他に、大学の授業に対する学生の評価や学習・就職指導についての満足度、あるいは、学部卒業後のキャリア展望などが含まれています。また、中教審の質的転換答申でも、五万人調査の結果をもとにして作成された、所属学問分野を学生の行動を左右する最も重要な要因としている資料が引用されています（中教審 2012: 59）。

しかし、少し考えてみれば分かるように、現実には同じ大学の同じ学問分野の学部ないし学科に所属している学生でも学習（学修）への取り組み方や将来展望には何らかの違いがある場合が少なくありません。事実、五万人調査の集計結果それ自体には、同じ学問分野の学部・学科に所属する学生の回答パターンには一定のばらつきがあることが示されています。もしそうなのであれば、そのばらつきという事実について丁寧な分析を加えることなく、単に学問分野を基準にして平均的なパターンを割り出した上で分野別の違いについて解説していく、という分析の仕方にそれほど意味があるとも思えません。

というのも、（私自身も含めて）現場の大学人や政策担当者が最も知りたいのは〈なぜ、同じ学部・学科の学生であるのに人々によって学修態度に違いが生じているのか〉という、因果関係（原因と結果の関係）についての問いに対する答えだと思われるからです。実際、五万人調査の主な目的の一つが「個々の大学の自律的な教育改革を行う」上での参考資料とすることにあるのだとしたら、報告書には、何はさておいても、そのような「なぜ」という点に関して深く掘り下げた丁寧な検討をおこなった上で、その分析結果を盛り込むべきであったでしょう。[7]

†より根本的な問題（2）——専攻分野による違いの意味

一方で、仮にもし平均的なパターンとして所属学問分野によって学生の学習態度に何らかの違いがあったとしても、より重要なのは、〈なぜ、専攻分野によってそのような違いが生じているのか〉という点についての解明でしょう。それは取りも直さず、次のような問いに対する答えを求めていくことに他なりません——個別の大学の学部がどのようなST比（学生と教員の比率）で、実際にどのようなカリキュラムが組まれており、また、どのような学生文化と教員文化が存在していることによって、学生の学習態度にそのような違いが生まれているのか。

しかし、五万人調査の報告書には、そのような点に関する掘り下げた分析は提供されていません。また質問票自体にも、その種の問題に関する手がかりになりそうな質問項目は、授業の方法に関する八つの質問文からなる質問項目しか含まれていません。これでは、右の「なぜ」について深く掘り下げて分析する上ではあまりにも不十分だとしか言いようがありません。

要するに、この調査報告書の根底にあるのは、一番大切な要因のほとんどの部分がブラックボックスのままに放置された、いわば「中抜き」の分析図式なのです。先に述べたように、報告書には調査のねらいの一つとして、「個々の大学の自律的な教育改革を行う上での道具として活用してもらう」とありますが、このような「中抜き調査」では「道具」としてそれほど役に立つとも思えません。

†ベタな実態調査における「つまみ食い型事後解釈」の可能性

このように五万人調査の報告書が結果としては期待外れのものに終わってしまっている背景には、少なくとも次の二つの理由があると考えられます。

①「所属学問分野は学習態度や行動などを規定する最も重要な要因である」という（暗黙の）前提について慎重な検討がなされていない

②「所属学問分野によって具体的にどのような違いがあるか」という点に関する仮説が設定されていない

要するに、報告書の内容から判断する限りでは、五万人調査は「仮説らしい仮説が設定されずに決行されてしまったベタな実態調査」であったと考えることができるのです。[8]

この種の調査をおこなう場合には、通常、特定の理論や同じような対象ないしテーマを扱った「先行研究」ないし「先行調査」を参考にしながら、事前に幾つかの仮説を設定した上で的を絞った質問票を作成します。

たとえば、専攻分野と学習態度のあいだの関係に関心があるのであれば、事前に「○○という理由で、専門分野と学習態度・行動のあいだには、□□という関係があるはずだ」という想定にもとづく仮説を何本か立てておきます。その上で、それらの仮説と実際に質問票の回答を集計した結果をつき合わせてみて分析をおこなうのです。仮説があたっていれば当初の想定に関する確信は強くなりますし、逆に仮説とかけ離れた結果が出た場合には、なぜそうなのかという点について深く掘り下げて分析していきます。場合によっては、その予想外の結果を中心にして追加調査をおこなうこともあります。

これは、どのような社会調査法の解説書にも書いてある「基本中の基本」とも言うべき手順です。実際、このような手続きを経ないで調査がおこなわれた場合は、結果として、「つまみ食い型事後解釈」のオンパレードになってしまう可能性があります（佐藤 2015a：141-142）。つまり、実際に出てきた集計結果を見てから、事後的に仮説を創作（捏造）して「予想どおりであった」と強弁したり、あるいは逆に、世間の注目を引きそうなパターンが見つかった場合などには「驚くべき発見があった！」という風に主張してみせたりするようなやり方です。

†「時間をエンジョイする」とは——無根拠の根拠による政策立案？

根拠データを収集するために必要となる根拠　先に紹介したように、五万人調査の主なねらいの一つは「実態を把握する」ことにあるとされていました。

しかし、その場合も「大学生がどのような期待や希望を持って、大学での学習活動に参加し、生活しているのか、その結果としてどのような影響を受けているのか」という点について、何らかの仮説を立てておかなければ、つまみ食い型事後解釈の誘惑やその落とし穴を避けることは非常に難しくなるでしょう。実際、ここであげられている「期得」「希望」「参加」「生活」「影響」のそれぞれについて調査しようと思ったら、それこそ無限に近い数の調査項目が候補として浮かびあがってくるに違いありません。

実際に調査票を作成する場合には、それら無数の項目からごく限られた数の質問項目を選び出した上で絞り込んでいかなければなりません。その際には、特定の理論や先行調査から得られる情報が絞り込みをおこなう際の有力な基準になります。事実、それによってこそ、それぞれの質問項目は、何かの頻度や程度を測るためのモノサシ（尺度・指標）として妥当であり、また高い信頼性を持つものになるのです（佐藤 2015b: 1-46）。

実際、どのような種類の「実態調査」をおこなう場合であっても、確かなエビデンス（実証的根拠）になるような「情報的価値」のあるデータを収集するためには、単なる思いつき程度のアイディアによる質問項目では役に立つはずなどあり得ません。それなりの確かな根拠を示した上で質問項目やそれに対応する回答の選択肢などを絞り込んでおくことが要求されます。つまり、実態調査については、「根拠の根拠」つまり、根拠となるデータ収集をおこなう上での正当な理由となる根拠を明らかにしておく必要があるのです。

「エンジョイ志向」とは？　五万人調査に採用されている質問文の中には、この「根拠の根拠」という点に関して疑問があるものが少なくありません。その中でも最も不思議なのは、次の質問文です――「社会人になるまでの時間をエンジョイ《原文ママ》する」。

これは、在学中の目標の重要度について尋ねる質問文の一つです。回答者はこの設問に対して「重要でない」から「最も重要」までの五件尺度で回答することが求められています。そして、五万人調査の報告書では、その回答の集計結果にもとづいて「エンジョイ《原文ママ》志向が弱い傾向にある理工農」などという解釈があげられています。

「エンジョイする」自体は、かなり以前から――昭和時代から――口語表現として定着しています。しかし、「時間をエンジョイする」という言い回しはかなり稀です。それに加えて、そもそも「エンジョイする」などという、古色蒼然とした趣のある言葉が、調査当時一〇代後半から二〇代前半であった「平成育ち」の学生たちにとって直観的に理解できるものであったかどうかという点については、大いに疑問があるところです。

なお、インターネットで検索してみると、「エンジョイ志向」はたしかにフットサル愛好者の世界などでは比較的よく使われる言葉のようです。しかし、学生たちの大学在学中の「目標志向」(?)を示す言葉として「エンジョイ志向」がそれほど適切であるとも思えません。

†「餅屋(専門家)」の不得意分野

こうしてみると、どうやら五万人調査に関わった「専門家」の人々は、自前《じまえ》の質問票による調査――自分で調査票全体の設計をしたり個々の質問文の文章表現を練り上げた上で調査をおこなったりすること――はあまり得意ではなかったようです。その人たちは、むしろ既存の統計データ(何らかの機関や他の研究者がデータ収集や一次的な集計を済ませておいた資料)の二次的な分析については並外れた力量を持っていたのかも知れません。

当然ですが、ひと口に「専門家」とは言っても全ての専門家と呼ばれる人々がオールマイティというわけではありません。実際には社会調査を専門とする社会科学の場合も専門分化が激しく、それぞれのタイプの専門家には得意不得意がある場合が少なくないのです。

先に、専門家による分析が必要だという点との関連で「餅は餅屋」という喩えを使いました。餅屋さんの場合でも、あらゆる餅や餅菓子あるいは餅菓子以外のお菓子を上手に作れるわけではないでしょう。実際、老舗の京菓子店で販売されるような「絶品」とも言われる美味しい餅菓子を作れる名人級の職人さんでも、洋菓子であるケーキを作るのは大の苦手という場合も少なくないはずです（ただし、「つまみ食い」をするような餅屋さんの場合は、お店の信用という点で大きな問題を抱えることにもなりかねないのですが……）。

4　六〇万人調査は五万人調査の再来？――ＥＢＰＭとＧＩＧＯのあいだ

†ＧＩＧＯ（ガーベージ・イン・ガーベージ・アウト）とは

五万人調査に関するここまでの検討を通して見えてきたのは、社会調査の基本的なルールを無視しておこなわれた調査には、大きな誤解を招きかねない「客観的なデータ」を事実（らしきもの）として創り出してしまう可能性がある、という点です。また、そのことの恐ろしさです。

社会調査の世界には、GIGO（Garbage In, Garbage Out）という言葉があります。カタカナで「ガーベージ・イン・ガーベージ・アウト」と書くこともありますが、和訳としては「屑《くず》入れ屑《くず》出し」というものが考えられます。

もともとは情報処理に関する一種の警句であり、その基本的なメッセージは次のようなものです――どのような優れたコンピュータ・プログラムではあっても、インプットされる情報が意味の無いものであれば、アウトプットとして出てくる結果も「屑（ガーベージ）」のような、無意味で無価値なものでしかない。これを踏まえて、「GIGO」は、社会調査の関係者のあいだでも〈調査データの質が低ければ、どのような高度な分析手法を使ったとしても調査結果は無価値なものにしかならない〉というような意味あいで使われてきました。

†回収率と調査データの質

回収率と有効回答数　五万人調査の報告書では、特に「高度な分析手法」が使われているわけではありません。しかし先に見たように、仮説らしい仮説が設定されていなかったり、質問文の表現に明らかな問題があったりという点では、調査データから得られる情報の質や価値はそれほど高くはなかったとも言えます。この調査の深刻な問題としては、もう一つ、報告書に「回収率」と「有効回答率」という重要な情報が提供されていない、という点もあげられます。回収率というのは、調査を依頼した人たちのうちで実際に回答に応じてくれた人の割合などを指します。五万人調査の場合は、全体でどれだけの人数の学生を調査対象となる「全国の大学生」として想定したのか、また、実際にその内のどれだけの割合の学生が回答してくれたのかということが回収率にあたります。一方、有効回答率というのは、〈回収できた質問票のうちどれだけの割合が実際にデータ分析の際に使えるものになっているか〉という点に関する情報です。

この二つの情報は、得られたデータがどの程度の偏りを持ったものなのかという点について判断する上で非常に重要な意味を持っています。実際、特定のタイプの学生（たとえば、出席率が特に良好あるいは不良）しか回答していない場合は、調査結果にもとづいて「全国の大学生」の一般的な傾向やパターンを割り出すことにはあまり意味が無い、ということにもなってきます。

五万人調査の回収率　ところが、五万人調査の報告書には、その肝心な二つの情報のどちらもが記載されていません。ですので、五万人（実際には約四万八〇〇〇人）といえば一見かなり大量のデータのようにも見えますが、それがどの程度実際に「使い物になる」有効な情報を含むデータであるかどうかは事実上判断ができない、ということになります。なお回収率については、たまたま私の前任校が調査対象校の一つになっていたこともあって、その大学については手元に資料があります。それによれば、全学部では一七・九％とかなり低いものでした。また、ある学部の三年生の回収率は一三・九％とさらに低くなっていました。

調査の種類や目的にもよりますが、一般に回収率については少なくとも六割以上が理想とされます。また、回収率が極端に低い場合には何らかの形でデータに補正を加える必要があるとも言われています。いずれにせよ、データの「量」と「質」の問題は切り離して考えておく必要があります。つまり、データがどれだけ大量にあるからといって、必ずしもそのデータが有効な情報を含む質の高いものであるとは限らないのです。

先に述べたように、五万人調査については、二〇〇九年の一月時点で大学経営・政策研究センターの方に幾つかの点に関して問合せをおこなっています。その中には、回収率についての質問も含まれていたはずなのですが、同センターの関係者からは一切回答が得られていません。ですので、調査対象になった他の一二六校の回収率については今のところ確認しようがありません。しかし、もし他の大学についても同じような低い回収率であったとするならば、五万人調査はデータの質《クオリティ》という点で大きな問題を抱えていたということになるでしょう。

†「学生調査」（六〇万人調査）は「エビデンス」になりうるか？

五万人調査の場合と同じような問題は、文科省が二〇二〇年度に実施を予定している「学生調査」についても指摘できます。

この調査は、同省が、付属機関である国立教育政策研究所と共同でおこなうことになっているものであり、中教審に設けられた教学マネジメント特別委員会の議論を経て二〇一九年五月末から六月にかけて実施案が決定・公表されたものです。

文科省のウェブサイトに掲載されている資料によれば、その調査の目的は、「学生の目線《ママ》から大学教育の実態を把握」し、また、将来の大学進学予定者に情報を公開するとともに、「各大学における教育内容等の改善を促進させること」にあるとされています。さらに、「今後の政策立案の際のエビデンスとしても活用」するだけでなく、「将来的には、エビデンスデータとして認証評価において活用を検討する」としています。つまり、大学改革の基礎資料として使われるきわめて重要な意味を持つ実証データであることが強調されているのです。[9]

具体的な実施計画としては、二〇一九年の秋にまず試行調査を実施し、その結果をふまえて二〇年度には全国の三年生全員の約六〇万人を対象にして調査がおこなわれることになっています。また、その後も三年ごとに同様の調査を実施することが想定されています。

公表されている資料によれば、主な調査項目は、大学での授業の形式や大学入学後の体験の有用性、生活時間などに関する五項目が中心となっています。それぞれの項目は、複数の質問文から構成されており、その総数は三四を数えます。調査方法については「Ｗｅｂ（スマホ等）によるアンケート調査」とされています。

必ずしも全ての対象者が回答してくれるわけではないでしょうが、「六〇万人」といえば五万人調査の一二倍です。たとえその数分の一しか答えてくれなかったとしても、より確実なデータが獲得できるようにも思えてきます。

しかし、公表されている資料を見る限り、この「六〇万人調査」は五万人調査と同じような点で社会調査としては本質的な問題を抱えているようです。したがって、調査の設計段階から根本的な見直しをおこなう必要があると言えます。また、大学側としてはその見直しがなされるまでは、「御上の御達し」とはいえ、当面は協力を見合わせる方が賢明かも知れません。

†六〇万人調査の問題点

六〇万人調査は、少なくとも次の三点に関して単にＧＩＧＯであるどころか、大学現場に計り知れないほど大きな混乱をもたらす恐れがあります。

・専門家による本格的な検討がなされたとは考えにくい面がある
・他の調査との相互検証の発想が稀薄である
・結果の公表のされ方によっては、大きな誤解を招きかねない

教学マネジメント特別委員会の会合の議事録（第五回、二〇一九年五月三〇日）によれば、調査については五名の専門委員に加えて「学生調査に詳しい先生方」とも相談しながら検討を進めてきたということです。しかし、その会合で専門委員以外の委員から指摘されていたように、六〇万人調査には、次のような点で基本的な内容および技術的な面に関して疑問があり、専門的な見地からの検討がなされたとは考えにくい面があります。

・なぜ三年生だけが対象なのかが不明
・回答の選択肢がスマートフォンの画面には収まりきらない
・学生が実際に学習した内容ではなく大学側から提供されている指導の種類や内容だけを問う設問になっている。

五万人調査の場合と同じように、これらの問題の背景には、調査票を設計した人々が当初か

らきわめて単純な（ベタな）「実態調査」を想定していたという事情があると思われます。[10] つまり、特定の理論や先行調査などについて検討し、また大学教育や学生の学習体験とその成果に関してこれまで積み上げられてきた情報と慎重に突き合わせた上で、何らかの明確な仮説を設定していたわけではないと思われるのです。

先に五万人調査の問題点について指摘した際にも述べたように、一口に「実態調査」とは言っても、学生が体験している「大学教育の実態」について調べられる項目はほとんど無限に存在します。しかしながら、文科省の資料や特別委員会の議事録からは、〈「学生調査に詳しい先生方」が、それら無数にあるはずの調査項目の候補の中から、どのような基準をもとにして質問票の原案に盛り込まれた、主要な五項目と三四個の質問項目に絞り込んでいったのか〉という点は一向に見えてこないのです。

†調査結果の公表をめぐる問題

GIGOの可能性　さらに深刻なのは、この調査の結果については、大学と学部の名前を明記した上で一覧表として文科省と国立教育政策研究所のホームページに公開されることが前提とされている、という点です。公費を使っておこなわれた調査の結果が公表されることは、原則論としては何の問題もありません。しかし、その調査が方法論的に深刻な結果を抱えており、またデータが「ガーベージ」のようなものに過ぎない場合は、全く話が別です。

この点に関して、右で述べた調査設計上の問題以外で特に気になるのは、公表の可否を判断する上で用いられる基準です。試行調査に関する公表基準は次のようなものだとされているのです――学部単位において「回答数が三〇以上」かつ「回答率が一〇%以上」。

先に述べたように、回収率（回答率）が一〇%前後では調査結果の情報価値はほとんどありません。また、調査の目的にもよりますが、回答数が三〇程度では調査結果に大きな偏りが出てくる可能性があります。しかも、この調査では五万人調査の場合と同様に回答に応じるかどうかは学生の任意の判断によることが想定されているのです。

調査結果の誤用と悪用の懸念　六〇万人調査の結果の公表方針に関しては、このような技術的問題やデータの信頼性という問題に加えて、その誤用や「悪用」の可能性についての懸念もあります。

たとえば、いったんその結果が不用意に公表されてしまえば、それが一般メディアや受験産業などによって大学ランキング表を作成するための情報として安易に使われてしまうことはほぼ確実です。先に述べたように、六〇万人調査の表向きの目的は、実態の把握とそれぞれの大学による教育改善のための情報提供であるとされています。しかし、このような「実態調査」

のデータは、たとえそれがガーベージのようなものに過ぎなかったとしても、一見客観的な数値であるように見えてしまい、また「事実」として一人歩きしてしまうという可能性がありま す。したがって、そのデータの取り扱いには本来慎重すぎるほど慎重な配慮が必要なのです。

この点については、たとえば、自分が所属している会社や学校のメンバーのうち三〇人程度しか回答していない「アンケート」の結果によって、その会社や学校のランキングが決められてしまう、という状況を考えてみてもいいでしょう。しかも、回答するかどうかは調査対象者の判断にまかされているのです。

一般的な社会調査の傾向からして、わざわざ貴重な時間を使ってまでアンケートに答えてくれる人は少数派だとも思われます。したがって、そのような決定をした人々が、何らかの特別の意図を持っている可能性があることは十分に考えられます。[11] 実際、この点に関して、教学マネジメント特別委員会の委員の一人は、学生の「不当な回答」によってその学生が在籍する大学にとって有利な結果が出て来る可能性について懸念を表明しています。

また、たとえそのような「悪用」が比較的稀であったとしても、先に指摘したように、回収率が低い場合には、データに何らかの偏りや歪みが生じてしまうことはどうしても避けられません。したがって、その種のGIGO的なデータを不用意に公表してしまうことには大きな危険性があると言えるでしょう。

†一向に深まらない議論と拙速な決定プロセス

現時点で入手できる教学マネジメント特別委員会の議事録によれば、六〇万人調査については、二〇一九年五月三〇日に開催された二時間程度の会合では、最後の議題として扱われています。その審議の中で、出席した委員からは右にあげた点以外にも幾つかの問題点があげられていました。たとえば、ある委員は、この調査のモデルになったとされる米国のNSSE（National Survey of Student Engagement［全米学生調査］）の場合には、一律に全国の大学の調査結果を公表することなどはしていないはずであり「慎重な議論」が必要であるという指摘をしています。

しかし、その発言があった時点で会合は既に終盤に入っていました。それもあってか、文科省の担当職員からも、実際に調査の設計に関わったはずの専門委員からも、この重要な指摘に対する回答は一切ありませんでした。また、審議会の会合の例にもれず、最後の議題については終了時刻が迫る中で、それ以上議論が深められることもなく慌ただしく閉会を迎えています。

もし実際に六〇万人調査に関する重要な決定が、この議事録に書かれている通りの方法でなされていたのだとしたら、それは、PDCAやEBPMの理想とは程遠い意思決定の仕方であったと言えるでしょう。というのも、この「学生調査」については、「慎重な議論」を要するはずの論点についてすら一向に議論が深まらないままに拙速にその詳細が決められていったのだと考えることができるからです。

†GIGOでも見切り発車？

調査にかかる膨大な経費　そして、教学マネジメント特別委員会の会合から二週間あまり後の二〇一九年六月中旬には、新聞各紙で、文科省の原案をそのまま引き写しにしたような調査の構想が報道されることになりました。こうしてみると、どうやら六〇万人調査は、会合の最後の方で、特に慎重な議論を経ることもなく、いわば「バタバタ」と承認された原案がほぼそのまま報道発表を通して既成事実化されていったらしいのです。[12]

文科省のホームページに公開されている二〇一九年度の「予算（案）主要事項」には、この六〇万人調査の前段階である試行調査については特に個別の事業予算は計上されていません。しかし、二〇二〇年度に全国の大学三年生六〇万人を対象にして調査をおこなうのであれば、相当程度の経費がかかるに違いありません。

たとえば、五万人調査の場合には、回収率を高めるためのインセンティブとして回答者から抽選で五〇〇〇円の図書券が進呈されていました。同じようなことを六〇万人調査でおこなった場合には、それだけでも膨大な経費がかかります。また、二〇一九年に予定されている試行調査は「受託事業者」が請け負うことになるとされています。二〇二〇年に予定されている「本調査」についても、恐らくは外部事業者に委託することになるのでしょうが、それには相当程度の費用が必要になるに違いありません。

見切り発車の懸念　以上のような点からすれば、二〇二〇年度の予算案には、少なくとも数億円単位の経費が計上されることになると思われます。もしその予算案が認められたとしたら、文科省としては、本来はさらに「慎重な議論」を重ねていく必要があるのだとしても、いわば見切り発車で調査をおこなう必要が生じてきます。また、当初の想定どおりに三年ごとに調査が実施されるのだとしたら、その総経費はさらに莫大なものになるでしょう。

しかし、もし五万人調査の場合と本質的に同じような問題を抱えた方法で調査が決行されるのだとしたら、その結果がGIGOになってしまうことは火を見るより明らかです。実際、間接費を含めて総額四億六〇〇〇万円以上にのぼる国費のかなりの部分を費やして五万人近くの学生について調べてみてもあまりよく分からなかったことが、六〇万人を対象にして調べて分かるとも思えません。

先に述べたように、調査で大切なのは単なる量ではなくデータに含まれる情報の質です。質が低ければ、どれだけ大量のデータを収集することができたとしても、それは、情報としての価値がほとんど無い「ガーベージ（屑）の山」のようなものでしかないのです。

「失敗から学ぶPDCA」とガーベージ的データのリサイクル

したがって、もし文科省の原案どおりに試行調査をおこなうことが既に決まっているのであれば、不用意にその調査結果を公表することは控えるべきでしょう。

いま本当に必要なのは、試行調査の結果をふまえた上で、学生調査そのものに関して、基本的な調査デザインのレベルから批判的に検証していくことなのです。もしその検証の結果として、試行調査あるいは「学生調査」の発想それ自体が本質的な問題を含む「失敗」であることが明らかになった場合には、本調査の中止も含めてそれ以後の対応について再考すべきでしょう。

実際、これまでこの本で繰り返し指摘してきたように、そのようにして「失敗から謙虚に学ぶ」ことこそが、本来の意味でのPDCAサイクルという発想の最も重要なポイントの一つであったはずなのです。そして、失敗であることが明らかになった場合でも、試行調査それ自体が、EBPMの精神を生かした行政をおこなっていく上で非常に貴重な「エビデンス」になるはずです。また、それが不幸にしてガーベージになってしまった調査データの最も有効な再利用法（リユース・リサイクル）の一つだと言えるでしょう。

5 「大人の事情」と改革政策のリアリズム

†EBPMとPBEMのあいだ

政策や行政の現場にある人々の立場からすれば、右のような「失敗から学ぶPDCA」あるいは〈調査結果がガーベージになってしまった際にそれ自体を貴重なエビデンスとしてリサイクルする〉という提案は、現場の事情をまったく無視した空理空論のようにしか思えないかも知れません。実際、第二章で指摘したように、もし官僚の世界が「減点主義の終身雇用社会」であるとするならば、失敗を認めてしまうことは致命的な失点になってしまうでしょう。

したがって、いかに政府や内閣官房あるいは内閣府が一般的な理念としてEBPMを強調していたとしても、政策立案の現場では、都合の悪いエビデンスからは目を背けることにもなりかねません。また、特定の政策にとって都合の良いエビデンスを「つまみ食い」的に利用することもあるでしょう。

この場合、実証的なデータは、本来のEBPMとは正反対の性格を持つPBEMのために利用されることになります。ここでPBEM(Policy-Based Evidence Making。政策にもとづくデータ・事実の創作）というのは、事前にあらかた内容が決まっている政策を前提にして、それにとって都合の良いデータだけを選んで政策を正当化するための根拠として使うことを指します。さらに、場合によってはエビデンスらしきものが捏造ないし改竄されることさえあります。また、都合の悪い資料やデータを隠蔽してしまうような行為も、広い意味ではＰＢＥＭだと言えるでしょう。

いずれにせよ、これらの操作によって、「合理的な政策立案」を支援するための科学的根拠であったはずの「エビデンス」は、むしろ特定の思惑や利害関心から導き出された政策に奉仕するためのアリバイのようなものになってしまいます。

†大学院拡充政策の場合――「三〇万人規模」の根拠

大学審が一九九八年に提出した二一世紀答申に関連する資料の中には、この答申が典型的なＰＢＥＭとしての性格を持つものであったことを示す記述が含まれています。第五章で解説したように、この答申では大学院の在学者数が将来的に「三〇万人規模となることも予想される」としています。しかし、これは実は、何らかの実証的根拠にもとづく「予想」などではありません。この点に関する調査研究にもとづく試算の結果は、むしろ逆に二〇一〇年時点では、博士課程修了者が供給過剰になってしまうという見込みを明確に示していたのでした（潮木

2009: 128)。

エビデンス　大学審の議事要旨には、このようにエビデンスを無視した答申が作成されるにいたった経緯が推測できる詳細な記述が含まれています。

一九九八年五月に開催された大学審の大学院部会では、教育社会学者の潮木守一氏（武蔵野女子大学教授〔当時〕）が代表をつとめる調査研究会による調査の結果がエビデンスとして提示されています。その調査研究会は、二〇一〇年時点での修士課程と博士課程の修了者数と雇用機会について、それぞれ次のように試算していました（大学審議会大学院部会 1998a）。

修士課程――修了者＝七万五〇〇〇人〜七万七〇〇〇人・雇用機会＝七万三〇〇〇人〜八万人
博士課程――修了者＝一万八〇〇〇人前後・雇用機会＝一万二〇〇〇人〜一万三〇〇〇人

つまり、修士課程の修了者数の場合は、雇用機会の見込みとほぼ釣り合いが取れていたのですが、博士課程については修了者の実に三割前後もの人々の就職難が予測されていたのでした。こうしてみると、この推計は、きわめて的確に将来の「無職博士」の増加を予測していたということになります。

答申　ところが、一九九八年五月時点の大学審の会合ではこのような調査結果を踏まえた慎重な議論がなされていたにもかかわらず、その後の審議では、むしろその「エビデンス」ではなく文部大臣の諮問内容に沿った形で「三〇万人」という数字が強調されているのです。

実際、同年六月に開催された会合では、文部省の事務局職員が「諮問で出された三〇万人との差を合理的に補うデータがない」と明言しています。しかし出席した委員からは、「文部大臣から示された三〇万人という数字はそれ自体議論になっている」、「大学院充実を目指す大学の努力に水を差したくない」、「通信制の大学院や今後の制度改革を考慮に入れれば三〇万人近くの規模という見込みが妥当」などの見解が表明され、最終的には答申の「三〇万人規模」という記述に結びついていくことになったのでした（大学審議会大学院部会 1998b）。

なお、五月の会合には潮木氏をはじめとする調査研究会のメンバー三名が「意見発表者」として審議に参加していました。しかし、その後の会合では委員と文部省の職員のみの審議になっています。ちなみに、その九名の委員のうち、学長三名を含む大学関係者は八名を占めていました（議事要旨では、それぞれの発言は記号――委員○、意見発表者△、事務局□――で表示されています。ですので、誰の発言であるかは特定できません）。

こうして結局のところ、調査結果というエビデンスではなく、諮問内容への配慮（斟酌・忖度）、大学院拡充をめざす大学への配慮、将来の制度改革への希望的観測などの「根拠」をもとにして、最終的には答申における三〇万人規模という大学院拡充の「規模感」に関する記述が出来上がっていったのでした。

†「大人の事情」と妥協の産物としての政策

PBEMの背後にある大人の事情　口語表現には「大人の事情」というものがあります。この言葉は、物事が、子どもに対して大人が普段言い聞かせているような本来のルールや建前通りには進まない場合に、そのような経緯の背後にある、あまり表沙汰にはできない事情を指すものとしてよく使われます。ですので、子どもが無邪気に「どうしてそうなの？」と聞いてきたとしたら、大人としては口を濁すしかないのです。

その「大人の事情」の例としては、たとえば圧倒的な力関係の差があるために、文字通り「無理が通れば道理は引っ込む」で、不本意ながらも「御上の御達し」に従わざるを得ない場合などがあげられるでしょう。また、複雑な利害調整の結果として本来あるべき姿とは違う形で妥協せざるを得ない場合についても「大人の事情」という表現があてはまります。

二一世紀答申において「三〇万人規模」という記述が盛り込まれるようになった経緯は、まさに「大人の事情」と呼ぶのがふさわしいものだったと言えるでしょう。また、教育政策の場合に限らず、政策上の意思決定が、厳密な意味でのEBPMではなく、PBEMになってしまう背景には、何らかの大人の事情がある場合が多いと考えられます。

「妥協の産物」としての現実の政策立案過程

もっとも、これは必ずしも、行政の世界では政策の多くが、いかがわしい「裏の事情」によって決められるものである、というようなことを意味しません。そうではなくて、政策立案という手続きには現実的な制約がつきものであることによって、政策科学や経済学の論文などで解説されているような教科書的な手順でおこなわれるEBPMはむしろ稀である、という点を考慮しておく必要がある、ということなのです。

この点について第二章でも引用した鈴木亘氏は、現実の行政現場では、個別の施策を単体で採用するかどうかについて検討することは稀であり、むしろ他の施策と「戦略的に抱き合わせ」たり、既に存在している施策と「スクラップ・アンド・ビルド」したりすることが多いと指摘します。鈴木氏はまた、現実の政策現場での政策立案がこのようにさまざまな制約条件の中でおこなわれていることを踏まえて、これを「**妥協の産物**」という言葉で表現しています（鈴木 2018）。

この他にもたとえば、ある政策については関係者が多くて複雑な利害調整が必要になる場合も多いでしょう。その場合には、実証データを踏まえた理詰めの合理的判断というよりは、最終的な決定権を握っている人々の「高度な政治的判断」によって決着がつけられるケースが少なくないと思われます。

縦割り行政と拠点形成事業の林立という事例　入り組んだ利害関係がエビデンスの利用を歪めてしまうという点に関しては、第三章でとりあげた拠点形成事業の「林立」はその典型的な事例としてあげられるでしょう。

図表3-1（一六九頁）に示されているように、日本では各種の拠点形成事業が「非体系的に林立」してきました（科学技術振興機構 2016）。このようなパッチワーク的な状態がもたらされた主な背景には、それぞれの拠点形成に補助金を提供する府省庁が、縦割り行政の中で「部分最適」的に予算の獲得を目指して互いに競合してきたという事情があると考えられます。また、その縦割り行政を背景とする競合状態は、府省レベルだけではなく、同じ府省の「局」や「課」レベルにまで及ぶということも比較的よく知られています。

いずれにせよ、これらの行政部局単位が予算要求をおこなう際には、それぞれにとって都合の良いエビデンスが優先的にとりあげられる一方で、不都合なエビデンスについては目を背けるということも珍しくはないでしょう。つまり、ここでもPBEMが常態化していたと考えることができるのです。

総論としての大人の事情・各論としてのエビデンス　いずれにせよ、このように入り組んだ利害関係などを背景とする「大人の事情」によって政策の大きな枠組み（たとえば、科学技術関連予算の府省単位での配分）が決定されている場合には、「エビデンス（科学的根拠）」が果たすことができる役割はそれほど大きくはないと思われます。その大枠のレベルでは、むしろ複数の府省間あるいは政府・内閣府と府省のあいだの政治的な力関係で政策の骨組みが決まっていくことになるでしょう。[13]

一方で、エビデンスなるものは、その「総論」的な位置づけとなっている政策の枠組みを大前提にした上で、それを具体的な府省レベルの施策にブレイクダウンしていく際の「各論」的な部分にとっての根拠としての意味を持つことになります。

たとえば、二〇一三年に最初のものが公表され、その後も改訂版が毎年のように発表されてきた「日本再興戦略」では、各施策に関する「ＫＰＩの進捗状況」が掲げられています。このような指標を示す場合も、総論的な意思決定にとって都合の良いエビデンスが最優先されることが少なくないと思われます。

†EBPM（政策）とEBM（医療）の違い

合意形成の難しさ　以上のような点に関しては、ここで一度、ＥＢＰＭという発想の最も重要な起源が、医療の世界におけるＥＢＭ（Evidence-based Medicine。科学的根拠にもとづく医療）であるという点について確認しておく必要があります。また、そのＥＢＭとＥＢＰＭのあいだには本質的な違いがあることも認識しておかなければなりません。

ＥＢＭというのは、医療上の意思決定の根拠として、病理学的知識や臨床経験だけでなく、疫学的な研究や臨床実験などの科学的研究による最新情報を活用した上での総合判断の重要性を重視していこう、という考え方です。このＥＢＭとＥＢＰＭは、根拠データを重視するという点では共通点がありますが、その一方で幾つか重要な違いも存在します。

たとえば、ＥＢＭの場合には、関係者間で最終的な目標（症状の改善、治癒等）に関する合意形成が比較的容易です。それに対して、ＥＢＰＭについては、目標・目的の共有どころか、そもそも「解決すべき問題が何であるのか」という点についてコンセンサスを形成することすらままならない場合も多いのです（Cairney 2016）。

実際、このように複数の政策や具体的な施策のあいだの調整について考えていく必要がある際など、場合によってはその調整や「つじつま合わせ」にとって都合の良い「エビデンス」だけがつまみ食い的にクローズアップされることも少なくないでしょう。

社会科学ではエビデンス自体が妥協の産物　そのエビデンス自体の質という点でも、ＥＢＭとＥＢＰＭのあいだには大きな違いが存在します。医療の場合にはかなり以前から標準的な検査機器や検査薬などの技術と知識に関して世界レベルで情報が共有されています。また、特に近年は日進月歩の勢いで診断ツールの開発が進められ、それによって相当程度に精確な診断が可能になっています。

それに対して、政策立案に使用される社会調査のデータについては、広い範囲でのコンセンサスが形成されているとはとうてい言い難い面があります。実際、同じ学問分野でも調査対象のどのような側面に対してどのような尺度や指標（モノサシ）を適用して測定をおこなうかという点について明確なコンセンサスが存在しない場合も少なくありません。たとえば、この点に関して標準化が比較的進んでいる心理学の場合ですら、一部ではたとえば性格特性を測るための心理尺度などが乱立してきました。

したがって、喩えて言えば、医療や自然科学一般の場合には、物の長さを測る際に「メートル原器」のような精密な測定器具があるのに対して、社会科学における測定ツール《モノサシ》というのは、多くの場合はどんなに頑張ったとしても、一定の範囲で伸び縮みするゴム製の定規のようなものに過ぎないのだと言えます。だからこそ、たとえばGDP（国内総生産）の値の算出法やその解釈をめぐっては何度となく激しい論争が巻き起こってきたわけです。もっとも、社会科学の場合にも、たとえば心理学や経済学のように、長年にわたって妥当性と信頼性の高い尺度を作ろうという努力が続けられ、一応の「落としどころ」が明らかになっている分野もあります。

こうしてみると、政策についてのEBPMの場合には、医療におけるEBMの場合とは違って、エビデンスそれ自体が唯一正しい「客観的な科学的根拠」というよりは、むしろ「妥協の産物」である場合が多いことが分かります。[14]

†EBPMと改革政策のリアリズムを目指して

短絡的な改革案を未然に防ぐために　以上で見てきたように、EBPMについては、行政現場における実施体制にしても、「エビデンス」として使われるデータの本質的な性格という点に関しても、さまざまな現実的制約があることはどうしても避けられません。しかし、当然ではありますが、基本的な発想という点に関して言えば、確実な根拠とロジックを踏まえて政策を立案していこうという考え方それ自体は、きわめて健全なものだと言えます。

実際、これまでこの本で何度か指摘してきたように、教育行政については往々にして事実関係の確認（What の問いに対する答え）とそれにもとづく因果関係の分析（Why の問いに対する答え）を抜きにして、いきなり改革施策（How の問いに対する答え）を提示するというやり方がまかり通ってきました。たとえば、それは一連の「アメリカでは……」という思い込みであり、また「日本の大学は全体としてダメ」というような決めつけでした。その結果として、和風シラバスやFDなどが短絡的に導入されてきたのです。

そのような不確かな根拠にもとづいて各種の改革施策が提案されてしまうことを防ぐためには、政策の立案過程だけでなく個々の施策の実施状況について検討していく際にも実証データを活用していくEBPM的な発想はどうしても必要なものだと言えるでしょう。

「不都合な真実」に向き合う　この点に関連してここで注意を喚起しておきたいのは、政策自体の成立過程とその成果に関して検証していくことの必要性です。特に、過去の「失敗（失政）事例」について徹底的な検証をおこなうことは最優先課題の一つになります。

EBPMというと、ともすれば現実の社会に実験的介入をおこない、その結果を定量的に検証するという方法がクローズアップされがちです。特に、経済学者は、そのような社会実験の成果を統計的に検証する手法をEBPMの究極の理想形としてとらえがちです（伊藤2017）。

たしかに、その種の定量分析は、検証の厳密性という点では非常に効果的なものです。しかしこれまでこの本でも見てきたように、それと同じくらいに大切なのは過去の失敗から学ぶということです。そのためには、定量的な分析に加えて、公文書の詳細な検討、あるいは政治家・官僚・審議会委員などに対する丁寧な聞き取りを通して、政策の立案と実施から中長期的な帰結にいたるまでの過程を丹念に追跡していくようなアプローチがどうしても必要になるはずです（Pressman and Wildavsky 1984）。

実際、そのような詳細な分析をおこない、過去の失敗（失政）という「不都合な真実」に向き合うことによってこそ、手痛い失敗の経験から貴重な教訓を学びとることが可能になり、また広い意味でのＰＤＣＡサイクルを貫徹することができるようになるに違いありません。[15]

†お花畑的なユートピア幻想を越えて

本来の意味でのＥＢＰＭの基本的な発想は、日本の高等教育の実態を明らかにし、また改革施策の結果のモニタリングをおこなっていく上で必要になるだけではありません。確実なデータによる検証作業は、施策を立案していく上でのモデルとなる国内外の大学における「本当」の実態について明らかにしていく上でも不可欠の条件になります。つまり、改革施策の方向性（How の問いに対する答え）を模索していく上でも不可欠な作業になるのです。

ドラマ仕立ての改革論議では、ともすれば特定の国とその国の教育政策が、まるで美しい花々がそこかしこに咲き乱れる「お花畑」のようなユートピアとして描かれることになります。

しかし、先に見たように、その種の「アメリカでは……」あるいは「フィンランドでは……」などで始まる発言は、多くの場合、個人的体験にもとづく主観的な見解に過ぎません。

たとえば、教育再生会議などで政策審議に関わっていた「有識者」の米国体験はその人々がたまたま留学していた大学で体験したことや研究休暇や学会などでたまたま滞在していた主要大学での見聞が中心になっている例が少なくありません。それらの「一流校」での体験をもとにして「アメリカでは」という一般化をおこない、さらに、それを「全体にダメらしい」日本の大学界の現状と比較した上で改革施策を提案するというのは、単に無い物ねだりであるどころか根本的な論理矛盾であるとさえ言えます。

もし、米国の大学における実践をモデルにするのであれば、コミュニティ・カレッジなども含めれば四〇〇〇前後の高等教育機関があるとされる米国の高等教育セクター全体を視野に入れて、その成功だけでなく失敗からも学んでいく必要があるでしょう（カプラン 2019）。

お花畑的なユートピア幻想に惑わされることなく、また次から次へと繰り出されてくるカタカナ用語やアルファベットの頭文字からなる借り物の改革用語に振り回されずに、地に足のついた改革をおこなっていくためには、徹底したリアリズムで現実を直視し、また、検証をおこなっていくという意味でのＥＢＰＭがどうしても必要になってくるはずなのです。

あとがき

この本の草稿を書き始めたのは、二〇一三年七月下旬のことでした。その後六年以上におよぶ執筆作業は時にひどく気の滅入るものであり、何度か本書の刊行を断念することを考えたほどでした。「まえがき」でも述べたように、この本の目的は、日本の大学改革政策が抱えている深刻な問題について明らかにし、またその診断をおこなうことにあります。その「病理診断」には、当初の想定をはるかに越える幾多の困難がともなっていたのでした。

それらの困難の中で最も深刻だったのは、大学審や中教審の答申をはじめとする各種の行政文書の不明瞭さと晦渋《かいじゅう》さです。それらの文書の多くは、改革政策がとるべき方向性について実に崇高で高邁な目標を掲げています。しかし、それらの目標はほとんどの場合、内実に欠ける空疎なものでしかありません。また、目標を達成するための改革の処方箋も現実性や実効性に乏しいものが少なくありません。

さらに、文章表現の拙劣さや明らかな論理破綻のためにその意味や意図を読み取ることが極端に難しくなっている記述も目立ちます。まともに「真意」を探り当てようとすると、こちらの言語感覚までおかしくなってきます。実際、行政文書を判読していく作業というのは、視界不良の中でコールタールの沼を必死にもがきながら泳いでいくようなものなのです。

そのような、暗号解読にも似た難行ないし苦行とも言える作業を進めていく中で大きな救いになったのは、福澤諭吉と新島襄が明治時代に書き記した数々の文章の、完璧なまでの明晰さと並外れた知性に裏付けられた圧倒的な迫力です。

その多くは文語体――福澤の場合には時に自称「雅俗めちゃめちゃ」文体――で書かれています。また、著作集に付された注釈や解説書を頼りにして読み取っていかなければならない箇所も少なくありませんでした。しかし、その論旨はあくまでも明快です。つまり、現在の行政文書のように、意図的に解読困難なものにしているとしか思えない箇所などは皆無なのです。

たとえば、次にあげるのは、新島が同志社大学創設を広く世に訴えた文章の一節です。

一国を維持するは、決して二三英雄の力に非す、実に一国を組織する教育あり、智識あり、品行ある人民の力に拠らざる可からず、是等の人民ハ一国の良心とも謂ふ可き人々なり、而して吾人ハ即ち此の一国の良心とも謂ふ可き人々を養成せんと欲す、吾人が目的とする所実に斯くの如し、諺さに曰く、一年の謀ことハ穀を植ゆるに在り、十年の謀ことハ木を植ゆるに在り、百年の謀ことハ人を植ゆるに在りと、蓋し我か大学設立の如きハ、実に一国百年の大計よりして止む可からざる事業なり（「同志社大学設立の旨意」［新島がまとめた要点を徳富蘇峰が文章として仕上げたもの］）

右の引用で新島は、「一国を維持するは、決して二三英雄の力に非す」と述べています。しかし私にとっては、福澤と新島の二人は紛れもない英雄です。当然ですが、それは、この本の後半で解説したような、底の浅い「改革劇」のヒーローなどではありません。現実の世界を牽引していった並外れた指導力を持つ先導者《リーダー》という意味でのヒーローなのです。

この二人の偉大な先導者にくらべれば、はるかに地域限定的ではありますが、教育をめぐる問題について考えていく上で私個人にとっては同じくらいに重要な意味を持っていた先人たちがいます。それは、私自身が昭和三〇年代に小学生時代を過ごした村立の分校――当時は複式学級制――の設立にあたって尽力した明治時代の郷里の人々です。

その小学校は、明治六（一八七三）年に前年の学制発布を受けて寺院の一部を仮校舎として開設されたものであり、子どもたちが徒歩で通うには遠く離れた別の地区に設けられていました。そのような事情もあってか、明治七年二月には、同じ地区の民家を借用して姉妹校としての小学校が新たに発足しています。その創設にあたっては、有志たちによる熱心な招致運動があったと聞いています。事実、その後の何度かにわたる移設や改築あるいは新校舎の建築にあたっては、地域の人々から寄付が寄せられ、また家屋や土地の提供がなされています。

今振り返ってみれば、その分校が開設され、また福澤と新島が私学としての高等教育機関を設立し、またそれを維持していくために悪戦苦闘していた明治という時代は、日本と日本人が若々しさを失っていなかった時代だったように思えます。また、教育とそれをおこなう場である学校というものに対して、まだ人々が大きな期待を抱き、信頼を寄せていた時代でもあったのでしょう。

それから一〇〇年以上の歳月を経て、日本は平均的な生活水準という点に関していえばはるかに豊かな国になりました。また高等教育機関への入学を含む進学機会という点でも以前とは比べものにならないほどの進展が見られます。

しかし、学校でおこなわれる教育というものに対して人々が寄せる信頼感という点については、どうでしょうか。私には、その基本的な信頼が失われてきたからこそ、「日本の大学（人）は全体としてダメ」「大学（人）はしょせんその程度のもの」という認識が固定観念として広がり、またその内容はともかくとりあえず何らかの「改革」が急務だという通念が広がっていったのだとしか思えないのです。

その信頼感の喪失という点と、この本の執筆作業の最中に気が滅入ることが多かったという事実のあいだには密接な関係があります。というのも、現在の大学のあり方と大学改革について問う作業には、当然、三〇年以上に及ぶ私自身の大学教員としての職業生活を改めて振り返ってみることも含まれていたからです。

自分が果たして良き大学人であったかどうか、また教師として教え子たちやその保護者の方々から信頼を寄せていただけるような仕事ができていたかというと、非常に心もとないところがあります。筆の勢いと時には「怒り」に任せて原稿を書き進めていく中では、教師としての自分のあり方に考えが及ぶことが何度もありました。つまり、原稿を書き進めていく上での原動力の一つにもなった怒りや憤りの中には、自分自身の不甲斐なさや数々の失敗・挫折・妥協について恥じ入る気持ちも少なからず含まれていたのでした。

「同志社大学設立の旨意」が全国の新聞や雑誌に掲載されたのは、一八八八（明治二一）年一一月のことです。この文章の中では、大学設立は「一国百年の大計」とされています。それから既に一三〇年以上の歳月が経過しています。しかし、日本の大学システムは、その「大計」達成までの道半ばどころか、ますます混迷の度を深めています。猛烈な勢いで迷走と暴走を繰り返しているように思える場合も少なくありません。

その混迷や暴走の背景に明らかな「失政」があることは否定しようもありません。それは、当事者たち自身がある時期から「改革の実質化」や「改革の恒常化」などという、語義矛盾を含む表現を使わざるを得なくなったという点にも示されています。

もっとも当然のことながら、政治や行政の失策について指摘することと並んで大切なのは、大学と大学人がそれに対してどのように向き合ってきたかという点について改めて振り返ってみることでしょう。実際、幾つもの止むにやまれぬ事情があったにせよ、これまで大学側が「大人の事情」を優先させて示してきた対応の中には、子どもたちの未来を奪うことにつながりかねないものが含まれています。

いま必要なのは、そのようなもっぱら「大人たちの都合」だけで進められてきた従来型の改革について徹底的に問い直していくことでしょう。それは、取りも直さず、大学と大学教育が抱えている問題に関して、大学関係者が自分の頭で考え抜いた上で結論を出していくことに他なりません。そして、その結論については借り物ではない自分たち自身の言葉で表現していかなければなりません。実際、そのようにして、「大人げない話」をあえて口に出すことを抜きにしては、これから大学という場で学ぶことになる子どもたちにとって何が本当に必要になってくるのかという問いに対する答えの姿は見えてこないはずなのです。

謝辞

この本をまとめていく上では、国内外で多数の大学関係者の方々にお話をうかがわせていただくとともに、貴重な資料を提供していただきました。匿名を条件としてインタビューに応じていただいた方も少なくないため、ここでお一人ずつそのお名前をあげることは差し控えざるを得ませんが、それらの方々に対してこの場を借りて感謝の念を捧げたいと思います。

この本とその姉妹編である前著の『50年目の「大学解体」20年後の大学再生』（京都大学学術出版会 二〇一八）は、二〇一三年に英国でおこなった現地調査がベースになっています。その六箇月間に及ぶ現地での調査研究に際しては、オックスフォード大学日産現代日本研究所のスタッフの皆さん、特に、苅谷剛彦教授、Ian Neary 教授、Roger Goodman 教授のお三方にはひとかたならぬご配慮をいただきました。

苅谷氏は、前著の共同執筆者の一人でもあります。前著の場合と同様に、この本を書き進めていく際には、苅谷氏を含む四人の共同執筆者の人々、すなわち、川嶋太津夫氏（大阪大学教授）、遠藤貴宏氏（一橋大学准教授）、Robin Klimecki 氏（ブリストル大学講師）に、改革政策の「病理分析」についてだけでなく大学という場の再生に関しても数々の貴重なご示唆をいただきました。

最終章で「エビデント・ベースト」を強調しているということもあって、この本は、新書の一般的な基準からすれば「法外」とも言えるほどの分量になってしまいました。昨今の厳しい出版状況の中で、このような大部の新書の刊行を引き受けてくださった筑摩書房、特にこの新書の編集を担当していただいた橋本陽介氏に心からの御礼を申しあげます。

謝《あやま》るという読みがあるように、「謝辞」にはお礼の言葉という以外に「おわびの言葉」という意味もあるそうです。ここで最後に、その両方の意味での謝辞を、この三〇年あまりの教員生活のさまざまな局面で出会ってきた学生の皆さん、そしてまたその生活を家庭という場で支えてくれた妻の妙美と三人の子どもたち（健哉・悠大・茉央）に捧げたいと思います。振り返ってみれば、教師としても、夫・父親としても未熟な点、至らぬ点は数限りなくありました。また、子どもたちや「教え子」たちに教えること以上に彼ら・彼女らから教えてもらうことが少なくありませんでした。それら全ての点を含めて、改めて感謝の気持ちを伝えたいと思うのです。本当に、ありがとう！

二〇一九年九月三〇日　京都今出川にて

佐藤郁哉

注

序章

1　ポンチ絵というのは、本来「西洋風の諷刺画・漫画」(『日本国語大辞典第二版』小学館)であり、特に痛烈な諷刺をこめた滑稽な絵を指す言葉でした。それが、どのような理由によるものか、ある時期からは、重要な国家政策の概略を示す概念図を指す行政用語としても使われるようになってきました。これは、そのこと自体が、それこそ諷刺画の対象になりうる非常に皮肉な経緯であると言えます。この点については、佐藤(2015b: 265-266)に詳しい解説があります。

2　これは、「グローバル化」や「グローバル人材の育成」に力を入れてきた官庁としては意外に思えるほどです。なお、二〇一八年に出された「二〇四〇年に向けた高等教育のグランドデザイン」という答申については、その概要の英語版が「仮訳」として提供されることになりました。もっともこれは、一ページ分のまさに「ポンチ絵」程度のものに過ぎません。

第一章

1　この章の一部は、佐藤(2019)を下敷きにしています。

2　シラバスの普及率については、資料によって若干の違いがあります。たとえば、中教審の質的転換答申(二〇一二)では、シラバスを作成する大学の比率は二〇〇九年時点で七〇五大学(九六%)であったとされています(中教審 2012)。

3　大学全体におけるシラバス導入の経緯については吉井(1992)に詳しい解説があります。

4　たとえば、予算が手当されて学務情報システムを新規に導入したような場合には、そのシステムにシラバスの作成・公開・検索用のモジュールがあらかじめ組み込まれていることもあるでしょう。そういったケースでは、②の段階から④ないし⑤の段階へと一足飛びに「進化」したところもあるに違いありません。なお、ウェブによる入力システムは、一面では、一定のルールにしたがったシラバスの作成を容易にしてくれるために時間と労力の節約になります。しかし、他方では、そのシステムが改訂された時などには新しいログインや入力法に習熟するまでに相当の手間がかかることもあります。同様の点は、他大学での非常勤講師を委嘱され、本務校とは異なる方法でシラバス関係の情報を入力しなければならない場合なども当てはまります。

5　実際には、シラバス導入の初期段階である一九九七年に大学審から出された「高等教育の一層の改善について」という答申では、「全学生向けの科目選択用のシラバス」と各教員が実際に科目の履修生向けに作成するシラバスとを区別する必要について指摘しています。また、後者のシラバスについては、それぞれの科目の特性に応じて作成すべきであることについて述べています。しかし、このような指摘は、その後の大学審議会や中教審における議論では忘れ去られていったらしく、それらの審議会の答申ではもっぱらシラバスの記載内容の標準化が強調されてきました。また、一九九七年の答申にしても、コースカタログ的な資料を「全学生向けの科目選択用のシラバス」と呼んでしまっているところに、その後の混乱を引き起こしてきた本質的な問題があるとも考えられます。

第二章

1 この章の一部は、佐藤（2018a, 2018b）を下敷きにしています。

2 これは、中教審答申の原文を通常の日本語表現として「翻訳」してみたものです。

3 実は、一九九八年に大学審議会から出された「二一世紀の大学像と今後の改革方策について」という答申には、「企画―実行―評価という『改革サイクル』」という言葉が一箇所で使われていました。また、二〇〇五年の「将来像答申」にも「改革サイクル」という言葉が登場しています。この改革サイクルが「計画・実践・評価・改善のサイクル」を意味するPDCAサイクルになったのは学士課程答申が初めてでした。

4 さらに近年の安倍政権のもとでは計画を乱発する「PPPP」も増えているようです。これについて、大蔵省や内閣府での勤務経験を持つ田中秀明氏（明治大学教授）は、次のように述べています――「『三本の矢』『一億総活躍』など標題が目立つ政策が次から次へ登場し、それらを検討する会議体が乱立する。文書には問題点の分析はほとんどなく、計画や方針ばかりで『やっている感』を演出する」（田中 2019）。

第三章

1 その種のパンフレットには、経営ごっこの一種である「マーケティングごっこ」としての一面があると言えるでしょう。

2 この章でビジネス化という言葉でひとくくりにして扱っている改革政策の発想は、実際には少なくとも「経営化」、「競争化」、「市場化」という三つに分けて考えることもできます。経営化というのは、企業経営をモデルにしてより効率的な組織運営をめざすべきだとする発想であり、PDCAとKPIがそれにあたります。一方、競争化は、企業がおこなう市場競争のアナロジーで、他の組織との競争によって効率と質の向上がはかられるという発想です。選択と集中は、まさにそのような発想にもとづいて提唱されてきた政策だと言えるでしょう。最後の市場化というのは、補助金などではなく市場からの資金調達を促す発想です。これらビジネス化の三つの要素を端的に言い換えれば、次のようになるでしょう――「もっと要領よく仕事をしろ」「厳しい戦いを勝ち抜いて腕を磨け」「国に頼っていないで自分の手で稼げ」。

3 研究ではなく大学教育への資源配分をめぐる問題については、後に文部大臣をつとめることになった永井道雄氏が一九七〇年におこなった東京工業大学の最終講義で〈東京大学を頂点とする富士山型 対 複数の峰が聳え立つ八ヶ岳型〉という対比図式を使って指摘しています（永井［1977］2002: 206）。

4 経団連が二〇一八年に発表した『Society 5.0――ともに創造する未来へ』は「選択と集中」の問題点をあげ、それに替えて「戦略と創発」を提唱しています。これは、「選択と集中」が幻滅期に入っていることの一つの現れだと考えることもできます（経団連 2018: 51）。

5　NPMMは、「ダメな経営」という意味の New Public Mismanagement の略語としても使えるでしょう。

6　それにしても、モデル学習の方向が常に「企業（会社）→大学（学校）」というのは、考えてみれば奇妙な話です。実際には、企業の側が大学における優れた組織運営や人間関係のあり方から学ぶべきこと（メンバー間のフラットな関係、相互扶助の精神など）は大量にあるはずです（Birnbaum 2000: xiii）。

第四章

1　もっとも、大学改革には「改革のための改革」という以外に他の目的が含まれている場合もあるでしょう。たとえば、政府としては、改革を通して大学あるいは教育全体の「再生」に積極的かつ果敢に取り組んでいる姿勢を見せることは、世間（有権者）に対するアピールという点で効果的です。文科省としても、財務省との予算折衝の際などに政府の方針に沿う形で改革事業の提案をおこなうことが得策でしょう（新しい改革案や補助金プログラムの作成は、その担当官の業績にもなるでしょう）。一方大学側としては、そのような改革事業に採択されることは、たとえそれに付随して得られる補助金収入はそれほど巨額ではなくても、国家的事業の対象校として選抜されたという実績が大学のブランディングや「箔付け」にとって有利な条件となることも多いのではないかと思われます。大学に関する慢性改革病の背景の一つには、このような「三方よし」の状況があると考えることもできます。

2　この教えは、『古文孝経』という、中国の経書である『孝経』のテキストの一つにもとづいています。しかし、このテキスト（古文『孝経』孔安国伝）自体が偽書であり、また日本の儒家はその偽書の一節を利用して君主の絶対的権威を強調したとも言われています（加地 2007: 185–187）。その意味では、この一節に関する儒家の解釈は、支配者にとっては「創造的誤解」であり、一方で臣下や民衆にとっては破滅的誤解だったと言えるでしょう。

3　SGU事業については、最近になってKPI（成果目標）それ自体がトーンダウンしてしまったようです。二〇一八年六月に閣議決定された「統合イノベーション戦略」では、いまだに「二〇二三年度までに世界大学ランキングトップ一〇〇に一〇校以上を入れる」という目標を掲げています。しかし、他方で、その目標に関する注記には次のような記述があるのです――「なお、［世界大学］ランキング入りのみを目的化するのではなく、ランキング入りを目指すことを通じて研究力等の向上を図ることが重要であることに留意」。https://www8.cao.go.jp/cstp/tougosenryaku/tougo_honbun.pdf

4　被植民地化というのは、英国の会計学者のマイケル・パワーがドイツの哲学者ユルゲン・ハーバーマスの理論などを元にして提唱した考え方です（Power 1997）。

5　推奨される動詞を、このように知識、態度、技能の三領域に分けて列挙している例は、KGW大学の場合に限りません。

他にも同じように三領域に分けた「作文指導」を盛り込んだマニュアルを作成している大学の例があります。これは、高等教育については二〇一四年の「高大接続答申」で明記された考え方を踏まえていると考えられます。なお、日本では、大学の「三ポリシー」の記述についても、①知識・技能、②思考力・判断力・表現力、③主体性・多様性・協働性という三領域に分けて記入することが要求される場合が少なくありません。

6 http://www.mext.go.jp/component/a_menu/education/detail/__icsFiles/afieldfile/2018/02/05/1340519_408.pdf

第五章

1 この点については、藤村（2015）が各種のデータをもとにして精緻な分析をおこなっています。

2 もっともその一方で大学への進学率は、少子化の影響を受けて大学の「間口」が広がったこともあって過去二〇年ほどのあいだにほぼ一貫して上昇しています。したがって、「修士離れ」は、知識レベルや学習意欲あるいは将来展望などの面での学部卒業生の多様化を反映していると考えることもできます。その意味では間接的な形で少子化の影響を受けていると言えないこともありません。なお、大学院への進学率が景気動向、特に大卒者の就職市場の動向に影響を受ける傾向にあるということは比較的よく知られています。つまり、就職活動で思わしい結果が得られなかった大卒者にとって修士課程が「不況時の一時的宿り場」（藤村 2015: 59）としての機能を果たすことがあるとされているのです。

3 「博士離れ」の影響を受けて博士課程については私立大学だけでなく国立大学についても多くの大学で定員割れの状態が続いています。これによって、面接と修士論文の審査だけで合格が決まるような場合には、志願者のほぼ全てが合格する状態が過去一〇年ほどのあいだ続いてきました。これについて教育社会学者の藤村正司氏は、進学博士課程への選抜機能が「形骸化」しつつあると指摘しています（藤村 2015: 62）。

4 もっとも、海外の大学の場合に留学生を大量に引き受けるインセンティブの一つに、留学生に対しては高額の授業料を課すことができる場合が多いという点を忘れてはならないでしょう。たとえば、英国では、英国・EU圏外の留学生からの授業料収入に大学の収入の多くを依存している例が少なくありません（遠藤 2018）。オーストラリアの場合も同様です。一方、日本の場合には留学生に対して割高な授業料を設定することは滅多にありません。なお、国立大学の場合には、留学生に対する授業料額の設定基準の規制緩和に関する本格的な検討が始まったのは、ようやく二〇一九年になってからです。

5 この点については、この文書が資料として提出された二〇一八年八月の大学院部会の会合の席上で川嶋太津夫委員（大阪大学教授）が、「大学院の入学者の規模についても一八歳年齢の減少傾向を踏まえてシミュレーションをした上で判断すべきではないか」と至極真っ当な指摘をしています。その川嶋委員の指摘に対しては、部会長が「大学院の側は、むしろ将来の日本にとって必要な人材を何が何でも確保しなければいけないと、こういう観点でやはり議論しようと思って」いたと、文科省の立場を代弁するような発言をして、それ以上の議論はなされていません。

6　朝日新聞社の記者であった高宮太平氏は緒方竹虎（朝日新聞の主筆・副社長などを歴任した後太平翼賛会副総裁となり、戦後は政治家として第四次吉田茂内閣の副総理、自由党副総裁などをつとめた）の評伝で、この当時の東久邇宮の談話や演説原稿は、そのほとんどすべてを、終戦をめぐる切迫した一種の極限状況の中で緒方が起草したものだとしています。また高宮によれば、東久邇宮が一九四五年八月二五日におこなったラジオ放送の原稿も実際には緒方が筆をとったものだということです。そして、その原稿には次のようなくだりがあります――「この日を期して一億が懺悔することは改めて申すまでもない」（高宮 1979: 240）。

7　二〇〇七年の教育再生会議・第三分科会（教育再生分科会）の議事録には、次のような興味深い発言が見られます――「もう一つ、中教審が大学院教育の実質化ということを言ったことについて、私は非常に反対だったんです。実質化ということは中教審自身が実質化していないことを認めたわけですよね」（三月九日の会合の議事録より）。この発言の主は、当時、独立行政法人日本学術振興会理事長であった小野元之氏です。

8　教育社会学者の藤田英典氏は、政治主導による改革の隠れ蓑への審議会の変質は、既に一九八四―八七年前後から始まっていた傾向であるとしています（藤田 2014: 110–127）。

第六章

1　もっとも、馬鹿ないし道化的な社会タイプの中には、規範の存在それ自体に対して疑問を投げかけて相対化するトリックスターとしての性格を持つものもあります。

第七章

1　たらちね国際大学の授業風景は次のようなものだとされています――「教室の学生たちは、ケータイをいじったり、昼寝をしたり、化粧を直したり、スナック菓子を食べたり、漫画雑誌を読んだり、おしゃべりに興じたりと、それぞれが思い思いに過ごした。彼女らはラウンジや芝生から教室へたまたま場所を移した人たちにすぎなかった。」（奥泉 2012: 7）

2　『ザ・ジャパニーズ』の続編（ライシャワー 1990: 245）でも全く同じ主張が繰り返されていますが、ここでもその主張を裏付けるような実証的根拠が示されているわけではありません。

3　「当事者」である日本人読者の目で見れば、ところどころ「ミステリアスな未知の国へのガイドブック」という印象を受ける記述があります。

4　また、旧科学技術庁系の技官や政策研究を使命として持つ科技・学術政策研究所あるいは国立教育政策研究所などの職員は、本来、社会調査を含む業務を担当する技術官僚《テクノクラート》（新藤 2002 参照）としての役割を果たし得る人々だと言えます。しかし、高等教育改革を含めた総合的な政策の立案と実施を担う人材という点ではやや手薄の感もあります（村上 2019）。

5　質的転換答申では、五万人調査だけでなく、日本学生支援機構による学生生活調査のデータ（日本学生支援機構 2012）

を引用して一日の平均的な学習時間を「三・七時間」であるとしています（答申一二頁の注二）。しかし、この「エビデンス」には、一週間の総学習時間（二六・〇五時間。昼間部の学部生。「大学の授業」と「大学の授業の予習・復習」の合計）を六（日）ではなく七（日）で割るという単純な計算ミスがあるようです。

6　なお、図表7－2では、縦軸の表記に関して次の三点の変更を加えてあります――①単位（％）を上部に書き加えた、②縦軸は小数点以下一桁の数値がそれほど意味を持つとも思えないので省略した、③〇〜五〇％の部分が省略されていることを示すために二重の波線を書き加えた。

7　「第一次報告書では、一次的な集計結果を列挙しただけに過ぎない」という反論が可能であるかも知れません。しかし、そうであるならば、その点を報告書の本文に明記しておくべきだったでしょう。また、学生の学問分野別の学修態度に関する偏見や固定観念を強化しかねない集計段階の情報だけを延々と提示することは控えるべきだった、とも言えます。

8　五万人調査のデータをもとにした幾つかのエッセーや論考（たとえば、林 2008、金子 2009、両角 2009 など）では、単なる所属学部と学生の態度・行動との相関関係よりも掘り下げた分析がなされています。しかし、それらの論考も、仮説検証型のデザインになっているわけではないようです。

9　この調査自体は、中教審が二〇一八年に出した「二〇四〇年答申」に記載されていた「全国的な学生調査」の必要性に関する指摘を根拠にしています（中教審 2018: 29, 32）。

10　なお、調査の実施を検討することになった背景については、「学修の主体である学生目線《ママ》からの網羅的な状況」という、日本語としてやや意味不明の説明があります。

11　日本学生支援機構が二年おきにおこなってきた学生生活調査では無作為抽出法が採用されています。二〇一六年度の調査では有効回答数が四万四〇〇〇人あまり、回収率は約四六％であったとされています（日本学生支援機構 2018）。

12　教学マネジメント委員会は、五月三〇日の第五回会合の後には、二〇一九年七月に二回開催されています。しかし、本書の執筆時点ではその議事録が公開されていません。したがって、その後六〇万人調査についてどのような点についての議論がおこなわれた（あるいはおこなわれなかった）かという点については、現時点では確認できません。

13　「大人の事情」があまり公には出来ないものである以上、近年の行政文書でPDCAとEBPMと組み合わせて「三題噺」のように繰り返されてきた「見える化（可視化）」という提言は、肝心の政策の根幹を形成することが多い大人の事情には適用がきわめて困難であると思われます。

14　もっとも自然科学の領域でも、必ずしも指標の信頼性や妥当性について十分な合意が得られていない場合があります。たとえば、ハリス（2019）は、生命科学や生命医学の分野では、研究資金や研究業績をめぐる競争の激化にともなって厳密性や再現性という点で深刻な問題を抱えた研究がおこなわれがちであることについて指摘しています。

15　第三章では、科学技術振興機構が二〇一六年に発表した報告書を引用して、その報告書では拠点形成事業の林立や選択と集中政策の弊害が指摘されていることについて解説しました。しかし実際には、それ以前にも何度か同様の指摘がなされています。たとえば、科学技術振興機構の報告書が出される九年前の二〇〇七年に、内閣府に設けられた総合科学技術調査会の基本政策推進専門会議から公表された報告書には、「細切れな研究費制度と継続性の不足」や選択と集中による研究基盤の「裾野の多様性」が失われがちであるという問題など、ほとんど同じような指摘が見られます（総合科学技術会議 2007）。こうしてみると、日本の政府はその九年間のあいだにPDCAの精神を生かして失敗から学ぶことはなかったようです。

ライシャワー，エドウィン（国弘正雄訳）（1979）『ザ・ジャパニーズ』文藝春秋
──（福島正光訳）（1990）『ザ・ジャパニーズ・トゥデイ』文藝春秋

Birnbaum, R.（2000）*Management Fads in Higher Education*. Jossey-Bass.
Cairney, P.（2016）*The Politics of Evidence-Based Policy Making*. Palgrave Macmillian.
Cole, R.E.（1973）*Japanese Blue Collar: The Changing Tradition*. University of California Press.
Deming, E.（1952）*Elementary Principles of the Statistical Control of Quality: A Series of Lectures*. Nippon Kagaku Gijutsu Remmei.
Halberstam, D.（1986）*The Reckoning*. William Morrow and Company.
OECD（2018）*Education at a Glance 2018*.
https://www.oecd-ilibrary.org/education/education-at-a-glance-2018_eag-2018-en
Petersen, P.（1997）"Library of Congress Archives: Additional Information about W. Edwards Deming（1900–1991）Now Available", *Journal of Management History*, 3（2）: 98–119.
Pollitt, C.（2003）*The Essential Public Manager*. Open University Press.
Power, M.（1997）*The Audit Society*. Oxford University Press.
Pressman, J., and Wildavsky, A.（1984）*Implementation: How Great Expectations in Washington are Dashed in Oakland; Or, Why It's Amazing the Federal Programs Work at All, This being a Saga of the Economic Development Administration as Told by Two Sympathetic Observers Who Seek to Build Morals on a Foundation of Ruined Hopes*. University of California Press.
Vogel, E.F.（1979）*Japan as No. 1: Lessons for America*. Harvard University Press.
Westney, P.E.（1987）*Imitation and Innovation: The Transfer of Western Organizational Patterns to Meiji Japan*. Harvard University Press.
Whyte, W.（1987）"From Human Relations to Organizational Behavior," *Industrial and Labor Relations Review*, 40（4）: 487–500.

大学院』光文社新書
──（2010）『ホームレス博士──派遣村・ブラック企業化する大学院』光文社新書
村上裕一（2019）「旧科学技術庁の省庁再編後の行方──「総合調整」から「司令塔」への進化？」青木栄一編著『文部科学省の解剖』東信堂、pp. 167-208
両角亜希子（2009）「学習行動と大学の個性」『IDE』第 515 号，pp. 26-31
文部科学省（n.d.）「平成 29 年度　私立大学等改革総合支援事業調査票（タイプ 1〜4）入力要領」
──『文部科学白書』各年版
──（2017）「大学改革に向けた文部科学省の取組」 https://www.kantei.go.jp/jp/singi/keizaisaisei/miraitoshikaigi/suishinkaigo2018/innov/dai2/siryou2-2.pdf
文部科学省高等教育局大学振興課（2007）「大学設置基準等の一部改正について」『大学と学生』2007 年 8 月号，pp. 55-61
文部省『我が国の文教政策』各年版
文部省高等教育局（1988）『大学審議会ニュース』No. 1（1988 年 4 月）
──（1990）『大学審議会ニュース』No. 6（1990 年 8 月）
──（1991）『大学審議会ニュース』No. 8（1991 年 2 月）
安岡高志（2009）「PDCA サイクルって何？　教学にも運用できるの？」『立命館大学教育開発推進機構　ニュースレター』第 14 号，pp. 1-2
矢野眞和（1999）「ユニバーサル化への道」日本高等教育学会編集委員会編『ユニバーサル化への道』玉川大学出版部，pp. 7-24
山下和馬（2014）『ロスジェネ社員のいじめられ日記』文藝春秋
山田英夫（2019）『ビジネス・フレームワークの落とし穴』光文社
山本清（2015）「公的部門のＰＤＣＡサイクルの再検証Ⅱ」『会計と監査』2015 年 4 月号，pp. 20-25
──（2018）「大学と文部科学省との関係──文科省幹部職員の再就職問題に関連して」『大学論集』広島大学・高等教育研究開発センター第 50 集，pp. 223-237
由井浩（2011a）『日米英企業の品質管理史──高品質企業経営の原点』中央経済社
──（2011b）「品質管理としての成立過程の誤読──デミング曰く“PDCA サイクルは私が述べたものではない”」『PDCA サイクル 3 つの誤読』大学評価学会，pp. 39-80
──（2012）「PDCA サイクル：真意不在の波及と誤用──大学評価とも関わって」『経営学論集』第 52 巻第 2-3 号，pp. 37-56
吉井伸哉（1992）「授業改善とシラバス──茨城大学の場合」『IDE』第 341 号，pp. 41-45
與那覇潤（2018）『知性は死なない──平成の鬱を越えて』文藝春秋

おす』勁草書房
中島主計官（2018）「平成31年度文教・科学技術予算のポイント」
https://www.mof.go.jp/budget/budger_workflow/budget/fy2019/seifuan31/11.pdf
新島襄（新島襄全集編集委員会編）（1983）『新島襄全集1　教育編』同朋舎出版
西川明子（2007）「審議会等・私的諮問機関の現状と論点」『レファレンス』第57巻第5号，pp. 59-73
日本学生支援機構（2012）「平成22年度学生生活調査」
https://www.jasso.go.jp/about/statistics/gakusei_chosa/__icsFiles/afieldfile/2015/10/16/data10_all.pdf
――（2018）『平成28年度学生生活調査』
https://www.jasso.go.jp/about/statistics/gakusei_chosa/2016.html
――（2019）『平成30年度外国人留学生在籍状況調査結果』
https://www.jasso.go.jp/about/statistics/intl_student_e/2018/__icsFiles/afieldfile/2019/01/16/datah30z1.pdf
羽田貴史（2019）『大学の組織とガバナンス』東信堂
林未央（2008）「現代学生のプロフィール」『IDE』第498号，pp. 16-22
原英史（2010）『官僚のレトリック――霞が関改革はなぜ迷走するのか』新潮社
ハリス，リチャード（寺町朋子訳）（2019）『生命科学クライシス――新薬開発の危ない現場』白揚社
平井孝治（2009）「大学評価とPDCAサイクル」『大学評価学会年報』第5号，pp. 64-99
福澤諭吉（[1872-1876] 1942）『学問のすゝめ』岩波文庫
――（松沢弘陽校注）（[1875] 1995）『文明論之概略』岩波文庫
藤田英典（2014）『安倍「教育改革」はなぜ問題か』岩波書店
藤村正司（2015）「大学院拡充政策のゆくえ――今どこに立ち，次にどこに向かうのか？」『大学論集』広島大学・高等教育研究開発センター第47集，pp. 57-72
堀田江理（2016）『1941　決意なき開戦――現代日本の起源』人文書院
堀潤之（2017）「PDCAを廻すな！」（関西大学学長室執行部リレーコラム）
http://www.kansai-u.ac.jp/presiweb/news/top/detail.php?i=14
本間政雄（2014）「国立大学の『異動官職』を考える」『大学マネジメント』第10巻第1号，pp. 2-10
前川喜平（2018）『面従腹背』毎日新聞出版
丸山文裕（2009）「高等教育への公財政支出」『国立大学財務・経営センター研究報告』第11号，pp. 39-51
丸山眞男（[1964] 2006）「軍国支配者の精神形態」『[新装版] 現代政治の思想と行動』未来社，pp. 88-130
――（1986）『文明論之概略を読む　上・中・下』岩波新書
水月昭道（2007）『高学歴ワーキングプア――「フリーター生産工場」としての

ント特別委員会（第5回）議事録」
http://www.mext.go.jp/b_menu/shingi/chukyo/chukyo4/047/gijiroku/1417849.htm
中央教育審議会大学分科会大学大学院部会（2010）「大学院教育の実質化の検証について」
http://www.mext.go.jp/b_menu/shingi/chukyo/chukyo4/siryo/attach/1295411.htm
──（2015）「大学院教育改革の推進について〜未来を牽引する『知のプロフェッショナル』の育成〜（審議まとめ案）」
http://www.mext.go.jp/b_menu/shingi/chukyo/chukyo4/004/gijiroku/__icsFiles/afieldfile/2015/09/03/1361504_1_1.pdf
──（2018）「（資料2）大学院教育の在り方についての論点『大学院の量的規模に関する考え方について』」
http://www.mext.go.jp/kaigisiryo/2018/08/__icsFiles/afieldfile/2018/08/07/1407881_03.pdf
中央教育審議会大学分科会法科大学院特別委員会（2014）「法科大学院教育の抜本的かつ総合的な改善・充実方策について（提言）」
http://www.mext.go.jp/component/b_menu/shingi/toushin/__icsFiles/afieldfile/2014/11/19/1353567_1_1.pdf
筒井康隆（1992）『文学部唯野教授』岩波書店
東京大学大学院教育学研究科大学経営・政策研究センター（2008）「全国大学生調査　第1次報告書」
http://ump.p.u-tokyo.ac.jp/crump/resource/ccs%20report1.pdf
──（2009）「全国大学生調査　追跡調査報告書」
http://ump.p.u-tokyo.ac.jp/crump/resource/21%E5%B9%B4%E5%BA%A6%E8%AA%BF%E6%9F%BB%E5%A0%B1%E5%91%8A%E6%9B%B8%EF%BC%88Web%E7%94%A8%EF%BC%89.pdf
徳丸壮也（1999）『日本的経営の興亡──TQCはわれわれに何をもたらしたのか』ダイヤモンド社
鳥飼玖美子（2018）『英語教育の危機』ちくま新書
内閣官房日本経済再生総合事務所（編）（2013）『日本再興戦略──JAPAN is BACK』経済産業調査会
──（2014）「『日本再興戦略』改訂2014──未来への挑戦──」
https://www.kantei.go.jp/jp/singi/keizaisaisei/pdf/honbun2JP.pdf
内閣府EBPM推進委員会（2017）「第1回　EBPM推進委員会（平成29年8月1日）議事要旨」
https://www.kantei.go.jp/jp/singi/it2/ebpm/dai1/gijiyoushi.pdf
永井道雄（山岸駿介編）（[1977] 2002）『未完の大学改革』中公叢書
中内㓛（2004）『私の履歴書（経済人35）』日本経済新聞社
中澤渉（2014）『なぜ日本の公教育費は少ないのか──教育の公的役割を問いな

icsFiles/afieldfile/2019/02/26/1413831_03_1_1.pdf
新藤宗幸（2002）『技術官僚――その権力と病理』岩波新書
――（2016）「揺らぐ法科大学院，責任はどこに？」『UP』2016年5月号，pp. 25-29
――（2019）『官僚制と公文書――改竄，捏造，忖度の背景』ちくま新書
杉谷祐美子（2011）「教育・学習活動を支える仕組みと機能」杉谷祐美子編著『大学の学び　教育内容と方法』玉川大学出版部，pp. 140-148
鈴木亘（2018）「EBPMに対する温度差の意味すること」『医療経済研究』第30巻第1号，pp. 1-4
全国的な学力調査の実施方法等に関する専門家検討会議（2006）「全国的な学力調査の具体的な実施方法等について（報告）」
http://www.mext.go.jp/b_menu/shingi/chousa/shotou/031/toushin/06051213.htm
総合科学技術会議基本政策推進専門調査会（2007）「競争的資金の拡充と制度改革の推進について」
https://www8.cao.go.jp/cstp/siryo/haihu68/siryo2-2.pdf
大学基準協会（2009））『新大学評価システム ハンドブック』大学基準協会
――（2017）『大学評価ハンドブック2017年版』大学基準協会
大学審議会（1997）「高等教育の一層の改善について」
http://www.mext.go.jp/b_menu/shingi/old_chukyo/old_daigaku_index/toushin/1315873.htm
大学審議会大学院部会（1998a）「大学審議会大学院部会（第108回）議事要旨」
http://www.mext.go.jp/b_menu/shingi/old_chukyo/old_daigaku_index/bunkabukai/gijiroku/1315605.htm
――（1998b）「大学審議会大学院部会（第110回）議事要旨」
http://www.mext.go.jp/b_menu/shingi/old_chukyo/old_daigaku_index/bunkabukai/gijiroku/1315607.htm
高宮太平（1979）『人間緒方竹虎』原書房
滝順一（2019）「遠みち近みち」『日本経済新聞』2019年4月13日付夕刊
田勢康弘（監修・解説）（2015）『1945〜2015 総理の演説』バジリコ
田中秀明（2019）「官僚制の劣化を考える（中）　能力で選ぶ原則徹底せよ」『日本経済新聞』2019年8月7日付
田中靖浩（2016）『米軍式人を動かすマネジメント』日本経済新聞出版社
谷村英洋・金子元久（2009）「資料　学習時間の日米比較」『IDE』第515号，pp. 61-65
中央教育審議会大学分科会（2015）「未来を牽引する大学院教育改革（審議まとめ）」
http://www.mext.go.jp/component/b_menu/shingi/giji/__icsFiles/afieldfile/2018/05/22/1404674_23.pdf
中央教育審議会大学分科会教学マネジメント特別委員会（2019）「教学マネジメ

経済財政諮問会議民間委員（伊藤隆敏・丹羽宇一郎・御手洗冨士夫・八代尚宏）（2007）「成長力強化のための大学・大学院改革について」（第4回経済財政諮問会議有識者議員提出資料）
http://www5.cao.go.jp/keizai-shimon/minutes/2007/0227/item 5.pdf
経団連（一般社団法人日本経済団体連合会）（2017）「第三期教育振興基本計画に向けた意見」
http://www.mext.go.jp/b_menu/shingi/chukyo/chukyo14/shiryo/__icsFiles/afieldfile/2017/07/25/1388513_10_1.pdf
──（2018）「Society5.0──ともに創造する未来へ」
http://www.keidanren.or.jp/policy/2018/095.html
合田隆文（2019）「大学改革の恒常化と大学教育の実質化，大学教育の拡大」徳永保編著『現代の教育改革』ミネルヴァ書房，pp. 89-105
国立大学法人評価委員会 （2017a）「国立大学法人・大学共同利用機関法人の第2期中期目標期間の業務の実績に関する評価結果の概要」
http://www.mext.go.jp/component/a_menu/education/detail/__icsFiles/afieldfile/2017/11/24/1398291_001_1.pdf
──（2017b）「国立立大学法人・大学共同利用機関法人の第2期中期目標期間の業務の実績に関する評価について」
http://www.mext.go.jp/a_menu/koutou/houjin/detail/1386169.htm
小林忍（2016）『「経営の定石」の失敗学』ディスカヴァー・トゥエンティワン
サイド，マシュー（有枝春訳）（2016）『失敗の科学』ディスカヴァー・トゥエンティワン
佐藤郁哉（2015a）『社会調査の考え方［上］』東京大学出版会
──（2015b）『社会調査の考え方［下］』東京大学出版会
──（2018a）「大学教育の『PDCA化』をめぐる創造的誤解と破滅的誤解（第1部）」『同志社商学』第70巻第1号，pp. 27-63
──（2018b）「大学教育の『PDCA化』をめぐる創造的誤解と破滅的誤解（第2部）」『同志社商学』第70巻第2号，pp. 31-88
──（2019）「Syllabusとシラバスのあいだ──大学改革をめぐる実質化と形骸化のミスマネジメント・サイクルを越えて」『同志社商学』第71巻第1号，pp. 23-64
佐藤郁哉（編著）（2018）『50年目の「大学解体」20年後の大学再生──高等教育政策をめぐる知の貧困を越えて』京都大学学術出版会
下村博文（文部科学大臣）（2013）「人材力強化のための教育改革プラン～国立大学改革，グローバル人材育成，学び直しを中心として～」
http://www.mext.go.jp/component/b_menu/shingi/giji/__icsFiles/afieldfile/2013/06/21/1336523_1.pdf
私立大学研究ブランディング事業委員会委員長（2019）「私立大学研究ブランディング事業委員会委員長所見」
http://www.mext.go.jp/a_menu/koutou/shinkou/07021403/002/002/__

――（2012）『黄色い水着の謎』文藝春秋
――（2018）「地下迷宮の幻影」『オール讀物』2018年10月号，pp. 250-329
科学技術・学術政策研究所（2018）『科学技術指標2018』
https://www.nistep.go.jp/wp/wp-content/uploads/NISTEP-RM274-FullJ.pdf
科学技術振興機構（2017）「我が国における拠点形成事業の最適展開に向けて」
https://www.jst.go.jp/crds/pdf/2016/SP/CRDS-FY2016-SP-03.pdf
加地伸行（2007）『孝経〈全訳注〉』講談社学術文庫
加登豊（2017）「“PDCAを回せ”と指示する管理職は無責任」
http://president.jp/articles/-/24066
金子元久（2009）「『学習させる』大学」『IDE』第515号，pp. 4-11
――（2013）『大学教育の再構築――学生を成長させる大学へ』玉川大学出版部
カプラン，ブライアン（月谷真紀訳）（2019）『大学なんか行っても意味はない？――教育反対の経済学』みすず書房
苅谷剛彦（1992）『アメリカの大学・ニッポンの大学　TA・シラバス・授業評価』玉川大学出版部
――（1994）「シラバスを考える」『私大通信』1994年7月20日付
――（2017）『オックスフォードからの警鐘』中公新書ラクレ
――（2018）「「大学性悪説」による問題構築という〈問題〉――大学改革における言語技法の分析」佐藤郁哉編著　前掲書，pp. 49-104
苅谷剛彦・志水宏吉（編著）（2004）『学力の社会学――調査が示す学力の変化と学習の課題』岩波書店
川嶋太津夫（1998）「大衆化する大学院」佐伯胖ほか編『変貌する高等教育』岩波書店，pp. 197-220
――（2018）「日本の大学は，なぜ変わらないのか？　変われないのか？――4半世紀にわたる個人的体験を通して」佐藤郁哉編著　前掲書，pp. 107-157
喜多村和之（1995）「大学院拡充政策の課題と展望」市川昭午・喜多村和之編著『現代の大学院教育』玉川大学出版部，pp. 289-303
北山禎介（2014）「『まったなし』の大学改革――PDCAサイクルを回すために」『文部科学教育通信』第331号，pp. 8-13
絹川正吉（[1995] 2006）「シラバス」『大学教育の思想――学士課程教育のデザイン』東信堂，pp. 175-183
教育再生会議（2006-2008）「教育再生会議」総会および各分科会の各回議事録
https://www.kantei.go.jp/jp/singi/kyouiku/kaisai.html
クラップ，オーリン（仲村祥一・飯田義清訳）（1977）『英雄・悪漢・馬鹿――アメリカ的性格の変貌』新泉社
黒木登志夫（2009）『落下傘学長奮闘記』中公新書ラクレ
経済・財政一体改革推進委員会（教育，産業・雇用等ワーキング・グループ）（2016）「教育政策におけるPDCAサイクルの確立について」
https://www5.cao.go.jp/Keizaishimon/kaigi/special/reform/wg4/281110/shiryou1.pdf

参考・引用文献

アーシー，イアン（1999）『政・官・財（おえらがた）の日本語塾』中公文庫
赤田達也（2009）『「学歴ロンダリング」実践マニュアル――最短で憧れの学歴を手に入れる方法』オクムラ書店
天野郁夫（2013）『大学改革を問い直す』慶應義塾大学出版会
アメージャン，クリスティーナ（2015）「古き慣習は打ち破れ・「上司」の都合押しつけるな」『日本経済新聞』2015年8月31日付
荒田洋治（2010）『日本の科学行政を問う――官僚と総合科学技術会議』薬事日報社
石川馨（1986）「日本的品質管理の展開」『経営と歴史』第9号，pp. 18-29
――（1982）『誰にでもわかるTQCのはなし』鹿島出版会
市川昭午（1993）「修士大学院に展望はあるか」『IDE』第347号，pp. 5-11
伊藤公一朗（2017）『データ分析の力――因果関係に迫る思考法』光文社新書
稲田将人（2016）『PDCAプロフェッショナル』東洋経済新報社
ヴォーゲル，エズラ・F（広中和歌子・木本彰子訳）（1979）『ジャパン・アズ・ナンバーワン』TBSブリタニカ
上山隆大（2015）「国立大学は公的資金依存を変えないと」Science Portal（科学技術振興機構ウェブサイト）
http://scienceportal.jst.go.jp/columns/highlight/20151112_01.html
潮木守一（2009）『職業としての大学教授』中公叢書
――（2011）「訳者解説」A. H. ハルゼー（潮木守一訳）『イギリス社会学の勃興と凋落――科学と文学のはざまで』世織書房，pp. 307-369
遠藤貴宏（2018）「大学の経営モデルと『国際化』の内実――次世代研究者の揺れ動き」佐藤郁哉編著『50年目の「大学解体」 20年後の大学再生――高等教育政策をめぐる知の貧困を越えて』京都大学学術出版会，pp. 161-220
尾池和夫（2013）「『選択と集中』の弊害」『日本経済新聞』2013年6月13日付
大﨑仁（1999）『大学改革1945〜1999――新制大学一元化から「21世紀の大学像」へ』有斐閣選書
――（2018）「国立大学の財源確保　米国モデルは非現実的」『日本経済新聞』2018年9月3日付
大住莊四郎（1999）『ニュー・パブリック・マネジメント――理念・ビジョン・戦略』日本評論社
大西淳也・福元渉（2016）「KPIについての論点の整理」財務省（PRI Discussion Paper Series）
https://www.mof.go.jp/pri/research/discussion_paper/ron276.pdf
大森彌（2006）『官のシステム』東京大学出版会
奥泉光（2011）『桑潟幸一准教授のスタイリッシュな生活』文藝春秋

ちくま新書
1451

大学改革《だいがくかいかく》の迷走《めいそう》

二〇一九年一一月一〇日　第一刷発行
二〇二〇年　二　月　五　日　第二刷発行

著　者　佐藤郁哉（さとう・いくや）

発行者　喜入冬子
発行所　株式会社筑摩書房
東京都台東区蔵前二-五-三　郵便番号一一一-八七五五
電話番号〇三-五六八七-二六〇一（代表）
装幀者　間村俊一
印刷・製本　株式会社精興社

ISBN978-4-480-07263-4 C0237

ちくま新書

399
教えることの復権
大村はま
苅谷剛彦・夏子
詰め込みかゆとり教育か。今再びこの国の教育が揺れている。教室と授業に賭けた一教師の息の長い仕事を通して、もう一度正面から「教えること」を考え直す。

742
公立学校の底力
志水宏吉
公立学校のよさとは何か。元気のある学校はどんな取り組みをしているのか。12の学校を取り上げた本書は、公立学校を支える人々へ送る熱きエールである。

1014
学力幻想
小玉重夫
日本の教育はなぜ失敗をくり返すのか。その背景には、子ども中心主義とポピュリズムの罠がある。学力をめぐる誤った思い込みを抉り出し、教育再生への道筋を示す。

1422
教育格差
——階層・地域・学歴
松岡亮二
親の学歴や居住地域など「生まれ」によって、子どもの学歴・未来は大きく変わる。本書は、就学前から高校まで教育格差を緻密に検証し、採るべき対策を提案する。

1337
暴走する能力主義
——教育と現代社会の病理
中村高康
大学進学が一般化し、いま、学歴の正当性が問われている。〈能力〉のあり方が揺らぐ現代を分析し、私たちが生きる社会とは何なのか、その構造をくっきりと描く。

1298
英語教育の危機
鳥飼玖美子
大学入試、小学校英語、グローバル人材育成戦略……2020年施行の新学習指導要領をはじめ、日本の英語教育は深刻な危機にある。第一人者による渾身の一冊！

1354
国語教育の危機
——大学入学共通テストと新学習指導要領
紅野謙介
二〇二一年より導入される大学入学共通テスト。高校国語教科書の編集に携わってきた著者が、そのプレテスト問題を分析し、看過できない内容にメスを入れる。